上海市哲学社会科学规划一般课题（2015BWY008）成果
教育部人文社会科学研究规划基金项目（17YJA740078）阶段性成果

| 光明学术文库 | 文学与艺术书系 |

近代上海英文期刊与中国文学的英译
（1857–1942）
形象学路径

朱伊革 | 著

光明日报出版社

图书在版编目（CIP）数据

近代上海英文期刊与中国文学的英译：1857-1942：形象学路径 / 朱伊革著. -- 北京：光明日报出版社，2022.3

ISBN 978-7-5194-6578-0

Ⅰ.①近… Ⅱ.①朱… Ⅲ.①中国文学—英语—翻译—文学史研究—近代 Ⅳ.①H315.9 ②I209.07

中国版本图书馆 CIP 数据核字（2022）第 072086 号

近代上海英文期刊与中国文学的英译：1857-1942：形象学路径
JINDAI SHANGHAI YINGWEN QIKAN YU ZHONGGUO WENXUE DE YINGYI：1857-1942：XINGXIANGXUE LUJING

著　　者：朱伊革	
责任编辑：黄　莺	责任校对：张月月
封面设计：中联华文	责任印制：曹　净

出版发行：光明日报出版社
地　　址：北京市西城区永安路 106 号，100050
电　　话：010-63169890（咨询），010-63131930（邮购）
传　　真：010-63131930
网　　址：http://book.gmw.cn
E - mail：gmrbcbs@gmw.cn
法律顾问：北京市兰台律师事务所龚柳方律师
印　　刷：三河市华东印刷有限公司
装　　订：三河市华东印刷有限公司
本书如有破损、缺页、装订错误，请与本社联系调换，电话：010-63131930

开　　本：170mm×240mm	
字　　数：278 千字	印　　张：17
版　　次：2022 年 3 月第 1 版	印　　次：2022 年 3 月第 1 次印刷
书　　号：ISBN 978-7-5194-6578-0	

定　　价：95.00 元

版权所有　　翻印必究

目录
CONTENTS

绪 论 ·· 1
  第一节 选题背景 ·· 2
  第二节 文献综述 ··· 21
  第三节 课题的研究思路和框架 ······································ 34
  第四节 关于研究对象的若干说明 ···································· 36

第一章 近代上海英文期刊的基本描绘 ································ 38
  第一节 近代上海国际文化空间与英文出版环境 ······················ 39
  第二节 近代上海英文期刊的出版发行及其历史意义 ················ 45
  第三节 近代上海英文期刊与学术共同体的建构 ······················ 60

第二章 近代上海英文期刊英译中国典籍与孔子形象及中国孝文化的
          建构和传播 ··· 73
  第一节 中国典籍英译与中国形象谱系 ······························ 74
  第二节 近代上海英文期刊英译中国典籍 ···························· 92
  第三节 《教务杂志》英译《孔子家语》及其孔子形象的建构和
          传播 ··· 97
  第四节 《教务杂志》与《孝经》的英译及中国孝文化的建构和
          传播 ·· 111

第三章 近代上海英文期刊英译中国古典小说与道德中国形象的
          建构和传播 ·· 122
  第一节 近代上海英文期刊英译中国古典小说的特点与优势 ········ 123

第二节　英译中国古典小说与道德中国形象的建构与传播 …………… 129
　　第三节　英译中国古典小说对中国文化的利用与想象 ………………… 139

第四章　近代上海英文期刊英译中国古典诗歌和戏剧与中国历史形象及从善远恶道德观的建构和传播 …………………………………… 142
　　第一节　近代上海英文期刊英译中国古典诗歌 ………………………… 142
　　第二节　近代上海英文期刊英译中国古典诗歌与中国形象的建构和
　　　　　　传播 ……………………………………………………………… 147
　　第三节　近代上海英文期刊英译中国古典戏剧 ………………………… 154
　　第四节　期刊英译中国古典戏剧与从善远恶道德观的建构和传播 …… 163

第五章　《天下》月刊英译中国现代文学与多面化中国形象的建构和传播 ……………………………………………………………… 172
　　第一节　《天下》月刊与中国现代文学英译的肇始 …………………… 173
　　第二节　《天下》月刊与中国现代文学英译译者模式 ………………… 176
　　第三节　《天下》月刊的文学译介观 …………………………………… 179
　　第四节　《天下》月刊英译中国现代小说与中国形象的建构和传播 … 186

结　论 ……………………………………………………………………… 211

附录一　近代上海英文期刊所刊中国典籍英译作品一览表 …………… 216

附录二　近代上海英文期刊所刊中国古典小说与现代小说英译
　　　　　作品一览表 ……………………………………………………… 222

附录三　近代上海英文期刊所刊中国古典诗歌与现代诗歌英译
　　　　　作品一览表 ……………………………………………………… 233

附录四　近代上海英文期刊所刊中国古典戏剧与现代戏剧英译
　　　　　作品一览表 ……………………………………………………… 238

参考文献 …………………………………………………………………… 240

后　记 ……………………………………………………………………… 261

绪 论

晚清民初是中西交往历史进程中一个较为特殊的阶段。晚清以降，清王朝被西方的坚船利炮打开了国门，被迫开放沿海通商口岸城市，西人纷纷涌入广州、上海等地。1843年，上海开埠之后，外国商人、传教士等纷至沓来，上海成为外国侨民人数最多的城市。随着现代印刷出版等技术的发展，上海创建了众多西文出版机构和西文报刊，西方文化的引入蔚然成风，西学东渐成为中西文化交流中的主导。相对而言，晚清民初之际的中学西传也在一定程度上兴起，主动积极地向西方介绍与传播中国文化也形成一定规模。近代上海的英文出版物，特别是专注于中国及亚洲问题研究的众多上海英文期刊，刊载了大量的中国社会文化等方面的文献资料，卷帙浩繁，成为极有价值的中学西传研究资源。然而，近代上海英文期刊在推进中西文化交流以及中国文化海外传播方面的研究不尽如人意，该方面的研究应该得到学术界的关注，而近代上海英文期刊英译中国文学作品与中国形象的建构和传播就是该研究的一个重要组成部分。

在当今全球化背景下审视和研究英译中国文学作品与中国形象的建构和传播的关系，具有十分重要的理论和现实意义。国家的综合国力既表现在经济、科技和军事等方面的"硬实力"，也表现在文化等方面的"软实力"。在人类历史发展的过程中，不同国家的文化相互影响，西方文化不仅推动了中国的现代化运动，包括英译中国文学作品在内的中国文化也对西方文明的发展发挥了积极的借鉴作用，英译中国文学作品作为文化"他者"积极参与了西方文化的"自我"塑造。

中国文学作品及其英译本"通过生动鲜活的人物、跌宕起伏的情节、丰富多维的生活现象，向世界展示丰满充盈的中国形象，这种形象既源于现实又高于现实，蕴含着作家的审美理想，寓中国形象于审美愉悦之中，潜移默化地影响到异国读者对中国的整体认知"[1]。中国文学作品的英译本会影响异域读者心理认知中的中国图景，有助于消弭和纠正西方人眼中定式化的中国形象。

长期以来，国内外中国形象研究多基于文学作品、历史著作、书信、媒体报道等，作者主观性强，想象空间大，而通过译作对中国形象的研究还不多，英译中国文学作品在建构和传播中国形象方面的研究更是鲜见。翻译就是一种塑造他者形象的活动。英译中国文学作品有益于建构和传播中华民族精神样态的知性体系，是中国形象在西方世界的自我表述，是英语世界中国形象塑造和传播的一个重要途径。通过对外译介中国文学作品，不仅有利于改变中国形象总是被动地由西方来表述的局面，而且也可以促进中国形象的自塑和中国形象学体系的建构。

1857年至1942年在上海出版发行的系列英文期刊刊载了大量的英译中国文学作品，这些英译中国文学作品是西方人了解中国的一个重要窗口，既是中国文学的"主观投射"，也是中国文学的"他者审视"。这些英译中国文学作品还是中国形象建构和传播的一个重要维度，而其中由西人英译的中国文学作品折射了西方人眼中的中国形象，是中西文化交流过程中西方对中国的一种认识和想象。小说、诗歌和戏剧等不同类型的文学翻译文本建构了具有历史延续性和社会集体性的话语谱系，对解构和颠覆19世纪40年代以来西方眼中"愚昧落后"的中国形象发挥了重要作用。

第一节　选题背景

课题以若干部近代上海英文期刊英译中国文学作品为研究对象，探讨英译中国文学作品如何描述中国、重构中国形象，剖析译者如何通过中国形象的建构表达对中国的想象，阐述近代上海英文期刊英译中国文学作品如何参与中国形象的建构和传播。本课题以相关现有成果为基础，将主要围绕以下问题展开研究：（1）近代上海英文期刊英译中国文学作品的基本概况、期刊

---

[1] 姜智芹. 当代文学对外传播中的中国形象建构——以莫言作品为个案[J]. 人文杂志, 2015 (01): 63.

英译中国文学作品的特点和优势。(2)近代上海英文期刊英译中国典籍、古典小说、古典诗歌与戏剧及现代文学作品分别建构了怎样的中国形象？这些形象在译文中是如何被建构出来的？(3)近代上海英文期刊英译中国文学各类体裁作品所建构的中国形象谱系相互之间的关系如何？其在中国形象建构和传播以及中西文学文化交流中的作用和意义何在？

本研究不仅是对翻译构筑西方人眼中中国形象的重要文本依据的一次考证，对其模式和经验进行总结和梳理，而且也是以比较文学形象学为切入点，在现代翻译理论的框架下为阐释英译中国文学作品建构和传播中国形象提供理论与实践的对读观照。课题一方面对近代上海英文期刊刊载的英译中国文学作品的翻译动机、翻译范式、翻译策略做详细考察和梳理，另一方面在此基础上论述英译文学作品对中国形象的建构和域外传播过程中发挥的重要作用和意义。

一、形象学理论

形象学最早于20世纪初诞生于法国、德国的比较文学领域，20世纪50年代发展迅猛。法国学者卡雷（Jearl-Marie Carré，1887—1985）最早将形象学定义为"各民族间的、各种游记、想象间的相互诠释"①。卡雷还在他的另一部著作《法国作家与德国幻象，1800—1940》（*Les Ecrivains francais et le mirage allemande*，1800—1940）（1947）中继续拓展对形象学的研究，并使其成为形象学研究的开创性著作。另一位法国学者、卡雷的高足基亚（Marius Francois Guyard，1921—2011）也对此进行了深入研究，基亚指出："人们不再追求抽象的总括性影响，而设法深入了解一些伟大民族传说是如何在个人或群体的意识中形成和存在下去的，这就是近五十年来法国的一种远景变化，它使比较文学产生了真正的更新，给它打开了一个新的研究方向。"②

德国学者胡戈·狄泽林克（Hugo Dyserink，1927—2020）是继卡雷和基亚之后积极倡导形象学研究的另一位重要学者，他于1977年发表《比较文

---

① 让-马克·莫哈. 试论文学形象学的研究史及方法论[M]//孟华. 比较文学形象学. 北京：北京大学出版社，2001：19.
② 基亚. 人们所看到的外国[M]//孟华. 比较文学形象学. 北京：北京大学出版社，2001：65.

学形象学》一文，将形象学引入比较文学的研究中，他认为比较文学形象学"主要研究文学作品、文学史及文学评论中有关民族亦即国家的'他形象'和'自我形象'。形象学的研究重点并不是探讨'形象'的正确与否，而是研究'形象'的生成、发展和影响；或者说，重点在于研究文学或者非文学层面的'他形象'和'自我形象'的发展过程及其缘由。"① 他提出了对形象研究非常重要的思想——"比较文学形象学的首要追求是，认识不同形象的各种表现形式以及它们的生成和影响。另外，它还要为揭示这些文学形象在不同文化的相互接触时所起的作用做出贡献"②。

  20世纪80年代，法国比较文学学者达尼埃尔-亨利·巴柔（Daniel-Henry Pageaux, 1939—）以及让-马克·莫哈（Jean-Marc Moura, 1956—）等对比较文学形象学理论进行了更为深入的研究，对传统形象学研究进行了改进。他们通过借鉴吸收解构主义、后殖民主义、后现代主义以及东方主义等理论与研究方法，对形象学的概念、形象研究中"自我"与"他者"的互动关系等进行全面深入的阐发，使形象学理论逐步体系化和学科化。21世纪以来，德国比较文学学者狄泽林克、贝勒（Manfred Beller）以及荷兰比较文学学者吉普·利尔森（Jeop Leerssen）等结合社会学、历史学以及民族心理学等学科，积极推进形象的建构性、主观性等方面的研究。贝勒和利尔森认为形象学是对文学（以及其他文化表达方式）中的民族形象所做的批判性分析的研究。③ 贝勒认为："文学形象学，尤其是比较文学形象学，主要研究文本尤其是文学作品、戏剧、诗歌、游记、短文中其他国家和民族特征的起源及其功能。"④ 由狄泽林克和利尔森主编的"形象研究丛书"（*Studies Imagologica*）汇集了迄今为止形象学研究的最新成果，目前已经出版共计24册，其中的第13册《形象学》（*Imagology*）于2007年出版，该研究成果为当代

---

① 狄泽林克，方维规. 比较文学形象学 [J]. 中国比较文学，2007（03）：153.
② 狄泽林克. 比较文学导论 [M]. 方维规，译. 北京：北京师范大学出版社，2009：129.
③ BELLER M, LEERSSEN J. Imagology: The Cultural Construction and Literary Representation of National Characters-A Critical Survey [M]. Amsterdam & New York: Rodopi, 2007: xiii.
④ BELLER M. Perception, Image, Imagology [M] // BELLER M, LEERSSEN J. Imagology: The Cultural Construction and Literary Representation of National Characters-A Critical Survey. Amsterdam & New York: Rodopi, 2007: 7.

形象学研究提供了许多指导和启发。

自20世纪90年代以来,形象学开始在中国蓬勃发展。经北京大学孟华教授、北京师范大学方维规教授等的译介,法国、德国等西方形象学理论被介绍到中国,其中孟华教授编译的《比较文学形象学》一书于2001年由北京大学出版社出版,开启了中国形象学研究。二十多年来,中国形象学研究取得了令人瞩目的成就。

概括而言,形象学主要涉及形象及其相关概念、形象的"自我"与"他者"的互动性、形象的互文性、形象的建构性等层面的研究。

1. 形象及其相关概念

雷蒙·威廉斯(Raymond Williams)在《关键词——文化与社会的词汇》中指出:"英文'image'最早的内涵源自13世纪,指人像或肖像。其词义可追溯到最早的词源——拉丁文 imago(该词词义演变到后来便带有幻影、概念或观念等义)。'image'这个词蕴含了一种极为明显的张力——在'模仿'(copying)与'想象、虚构'(imagination and the imaginative)这两个概念之间。从16世纪起,'image'意涵被延伸扩大,用来指涉心智层面。从17世纪起,'image'在文学讨论里有一种重要的专门用法,用来指书写或言语中的'比喻'(figure)。"[1] 上述解释表明形象不仅具有一定的虚构性和想象性,也与不同历史时期的文化状况密切相关。巴柔认为:"形象是在文学化同时也是社会化的过程中得到的对异国认识的总和。"[2] 任何形象都是个人或者集体通过言说以及书写而制作、描述出来的,但此类描述并不一定是真实地描述客观存在中的"他者"。形象是一种情感和思想的混合物,是一个作家、一个集体思想中的在场成分(对异国的理解和想象)置换了一个缺席的原型(异国)。[3] 比较文学意义上的形象是一国文学对异国形象的塑造和描述,其目的是研究一国形象在异国的流变,即它是如何被想象、被塑造、被流传的,并深入分析异国形象产生的深层社会文化背景,找出折射在

---

[1] 雷蒙·威廉斯. 关键词——文化与社会的词汇 [M]. 刘建基,译. 北京:生活·读书·新知三联书店,2005:224.
[2] 孟华. 比较文学形象学论文翻译、研究札记(代序)[M]// 孟华. 比较文学形象学. 北京:北京大学出版社,2001:4.
[3] 陈惇,孙景尧,谢天振. 比较文学 [M]. 北京:高等教育出版社,1997:168.

他者身上的自我形象，以便于反省自己，促进不同文化间的交流。① 巴柔还认为形象学"绝不仅限于研究对简称为'现实'的东西所做的文学置换。它应该研究的是形形色色的形象如何构成了某一历史时期对异国的特定描述，研究那些支配了一个社会及其文学体系、社会总体想象物的动力线"②。

西方学者在探讨形象概念的过程中，衍生出与形象密切相关并对形象研究具有重要意义的两个术语——套话和集体想象物。巴柔指出"'形象'一词语义模糊，不好把握，具体操作起来有相当的难度，而'套话'则是'形象的一种特殊而又大量存在的形式'，是'单一形态和单一语义的具像'，'这个具像传播了一个基本的、第一和最后的、原初的形象'。"③ 巴柔认为"套话"应该是形象研究过程中最基本和最有效的部分。中文"套话"译自英文单词"stereotype"，该英文词语指印刷出版中"铅版"，后来逐步被用于其他学科领域，专指固定不变的、僵化的老套路、旧框框等。将"套话"最先运用在社会科学领域研究的美国学者瓦尔特·利普曼（Walter Lippmann）将"套话"描述为"我们头脑中现存的形象"④。套话和形象的关系显然密不可分，套话对形象的阐述具有重要的互补和拓展作用。巴柔认为："作为他者定义的载体，套话是陈述集体知识的一个最小单位，它希望在任何历史时刻都有效。套话不是多义的，相反，它具有高度的多语境性，任何时刻都可以使用。"⑤ 套话的影响力值得形象学研究者的关注，因为"一个'单一形态和单一语义的具像'一旦形成套话，就会渗透进一个民族的深层心理结构中，并不断释放出能量，潜移默化地影响着后人对他者的看法。"⑥ "套话"是一定的历史时期内一个民族对另一民族的看法和评价，是对异国形象

---

① 姜智芹. 文学想象与文化利用——英国文学中的中国形象 [M]. 北京：中国社会科学出版社，2005：10.
② 达尼埃尔-亨利·巴柔. 形象 [M] //孟华. 比较文学形象学. 北京：北京大学出版社，2001：156.
③ 孟华. 试论他者"套话"的时间性 [M] //孟华. 比较文学形象学. 北京：北京大学出版社，2001：186.
④ 孟华. 试论他者"套话"的时间性 [M] //孟华. 比较文学形象学. 北京：北京大学出版社，2001：185.
⑤ 孟华. 试论他者"套话"的时间性 [M] //孟华. 比较文学形象学. 北京：北京大学出版社，2001：186.
⑥ 孟华. 试论他者"套话"的时间性 [M] //孟华. 比较文学形象学. 北京：北京大学出版社，2001：190.

的一种概括性的言语表述。套话是形象的一种基本形态，是一种被赋予漫画特征的形态。

巴柔在其里程碑式的作品《从文化形象到集体想象物》中提出了"集体想象物"的概念："异国形象应被作为一个广泛且复杂的总体——想象物的一部分来研究。更确切地说，它是社会集体想象物（这是从史学家们那里借来的词）的一种特殊表现形态：对他者的描述。"① 他者形象，虽经作家之手创造，但它绝不是一种单纯的个人行为，也就是说，作家对异国异族的理解不是直接的，而是通过作家本人所属社会和群体的想象描绘出来的。文学作品中的异国异族形象是整个社会想象力参与创造的结晶，作家在其中只充当了一个媒介。这种在"他者"形象创造中起支配作用的，来自其所属社会的影响源就是"社会集体想象物"②。所谓"社会集体想象物"就是"在一个社会、一个集体、一个社会文化的总体范围内，对作为研究基本原则的双极性的表述"③。社会集体想象物具有双极性：认同性和相异性。人们的潜意识中一直存在多种多样的集体描述，这些集体描述影响着人们对周围事物的认识。人们通过这些集体想象来赋予现实世界某种意义，社会集体想象物是"理解、诠释一个文本、一个作家所塑造的异国形象的关键"④。形象若与社会集体想象物的反差巨大，则形象具有独创性；若形象与社会集体想象物差距很小，则形象就是社会集体想象物的复制。换言之，社会集体想象是建构异国形象的背景，在研究社会集体想象的过程中，也应该考虑关注舆论层面、精神生活层面及象征描述层面。⑤ 形象是情感和思想的混合物，形象的塑造受到集体无意识想象的制约和束缚，因为每个人都生活在社会集体中，个人的意识无法脱离集体无意识的樊笼。利尔森认为，想象的话语可遴选出一国独有的特征，这些通过言语表述的社会特征或民族特点其实反映出

---

① 达尼埃尔-亨利·巴柔. 从文化形象到集体想象物 [M] // 孟华. 比较文学形象学. 北京：北京大学出版社，2001：121.
② 陈惇，刘象愚. 比较文学概论 [M]. 北京：北京师范大学出版社，2000：227.
③ 达尼埃尔-亨利·巴柔. 从文化形象到集体想象物 [M] // 孟华. 比较文学形象学. 北京：北京大学出版社，2001：121.
④ 孟华. 试论他者"套话"的时间性 [M] // 孟华. 比较文学形象学. 北京：北京大学出版社，2001：186.
⑤ 让-马克·莫哈. 试论文学形象学的研究史及方法论 [M] // 孟华. 比较文学形象学. 北京：北京大学出版社，2001：30.

一种集体心理的动机。① 作者或读者对异国的想象和感知与其隶属的社会群体的想象密切相关，社会集体想象物存在于意识形态和乌托邦之间，"凡按照本社会模式，完全按照本社会话语重塑出的异国形象就是意识形态形象；凡用离心的、符合一个作者（群体）对相异性独特看法的话语塑造出的异国形象则是乌托邦形象。这些形象将社会群体的价值观投射到'他者'身上，通过调节现实以适应群体中通行的象征性模式的方法，取消或改造了'他者'，从而消解了'他者'。"② "他者"形象往往就是作家在社会集体想象物的参与影响下建构出来的，因此，在分析考察文本涉及的形象时，应该考虑到社会集体想象物对形象塑造的影响。

2. 形象的"自我"与"他者"的互动性

巴柔认为"一切形象都源于对'自我'与'他者'、'本土'与'异域'关系的自觉意识之中，即使这种意识是十分微弱的。因此，形象即为对两种类型文化现实间的差距所作的文学的或非文学，且能说明符指关系的表述"③。巴柔对形象学"自我"与"他者"关系的研究受到了语言学家对语言符号能指和所指划分的启发，语言符号学鼻祖索绪尔（Ferdinand de Saussure，1857—1913）认为语言符号的能指与所指之间的联系并不是天然固定的，语言中任何符号成分都是人为设置的，并将两者联系起来，这就是由符号的"差异"和"对立"所决定的。语言学家本弗尼斯特（Emile Benveniste，1902—1976）进一步发展索绪尔的这一观点，本弗尼斯特的《一般语言学问题》一书认为代词"我"或"你"，既不代表一种概念，也不代表一个个人。个体的"我"只有在具体的话语语境中才能被鉴定出来。因此，A 只有与非 A 连在一起时才能成立，才有意义。④ 巴柔由此受到启发，认为如果形象制作者称为 A，他者称为非 A，两者组成一对关系后才具有意义，两者的关系不仅是对立的，而且也是相互补充、相互参照的。因此，文学中的异国

---

① LEERSSEN J. Imagology：History and Method [M] // BELLER M，LEERSSEN J. Imagology：The Cultural Construction and Literary Representation of National Characters-A Critical Survey. Amsterdam & New York：Rodopi，2007：27-28.
② 陈惇，孙景尧，谢天振. 比较文学 [M]. 北京：高等教育出版社，1997：175.
③ 达尼埃尔-亨利·巴柔. 形象 [M] //孟华. 比较文学形象学. 北京：北京大学出版社，2001：155.
④ 孟华. 形象学研究要注重总体性与综合性 [J]. 中国比较文学，2000（04）：3.

形象不应该被看成是对现实的单纯复制式描写，而应该置于"自我"与"他者"、"本土"与"异域"的互动关系中来进行研究。①"自我"和"他者"的区分是形象生成的基础，也是形象学研究中最基本的问题之一。

异国形象同时具有言说"他者"和言说"自我"的功能，"自我"和"他者"是一对相互依存、相互映照的概念，"他者"凭借其文化上的参照意义，成为建构"自我"不可或缺的要素。巴柔认为："'我'注视他者，而他者形象也传递了'我'这个注视者、言说者、书写者的某种形象。在个人（一个作家）、集体（一个社会、国家、民族）、半集体（一种思想流派、意见、文学）的层面上，他者形象都无可避免地表现为对他者的否定，对'我'及其空间的补充和延长。因此，形象即为对两种类型文化现实间的差距所作的文学的或非文学的，且能说明符指关系的表述。"② 形象是文学化或者社会化过程中对异国认识的集合，一国在想象和塑造异国文化形象时，也在进行自我审视，他者形象是本土文化的他者，通过对他者形象的描述来言说本国文化中的某种焦虑和渴望。形象学的目标应该为："描绘、揭示和分析民族偏见与民族形象的起源、形成过程和功能，并让人们理性地意识到它们的存在。"③ 利尔森认为形象固有特征的形成是"他者"与"自我"相互作用的结果，他者形象和自我形象之间的关系不仅是相对的，而且自我形象总是以观察者所处的位置为参照点。④ 形象来源于"自我"和"他者"的互动关系之中，产生于"自我"和"他者"的互补关系之中，通过"自我"和"他者"的相互参照和相互阐发从而形成形象的文化表述。西方人眼中的中国形象是西方世界对于"文化他者"的一种集体想象。无论西方人对中国形象的态度肯定与否，其兴趣出发点并"不受中国的历史现实左右"⑤，而

---

① 孟华. 形象学研究要注重总体性与综合性 [J]. 中国比较文学, 2000 (04): 3.
② 达尼埃尔-亨利·巴柔. 形象 [M] //孟华. 比较文学形象学. 北京: 北京大学出版社, 2001: 155-157.
③ BELLER M. Perception, Image, Imagology [M] //BELLER M, LEERSSEN J. Imagology: The Cultural Construction and Literary Representation of National Characters-A Critical Survey. Amsterdam & New York: Rodopi, 2007: 3-16.
④ LEERSSEN J. Imagology: History and Method [M] // BELLER M, LEERSSEN J. Imagology: The Cultural Construction and Literary Representation of National Characters-A Critical Survey. Amsterdam & New York: Rodopi, 2007: 29.
⑤ 史景迁. 文化类同与文化利用 [M]. 廖世奇, 彭小樵, 译. 北京: 北京大学出版社, 1997: 186.

是由于西方自身的需要，将中国想象为"与自己形象相对照的'他者'"①，西方的中国形象"是西方文化自我审视、自我反思、自我想象与自我书写的方式"②。

3. 形象的互文性

"互文性"又称为"互文本性"，首先由法国思想家、精神分析学家、哲学家、文学批评家茱莉亚·克里斯蒂娃（Julia Kristeva，1941—）在其《符号学》（*Semeiotikè*，1969）一书中提出，"任何作品的文本都像许多行文的镶嵌品那样构成的，任何文本都是其他文本的吸收和转化。"③ 具体而言，"互文性"是指两个或两个以上文本间发生的互文关系，主要包括两点：第一，两个具体或特殊文本之间的关系；第二，某一文本通过记忆、重复、修正，向其他文本产生的扩散性影响。④ 巴柔认为形象学应该"将我们使用的方法与其他方法相对照，尤其是将所谓'文学'的形象与同时代其他平行的证据，与报刊、副文学、电影、其他艺术等传播的描述相比较"⑤。另一位学者利尔森也指出："不同类型文本中的形象是相互参照、互文印证、互补共生的，互文性是形象共有的特征。"⑥ 利尔森在《形象学：历史和方法》一文中曾指出："形象研究本质上是比较性的，它关注的是跨越国家和民族的各种关系而不是单纯的民族身份问题。"⑦ 此外，形象建构中"集体想象物是张扬互文性的场所，因为它是有可能保存那些来自异国或者本土的文本中的只言片语、序列、整段文章，并使之现实化的场所。它要求我们理解一个文

---

① 王立新. 在龙的映衬下：对中国的想象与美国国家身份的建构 [J]. 中国社会科学，2008（03）：156.
② 周宁. 天朝遥远——西方的中国形象研究 [M]. 北京：北京大学出版社，2006：3.
③ 朱立元. 现代西方美学史 [M]. 上海：上海文艺出版社，1993：947.
④ 陈永国. 互文性 [M] // 赵一凡. 西方文论关键词. 北京：外语教学与研究出版社，2006：211.
⑤ 达尼埃尔-亨利·巴柔. 形象 [M] // 孟华. 比较文学形象学. 北京：北京大学出版社，2001：154.
⑥ LEERSSEN J. The Rhetoric of National Character: A Programmatic Survey [J]. Poetics Today，2000，21（2）：280.
⑦ LEERSSEN J. Imagology: History and Method [M] // BELLER M, LEERSSEN J. Imagology: The Cultural Construction and Literary Representation of National Characters-A Critical Survey. Amsterdam & New York: Rodopi，2007：29.

本对另一个文本而言，怎样和为何能变成独特的文化物，变成象征交往的工具。"① 由是观之，研究某一文本中的异国形象时，也应该考察该异国形象的其他文本的相关描述，通过对各种文本之间互文性的考察来全面分析该形象。

4. 形象的建构性

法国学者布吕奈尔（Pierre Brunel, 1939—）指出，"形象是加入了文化的和情感的、客观的和主观的因素、个人的或集体的表现"，是"神话和海市蜃楼"，"只不过是我们自己的梦幻和欲望的喷射"②。异国形象的建构和形成关键不在于是否正确地再现原形象，而在于原文本文化现实在隐喻层面上的体现，即"研究一个异国的不同形象是怎样写出来的，这也就是研究意识形态的基本内容和运作机制；而在此之上，建构出了相异性的公理体系，关于他者的话语"③。形象"并非现实的复制品（或相似物），它是按照注视者文化中的模式、程序而重组、重写的"④。孟华强调："形象是情感和思想的混合物，而情感和思想是世间最复杂、最变化多端的东西，因此就难以用固定的模式来套用。若忽视了文学形象所包含的情感因素，忽视了每个作家的独创性，那就是忽视了一个形象最动人的部分，扼杀了形象的生命。"⑤换言之，形象的塑造不是依赖客观现实，而是一种想象。莫哈将形象的建构概括为三重性，即"它是异国的形象，是出自一个民族（社会、文化）的形象，最后，是由一个作家特殊感受所创作出的形象"⑥。形象不仅是一个作家的创作，也是社会集体的想象，具有个人和集体的双重印记，也就是说，形象塑造是由作家个人和社会集体两个建构主体来完成的。因此，在形象研

---

① 达尼埃尔-亨利·巴柔. 从文化形象到集体想象物 [M] //孟华. 比较文学形象学. 北京：北京大学出版社, 2001: 140.
② 布吕奈尔. 形象与人民心理学 [M] //孟华. 比较文学形象学. 北京：北京大学出版社, 2001: 113–114.
③ 达尼埃尔-亨利·巴柔. 从文化形象到集体想象物 [M] //孟华. 比较文学形象学. 北京：北京大学出版社, 2001: 123.
④ 达尼埃尔-亨利·巴柔. 形象 [M] //孟华. 比较文学形象学. 北京：北京大学出版社, 2001: 157.
⑤ 孟华. 形象学研究要注重总体性与综合性 [J]. 中国比较文学, 2000 (01): 5.
⑥ 让-马克·莫哈. 试论文学形象学的研究史及方法论 [M] //孟华. 比较文学形象学. 北京：北京大学出版社, 2001: 25.

究的过程中，不能忽视形象是如何被建构和被接受的这一重要论题。21世纪之后，形象学的发展逐步脱离了传统本质主义视角下的民族主义的束缚，不再将"探寻所谓根植于'民族的'固有特性当作自己的任务"，而是研究在特定社会长期形成的、反映各国别文学之中的"文化的或民族的固定印象"①。利尔森强调形象具有"社会文化构念"的本质特征，形象和身份不是民族与生俱来的特征，而是与特定社会群体相联系，并在社会生产和传播过程中逐渐形成的特性和身份。形象或身份的建构本质是形象研究的核心。②

比较文学意义上的形象和一般文学研究中的形象有相同之处，都是作家创造出来的具有感情色彩和审美意义的形象。但两者也有不同之处。第一，比较文学意义上的形象局限于异国异族形象，而一般文学研究中的形象既可以是异国异族形象，也可以是本国本族形象，而且多为本国本族形象，一般文学研究中的形象含义要比比较文学意义上的形象范围广。第二，一般文学研究中的形象通常只限于人物形象，而异国异族形象在文本中可以以多种形式存在。第三，一般文学研究中的形象是作家独创性的结晶，而异国异族的形象注重对他者的塑造，也注重探讨隐含在他者形象背后的创造者民族的自我形象。③ 本课题以英译中国文学作品为中心，基于英语民族的视角研究中国形象在英语文本中的建构，主要属于比较文学形象学的研究范畴，但也兼顾一般文学中的形象研究，因为本研究还涉及中国形象在原文本和英译文本的对照和比较。

东西方文化由于意识形态、风俗、地理、历史环境的差异，在各自的民族文化、心理结构中存在先在的视野，并影响和制约着对他者文化的理解。德国汉学家顾彬（Wolfgoang Kubin, 1945—）认为西方关注异国的缘由有两点：第一，西方人想寻找一个与自己的社会不同的异域，异域是他们的乌托邦或精神避难所；第二，西方人一直在寻找一种原始社会，他们想通过对这

---

① LEERSSEN J. Imagology: History and Method [M] // BELLER M, LEERSSEN J. Imagology: The Cultural Construction and Literary Representation of National Characters-A Critical Survey. Amsterdam & New York: Rodopi, 2007: 23.
② LEERSSEN J. Imagology: History and Method [M] // BELLER M, LEERSSEN J. Imagology: The Cultural Construction and Literary Representation of National Characters-A Critical Survey. Amsterdam & New York: Rodopi, 2007: 24.
③ 姜智芹. 文学想象与文化利用——英国文学中的中国形象 [M]. 北京：中国社会科学出版社，2005：12-13.

个原始社会的描述，来批评自己的社会。① 中国形象作为文化"他者"，参与塑造了西方文化的"自我"，对西方文明的进程留下了不可磨灭的痕迹。②

　　研究英译中国文学作品对中国形象的建构和传播有着重要的意义。一方面，不仅可以考察英译中国文学作品对中国形象的建构及其对世界文明和文化做出的贡献，还可以重塑中华民族的文化自信和民族自豪感。另一方面，英译中国文学作品塑造的中国形象折射了西方民族对东方文化的需求，此方面的研究有助于全面理性地理解翻译作品建构"他者"形象的手段和路径，揭示中国文学翻译作品在促进不同民族和不同文化的交流合作以及国家民族形象塑造方面的功能和作用。

二、形象学对翻译研究的启示

　　比较文学形象学的研究重点是"异形象"，它是指一国文学在异国文学读者中形成的异国形象。"外国文学作品中的形象不只是文本意义上的形象，它是作家主体情感与思想的混合物，也是民族集体无意识的反映，是一种文化现象，代表了一国对另一国的态度和看法。异国形象的建构包含了作者对异国文化的总体认识，同时在潜意识中又代表一个群体对异国文化的精神观照，是一种文化对另一种文化的言说。另一方面，形象本身与形象建构，也透露出作家和本国人的心态，'他者'形象是反观'自我'形象的一面镜子。"③ 在不同文化之间的相互交流与碰撞中，一种文化总会对另一种文化充满着想象，于是在异文化中就具有他者形象产生和建构的可能和基础，形象就是一种跨文化语境的表述，因此可以说他者形象是不同文化交流的必然结果。翻译是不同民族交流的最普遍的一种方式，翻译尽可能达到使不同文化相互完全理解和沟通的目的。但一种语言被翻译成另外一种语言时，必然会失去或添加某些因素，译作或多或少地与原作有一定程度的背离，译作因此不可能完全忠实于原作，翻译也难以实现不同文化的完全等值。换言之，在翻译过程中，译者也会将自己对异国的情感、态度渗入到译本中去，译者

---

① 顾彬. 关于"异"的研究 [M]. 曹卫东，编译. 北京：北京大学出版社，1997：47.
② 姜智芹. 文学想象与文化利用——英国文学中的中国形象 [M]. 北京：中国社会科学出版社，2005：1.
③ 蔡俊. 比较文学形象学研究与文学变异 [J]. 当代文坛，2011（02）：39.

通过语言符码的转换来呼唤译文读者对异国形象的认知，译者对异国形象的建构既要反映原文作者和原文国家的心态，也会渗入译者自身的情感，反映了一国文化对异国文化的言说。

翻译的过程也就是在译入语文化中建构原语文化形象的过程，通过译作文本，译入语读者可以获得对原语文化和原语社会的认知，进而建构起原语文化的形象。形象学研究和翻译研究在理论和实践方面，都具有交叉重叠的必然性，因为在翻译研究特别是文学翻译研究中，原作中的文化以及人物形象在翻译理解和再现的过程中会发生变异，而在形象学研究中，翻译作品是异域形象建构的重要文本来源。巴柔曾力图通过多元系统理论来研究外国文学与翻译文学之间可能存在的联系，他指出："在讨论翻译问题和外国文学译本（被翻译，随后又被纳入一个新的文学和文化总体中去的外国文学作品）的地位时，伊达玛尔·埃文-佐哈尔或约瑟·朗贝尔的思考以及对多元系统观念的实际运用可使人们最好地理解在同一整体、同一文化体系中外国文学与翻译文学间可能存在的关系和联系。"[①] 巴柔指出了翻译文本与外国文学研究的关联性，也为翻译文本进入形象学研究提供了启发。

让-马克·莫哈认为大多数人并不是通过自己的直接接触去感知异国，而是通过阅读作品或者其他传媒来接受异国形象。[②] 这里所指的"阅读作品或者其他传媒"多是翻译作品或翻译的传媒介质，因此，异国形象在异国文化语境中的塑造和建构通常是通过翻译实现的，翻译活动是一国形象在异国形成、建构和传播的重要途径。翻译的重要目的之一是在异国文化中再现和重塑一国形象，翻译是对他者文化的审视和言说，"我注视他者，而他者形象同时也传递了'我'这个注视者、言说者、书写者的某种形象"[③]。翻译是自我不断地认知和审视他者的过程，也是认知和审视他者的途径，通过与他者的碰撞和交流，反观自我。异质文化的交流过程中，彼此之间会产生想象，于是便有他者形象产生的可能性。翻译则发挥着建构他者形象的作用，

[①] 达尼埃尔-亨利·巴柔. 从文化形象到集体想象物 [M] //孟华. 比较文学形象学. 北京：北京大学出版社，2001：147-148.

[②] 孟华. 比较文学形象学论文翻译、研究札记（代序）[M] //孟华. 比较文学形象学. 北京：北京大学出版社，2001：7.

[③] 达尼埃尔-亨利·巴柔. 形象 [M] //孟华. 比较文学形象学. 北京：北京大学出版社，2001：157.

翻译就是建构和重塑异国形象的活动和行为。

　　翻译是沟通自我和他者的文化交流活动,翻译活动通过对他者文本的翻译来塑造和建构他者在自我心中的形象,同时也通过对他者的审视来进行自我观照,并认识和反省自我,进而达到异质文化之间的互补、互通和互惠。翻译活动是在目的语文化中言说和塑造他者文化及其形象的过程,与此同时,也在言说自我文化的某种形象,因此巴柔认为:"形象就是一种对他者的翻译,同时也是一种自我翻译。"① 翻译是一种塑造、建构和传播他者形象的活动,他者形象在翻译活动的过程中会在某种程度上发生变异,这也成为翻译与形象学研究的契合点之一。比较文学形象学重点研究一国形象在异国文学中的再现,在比较文学看来,"形象就是对一个文化现实的描述,通过这种描述,制造了(或赞同,宣传)这个形象的个人或群体,显示或表达出他们乐于置身其间的那个社会的、文化的、意识形态的、虚构的空间"②。翻译中基于原文本的形象,是翻译者在所属文化背景下,根据特定的"想象"框架,在译入语文化中重构出来的。翻译的一个重要目的就是在译入语文化中建构和塑造原作的文化和国家形象。形象的建构和传播与社会、历史和文化语境密切相关,形象是在某一特定语境中由译入语话语建构而成。形象不是针对社会现实的模拟描述,而是一种话语建构物。③ 而从形象学视角研究翻译,主要焦点在于探讨翻译过程中一国形象在译语文化中发生的形象变形及其缘由和影响。形象的建构会发生在不同走向的翻译活动中,换言之,翻译过程中形象的重构,既体现在将外族文化由外向内翻译,也体现在将中国文化和中国文学由内向外的翻译即对外翻译。中国文学对外翻译的重要目的就是主动地向异域介绍和传播中国文学,是原语文化对译入语文化的主动输入,译者将原语文学作品翻译成译入语,进而将该作品介绍给译入语读者,并力图使译入语读者建构起对原作品和原语文化的总体印象,由此在译入语文化中建构原语文化形象。

---

① 达尼埃尔-亨利·巴柔. 从文化形象到集体想象物 [M]//孟华. 比较文学形象学. 北京:北京大学出版社, 2001:164.
② 达尼埃尔-亨利·巴柔. 形象 [M]//孟华. 比较文学形象学. 北京:北京大学出版社, 2001:156.
③ LEERSSEN J. The Rhetoric of National Character: A Programmatic Survey [J]. Poetics Today, 2000, 21 (2):267-292.

中国文学作品的英译在中国形象的建构过程中发挥着不可或缺的作用，承载着在译入语文化中建构和传播中国形象的期望。译者在将中国文学作品翻译成异国语言的过程中，不仅要进行语言符码的转换，还会将译者脑海中形成的各种原语文化图式加以重组和改造，塑造成译入语文化读者期望的形象。换言之，译者在对作品翻译之前，首先要对原语文化的文学作品进行阅读、理解和研究，从而在其头脑中形成译入语文化中的他者形象，然后对译入语文化的他者形象进行调适重构，并将其形象通过译入语文字呈现出来。文学作品在跨文化交流过程中，由于原语文化与译入语文化的意识形态、审美心理等方面的差异，原语文化形象在译入语文化中的译介、传播、接受等过程中都会发生一定程度或者一系列的增删、变形、误读等变异现象。"译者作为一个社会人，与具体的社会、历史语境有着千丝万缕的联系，自觉不自觉地就会从自己所处的文化背景来解读异国的语言、文化、社会、历史等等，这样的主观感情的渗入，会干扰形象图式的改造、冶炼和新的形象的重新组合，引起形象变异。"[1] 作为原语文化中的"社会集体想象物"的文本在译入语文化中再现时，就会出现与原型之间的偏离和变形。翻译活动中的主体即译者通常会对翻译作品中的他者形象经过一定的筛选和操纵，翻译由此成为自我形象和他者形象构建或塑造的重要手段和途径之一，形象学有助于解读翻译塑造形象的机制，有助于厘清和揭示翻译过程中的自我形象和他者形象的变异及其重构的学理依据。

中国文学作品中描述和反映的中国社会图景是中国人建构的自我形象，对西方译者和读者而言则是他者形象，译文是在自我形象与他者形象的互动中生成的。中国文学英译作品是自我形象与他者形象关系互动的言语表述，而中国不同历史时期文学作品译本所建构的中国形象差异是中国社会图景历史演绎的直接表现。中国文学及文化的对外翻译是一种主动在异域文化中建构、塑造及传播中国形象的重要途径。如何认识和厘清翻译重构中国形象的这一基本手段和路径、中国形象如何在近代上海英文期刊英译文学作品中再现和传播，是本课题研究的主要内容。

---

[1] 张映先.《红楼梦》翻译中的文学形象变异与创造式想象[J]. 外语与外语教学，2002（09）：47-50.

三、翻译作品与中国形象的建构和传播

中国形象是由不同类型的文本共同构筑而成的"集体想象物",是西方对中国文化认知的"他者"镜像。构筑西方人眼中中国形象的文本主要包括旅行家的游记、传教士的书信与日志、外交官员的报告、西方人创办的报纸杂志、民间传说、西方人所著学术著作、西方人创作的文学作品以及中国文化文学典籍的译本等。数世纪以来,西方人通过不同类型的文本,建立起一套言说中国的词汇、意象、观念,形成一套关于中国形象的知识话语体系,该体系构筑起西人想象、思考中国的模式和框架。受该框架和模式的影响,西方人又生产出大量关于中国形象的文本,这些文本混杂着真实与虚构的内容,相互参照,共同构建起具有历史延续性和社会集体性的中国形象话语谱系。西方的中国形象是西方文化投射的一种关于文化他者的幻想,是西方文化自我审视、自我反思、自我书写的方式,表现了西方文化潜意识的欲望与恐怖,指向西方文化"他者"的想象与意识形态空间。①

中国形象,不管是作为停滞专制的东方帝国,还是作为高尚淳朴的"中国情调",意义都在于提供给西方文化认同的一个"他者"形象。只不过在不同的历史环境下,这个"他者"的表现方式有所变化。如果西方文化感到充分自信,它就会对自身现存的秩序加以肯定,同时会排斥异己,"他者"的形象就变得低劣、邪恶;假若西方文化处于一种焦虑不安并感到缺憾的时代,它便否定自身现存的秩序并推崇异己,这个"他者"形象就有可能被美化,此时的中国形象就会表现为比西方优越,成为西方文化自我批判与超越的尺度。作为文化他者的中国形象,是西方文化的某种"集体想象物",其意义并不在于自身表现如何,而在于它与西方文化所构成的差异关系如何。②西方的中国形象是西方文化对异域中国的集体想象,是西方文化投射的一种涉及他者文化的幻想,是事实与虚构融为一体的文化想象,不一定再现真实与现实的中国,是西方文化自我反思、自我审视、自我想象的话语方式。中国形象作为文化"他者"参与塑造了西方文化的"自我",并在西方文明的

---

① 周宁. 天朝遥远——西方的中国形象研究 [M]. 北京:北京大学出版社,2006:3.
② 周宁. 天朝遥远——西方的中国形象研究 [M]. 北京:北京大学出版社,2006:235-398.

进程中留下不可磨灭的痕迹。①

形象学研究多关注一国文学中对"异国"形象的描述或塑造，后殖民主义批评理论家萨义德（Edward Waefie Said，1935—2003）在抨击西方的东方主义时，引述马克思《路易·波拿巴的雾月十八日》一文中的一句话："他们（指东方人）无法表述自己，他们必须被别人（西方人）表述。"② 实际上，像中国这样的文明古国一直都在言说自己，中国本土作家、艺术家、思想家、哲学家等对中国的众多描述也是中国自身形象学体系的重要组成部分。孟华也认为，中国作家自己塑造出的中国人形象，若以异国读者为受众，可被视作一种异国形象，至少也可被视作是具有"异国因素"的形象，理应纳入形象学研究的范畴中来。③ 英译中国文学作品的受众多为异国读者，英译中国文学作品不仅拓展了中西文化交流和融通的渠道，而且建构和传播了中国文化形象。

翻译是两种语言之间信息的转换，这种转换并不是单向的，往往具有双向性，即翻译可以由外语译成母语，也可由母语译成外语，由外语译成母语的翻译是了解异域文化的重要途径，而由母语译成外语的翻译是向异域推广原语文化、促进原语文化影响力的重要手段。中国文学作品的英译是将中国本土作者对中国自身形象描述的文本传递给西方人士的重要途径，是中国本土文化形象在域外的重要呈现。大多数人并不是通过自己的直接接触去感知异国，而是通过阅读作品或者其他传媒来接受异国形象。④ 这里所指的"阅读作品或者其他传媒"通常是通过阅读翻译作品，换言之，异国形象在译入语文化中的建构和传播是通过翻译作品的接受而实现的，因此，本土文化在异域文化中的形象往往通过翻译来传递和塑造，翻译由此成为异国形象传播和塑造的重要途径，正如巴柔所言"形象就是一种对他者的翻译，同时也是

---

① 姜智芹. 文学想象与文化利用——英国文学中的中国形象 [M]. 北京：中国社会科学出版社，2005：1.
② 爱德华·萨义德. 东方学 [M]. 王宇根，译. 北京：生活·读书·新知三联书店，1999：28.
③ 孟华. 比较文学形象学论文翻译、研究札记（代序）[M] // 孟华. 比较文学形象学. 北京：北京大学出版社，2001：15.
④ 孟华. 比较文学形象学论文翻译、研究札记（代序）[M] // 孟华. 比较文学形象学. 北京：北京大学出版社，2001：7.

一种自我翻译"①。

翻译既是语言层面上意义的传译，也是跨文化的交流活动，翻译活动是一种塑造他者形象的过程，在这些形象的塑造过程中，翻译活动诸多因素的影响和制约不容忽视，翻译将异于本土的"他"文化输入"我"文化语境，"翻译如同自我为他者摄影，不同的视角会反映出不同的形象，而出于不同的目的，更可以对他者形象预先设定或有意遮蔽"②。

翻译的目的之一是要在译入语文化环境中建构原语的国家形象和文化形象，翻译作为一种跨文化的阅读活动、一种"看"，在此过程中"我注视他者，而他者形象同时也传递了'我'这个注视者、言说者、书写者的某种形象"③。实际上，翻译的过程就是对异国形象的塑造和重构的过程。翻译学者勒弗菲尔（Andre Alphons Lefevere）认为翻译是一种改写，具有极大的潜在影响力，"因为它可以将一位作者和/或一部（系列）作品投射到另一文化当中，帮助该作者和/或那些作品跨越原文化的边界。"④ "改写者创造了一个作家、一部作品、一个时代、一种文类，有时甚至是整个文学的形象。"⑤他认为翻译是这种形象或结构赖以生成的基础性文本之一。⑥ 尼兰贾纳（Tejaswini Niranjana）的著作《为翻译定位：历史，后结构主义和殖民语境》（*Sitting Translation*: *History*, *Poststructuralism*, *and the Colonial Context*, 1992）剖析了英国殖民译者是如何通过翻译来塑造印度人卑劣、愚昧的形象，以此反衬"高等欧洲文明的风尚"⑦。无论就理论或是实践层面而言，翻译在译

---

① 达尼埃尔-亨利·巴柔. 形象 [M] //孟华. 比较文学形象学. 北京：北京大学出版社，2001：164.
② 张晓芸. 翻译研究的形象学视角——以凯鲁亚克《在路上》汉译为个案 [M]. 上海：上海译文出版社，2011：2.
③ 达尼埃尔-亨利·巴柔. 形象 [M] //孟华. 比较文学形象学. 北京：北京大学出版社，2001：157.
④ LEFEVERE A. Translation, Rewriting and the Manipulation of Literary Fame [M]. London & New York：Routledge，2004：9.
⑤ LEFEVERE A. Translation, Rewriting and the Manipulation of Literary Fame [M]. London & New York：Routledge，2004：5.
⑥ LEFEVERE A. Translation, Rewriting and the Manipulation of Literary Fame [M]. London & New York：Routledge，2004：6.
⑦ NIRANJANA T. Sitting Translation：History，Poststructuralism, and the Colonial Context [M]. Berkeley & Los Angeles & Oxford：University of California Press，1992：22.

入语文化语境中对原语国家形象的建构及传播都发挥着无法估量的重要作用。

宏观而言，中国形象的建构和传播主要有"拿"和"送"两个双向而行的渠道："外方作为主体的'拿'和中方作为主体的'送'。'拿'是外方基于自身的欲望、需求、好恶和价值观，塑造多少带有某种偏见的'他者'形象；'送'是中国基于宣传需求传播的具有正向价值的'自我'形象，是对西方塑造的定型化中国形象的矫正和消解。这两种中国形象在新中国的每一个历史时期铰结并存，构建出中国形象的不同侧影。"① 西方人眼中的中国形象的历史演进表明中国形象更多的是"他塑"而非"自塑"，中国形象的创造主体是西方人而不是中国人。中国本土思想家、哲学家、作家、艺术家等对中国的众多描述也理应成为中国形象建构的重要文本依据，其翻译文本是中国形象在世界的自我表述，这些翻译文本及其在海外的发行有利于改变中国形象总是被动地由西方来言说和塑造的局面。

在中西文化交流的历史中，中国翻译各类西方作品的数量远远高于西方翻译中国作品的数量，西方作品的翻译一直维持"入超"的状况，"拿来主义"始终占据中西文化交流的主导地位，翻译的不平衡现象较为突出。尽管如此，一批中西译者始终致力于中国作品的外译，他们翻译中国古典小说、典籍以及诗歌等，通过中国作品的外译，将中国文化推广至世界，向域外传播中国文化形象。如《好逑传》《赵氏孤儿》等在18世纪就被西方译者翻译成英语、法语等，成为西人了解和认知中国文化的早期重要文本，建构了早期西人眼中的中国形象。除西方译者外，中国本土译者也一直是中国作品外译的重要力量，勒弗菲尔等西方学者曾这样描述："中国学者过去一直致力于把中国文学作品翻译成英语或者其他西方语言。世界上较少有人自豪地将本国作品译成其他语言，而中国人在这方面尤为突出。"② 辜鸿铭在20世纪初将大量的儒家经典作品翻译成英文，其翻译《论语》的目的是使"受过教育的有头脑的英国人"读后"能引起对中国人现有成见的反思，不仅修正谬

---

① 姜智芹. 中国当代文学海外传播与中国形象塑造［J］. 小说评论，2014（03）：4.
② LEFEVERE A. Translation as the Creation of Images or "Excuse Me，Is This the Same Poem？"［M］// BASSNETT S. Translating Literature. Cambridge：Brewer，1997：70.

见，而且改变对于中国无论是个人、还是国际交往的态度"[①]。总而言之，各类有关中国主题的翻译作品对域外中国形象的塑造和传播功不可没，而英译中国文学作品就是域外中国形象建构和传播的重要渠道之一。

第二节 文献综述

一、涉及形象的翻译研究

我国对西方文学中的中国形象的研究在 20 世纪初已开始，陈受颐、方重、钱锺书、范存忠、杨周翰等在这一领域做了开拓性的贡献。21 世纪初，孟华的《比较文学形象学》（2001）、周宁的《中国形象：西方的学说与传说》（2004）、姜智芹、周宁的《美国的中国形象》（2010）等相继出版，这些形象学著作引介了 20 世纪中期在法国和德国发展起来的形象学理论，推动了我国形象学研究理论化，并拓展了形象学的研究领域。我国政府对国家形象建构的重视在学界得到积极回应，国内各类学术期刊发表了大量有关中国形象的学术论文，既包括西方汉学家著作中的中国形象，也包括西方文化、政治以及西方传媒视阈中中国形象的研究，多数论著有批判、警示意义。

国外关于中国形象的论著自 13 世纪马可·波罗（Marco Polo，1254—1324）起层出不穷，为中国形象研究提供了丰富的材料，其研究主要呈现三种典型模式：乌托邦的中国形象、意识形态化的中国形象、褒贬并生的中国形象。到了 20 世纪，西方对中国形象的表述有一定的变化，英国学者雷蒙·道生（Raymond Dawson）选编的汉学论文集《中国遗产》（*The Legacy of China*）1964 年出版，其中一篇由道生撰写的文章《关于中国文明的西方观念》（*Western Conceptions of Chinese Civilization*）概述了从中世纪到"二战"期间

[①] 辜鸿铭. 辜鸿铭文集（下）[M]. 黄兴涛，译. 海口：海南出版社，1996：346-347.

近代上海英文期刊与中国文学的英译（1857—1942）：形象学路径　>>>

西方中国形象的各种"神话（myth）"①。1967年道生出版了《中国变色龙：关于中国文明欧洲观的分析》（*The Chinese Chameleon: An Analysis of European Conceptions of Chinese Civilization*，1967），该书参照游记、文学作品、史学、哲学著作及报刊等，将中国文明比喻成"变色龙"，指出欧洲人眼中的中国形象根据欧洲不断变化的文化语境而发生变化，与中国的现实并非呈现对应的关系。② 美国汉学家史景迁（Jonathan D. Spence，1936—2021）的《大汉之国：西方人眼中的中国》（*The Chan's Great Continent: China in Western Minds*，1998）于1998年出版，该书分十二个专题，分别论述了从马可·波罗到20世纪期间西方作家笔下的中国形象。③ 由澳大利亚学者麦克勒斯（Colin Mackerras）撰写的《西方的中国形象》（*Western Image of China*）修订版于1999年出版，该书对中国形象的描述从古罗马时代直至1998年，对1949年后的当代中国形象的论述是该书的重点。④ 萨义德（Edward Waefie Said，1935—2003）在《东方主义》（*Orientalism*，1978，又译《东方学》）中提出"形象=他者"的观点影响和束缚了西方学者对中国形象的研究。雅克布森（Jacobsen）在2013年发表的长篇论文《中国影响或形象》（*Chinese Influences or Images: Fluctuating Histories of How Enlightenment Europe Read China*）梳理了西方有关中国形象研究的上百部著作，剖析了东方主义的片面性造成世界历史研究的终结，并以充分的文献说明20世纪90年代后西方中国形象研究开始摆脱东方主义的束缚，肯定了中国对世界的影响。⑤

　　国内外中国形象研究多依赖文学作品、历史著作、书信、媒体报道等等，作者主体性强，想象空间大，而通过译作研究中国形象的研究还较为鲜见。事实上，形象学与翻译之间存在着密切的关联性，"形象学与翻译研究两门学科的历史渊源颇深。形象研究一直是比较文学的传统研究范畴之一，而最早进入翻译研究的学者中，很大一批就来自于比较文学领域，这就使得

---

① DAWSON R. The Legacy of China [M]. London: Oxford University Press, 1964.
② DAWSON R. The Chinese Chameleon: An Analysis of European Conceptions of Chinese Civilization [M]. London: Oxford University Press, 1967.
③ SPENCE J D. The Chan's Great Continent: China in Western Minds [M]. New York: Norton Press, 1998.
④ Mackerras C. Western Image of China [M]. Oxford: Oxford University Press, 1999.
⑤ JACOBSEN S G. Chinese Influences or Images? Fluctuating Histories of How Enlightenment Europe Read China [J]. Journal of World History, 2013, 24 (03): 623-660.

两者的结合具有一定的必然性。"① 然而，目前国内外学术界对翻译活动中的形象研究还处于初步发展阶段，近年来这方面的研究成果陆续问世。

从 20 世纪末开始，西方学者如勒弗菲尔（André Lefevere）、森恩（Johan Soenen）、库兰－布尔克鲁（Nedret Kuran－Burcoglu）、鲁德恩（Rudvin）、弗兰克（Helen T. Frank）、尼斯奇科（Reignard M. Nischik）以及道斯雷尔（Luc van Doorslaer）等学者注意到形象学对丰富翻译研究的潜力，并开始研究翻译如何建构、解构、重构形象等问题。勒弗菲尔、森恩、库兰－布尔克鲁等深入探讨了翻译形象建构的基础理论问题以及翻译对形象建构的重要作用。勒弗菲尔就曾论及翻译与目标语文化自我形象之间的微妙关系，指出翻译具有保护和改变目标语文化自我形象的双重功能。② 勒弗菲尔认为翻译是一种改写，翻译还具有很大的潜在影响力，因为"无论在过去、还是现在，改写者创造了一个作家、一部作品、一个时代、一种文类，有时是整个文学的形象"③，"翻译可以将某位作家或一部作品投射到另一文化中，帮助该作者或该作品跨越原文化的界限"④。森恩认为翻译的一个重要研究领域就是形象学，翻译的任务就是研究目标文化中的异域文化形象如何影响翻译及其方式。⑤ 库兰－布尔克鲁也认为异域文学形象与翻译互为影响和作用，异域文化在翻译中不仅发挥着重要作用，而且能推动或改变目标文化中已有的异域文化形象，形象和翻译的互动关系可以开拓翻译研究的新领域。⑥ 鲁德恩、弗兰克等学者通过翻译个案分析论述了翻译与他者形象建构的论题。鲁德恩较早将比较文学形象学运用于挪威儿童文学英译研究中，较

---

① 王运鸿. 形象学与翻译研究 [J]. 外国语（上海外国语大学学报），2018，41（04）：87.

② LEFEVERE A. Translating Literature: Practice and Theory in a Comparative Literature Context [M]. London: Routledge, 1992：125-127.

③ LEFEVERE A. Translation, Rewriting and the Manipulation of Literary Fame [M]. London & New York: Routledge, 2004：5.

④ LEFEVERE A. Translation, Rewriting and the Manipulation of Literary Fame [M]. London & New York: Routledge, 2004：9.

⑤ SOENEN J. Imagology and Translation [M] // KURAN-BURCOGLU N. Multiculturalism: Identity and Otherness. Istanbul: Bogaziçi University Press, 1997：125-138.

⑥ KURAN-BURCOGLU N. At the Crossroads of Translation Studies and Imagology [M] // CHESTERMAN A, et al. Translation in Context. Amsterdam: John Benjamins, 2000：143-150.

为系统探讨了西方英语环境中被定式化的挪威形象如何影响挪威儿童文学的翻译及其选材等。① 弗兰克的著作《儿童文学译作中的文化碰撞：法译本里澳大利亚形象》（Cultural Encounters in Translated Children's Literature: Images of Australian in French Translation，2007）分析论述澳大利亚儿童文学的法语译本如何重塑了野蛮、落后、粗俗的澳大利亚形象。②

比利时鲁汶大学道斯雷尔等编撰的《翻译研究与形象学的连接》（Interconnecting Translation Studies and Imagology，2016）是最新出版的翻译形象学方面的一部重要文集，该论文集收录了 18 篇有关翻译研究与形象学的研究论文，分别从"翻译与形象学的历史轨迹""翻译与他者形象的建构""翻译与他者形象的重构"以及"翻译与自我形象的建构"四个专题论述了翻译对形象建构的途径、意义和作用等。③ 该文集的"翻译与形象学的历史轨迹"专题部分收入 4 篇论文，分别论述 16 世纪到 20 世纪初欧洲历史上如何通过翻译塑造某一民族形象的若干典型案例，通过剖析欧洲历史上的这些翻译案例，阐述翻译与形象建构之间的紧密关系，为翻译活动中的形象学研究提供了史料依据。"翻译与他者形象的建构"专题部分收入 3 篇论文，分别通过对《爱丽丝梦游仙境》"一战"和"二战"后两个德译本、陀思妥耶夫斯基的《被欺凌与被侮辱的人》19 世纪末德文和荷兰文译本以及 1938 年美国电影《马可·波罗东游记》意大利语译本的考察，论述了文学或非文学作品的翻译如何影响并塑造另外一个国家或民族的历史、社会、文化等各方面的他者形象特征。"翻译与他者形象的重构"专题部分的 4 篇论文通过语料库数据的分析，指出翻译活动对他者形象重构的双重功能，即翻译不仅能重构突显原作中具有异质性的他者形象，而且能消弭原作中异质的民族特性及其形象。"翻译与自我形象"部分中收入 5 篇论文，其中前 3 篇论文考察报纸杂志等传媒翻译如何构建特定民族的自我形象，后 2 篇论文分别考察 20 世纪初"青年爱沙尼亚"文化运动中的翻译案例以及克罗地亚和塞尔维亚史诗

---

① RUDVIN M. Translation and "Myth": Norwegian Children's Literature in English [J]. Perspectives, 1994, 2 (2): 199-211.
② FRANK H T. Cultural Encounters in Translated Children's Literature: Images of Australian in French Translation [M]. Manchester: St. Jerome Publishing, 2007.
③ DOORSLAER L V, FLYNN P, LEERSSEN J. Interconnecting Translation Studies and Imagology [M]. Amsterdam: John Benjamins, 2016.

作品中神话原型及其跨文化过程中的变异，从而阐述翻译具有建构本土文化形象的功能和作用。此外，该文集的主编皮特·弗林（Peter Flynn）、吉普·利尔森（Joep Leerssen）以及鲁克·范·道斯雷尔（Luc van Doorslaer）撰写的前言论文全面阐述了全球化背景下形象学、翻译研究中形象的相互关联以及翻译形象研究的重要意义，并梳理了本文集论文的特点。比利时鲁汶大学雷蒙德·伯洛克（Raymond Van den Broeck）的文集末总结论文在回顾翻译研究发展的历程基础上，归纳总结了翻译形象学作为一门学科的发展前景。

国内学术界近十年来开始对翻译建构中国形象展开研究，并出版了一些从翻译角度研究中国形象建构方面的专著，这些专著涉及文学译本和外宣译本对中国形象的建构两个研究领域。文学译本建构中国形象方面的研究著作以文学作品译本为分析对象，结合翻译与形象学的理论，对文学译本建构中国形象进行了深入剖析。张晓芸的《翻译研究的形象学视角——以凯鲁亚克〈在路上〉汉译为个案》（2011）以"垮掉派"作家凯鲁亚克及其代表作《在路上》汉译本在中国的形象演变作为个案研究的对象，分析翻译活动中的形象建构。作者认为从形象学角度所进行的翻译研究，关注的绝不只是必然发生变异的翻译过程中所生成的形象的真伪，而是关注形象得以生成并定型的过程以及定型化形象的持久性与传播性对于翻译活动的影响。[①] 陈吉荣的《翻译建构当代中国形象：澳大利亚现当代中国文学翻译研究》（2012）以澳大利亚中国现当代文学英译作为研究对象，围绕翻译文本形象解读、翻译形象建构和翻译形象认知三条主线，阐述翻译作品为中国形象学建构的理据。[②] 赵颖等合著的《文化翻译中的形象建构》（2015）以英国翻译研究学者蒙娜·贝克（Mona Baker）翻译叙事建构理论为框架，通过对《天下》月刊的中国文学翻译作品以及中国文化专文的分析，论述《天下》月刊对中国儒家代表人物、中国女性形象、战时中国形象等方面的建构，并阐述民国时期中国文化翻译的路径、特点和目标指向。[③] 马士奎、倪秀华的《塑造自我文化形象：中国对外文学翻译研究》（2017）重点研究并叙述了晚清时期、

[①] 张晓芸. 翻译研究的形象学视角——以凯鲁亚克《在路上》汉译为个案［M］. 上海：上海译文出版社，2011.

[②] 陈吉荣. 翻译建构当代中国形象：澳大利亚现当代中国文学翻译研究［M］. 北京：中国社会科学出版社，2012.

[③] 赵颖等. 文化翻译中的形象建构［M］. 北京：中国文史出版社，2015.

民国时期和中华人民共和国成立之后，中国的对外文学翻译活动和主要内容，分析了不同历史阶段的翻译环境、文本选择原则、翻译策略、译作接受情况及其在塑造中国文化形象中所起的积极作用。① 梁志芳的《文学翻译与民族建构：形象学理论视角下的〈大地〉中译研究》（2017）立足于翻译（尤指翻译文学与文学翻译）在民族以及民族建构过程中的重要作用，将民族建构和形象学理论与方法引入翻译研究，以赛珍珠的中国题材小说《大地》的全译本为研究对象，探讨目标文本如何描述中国、建构中国形象。②

香港学者孔慧怡（Eva Hung）所编《翻译与文化变迁：历史、规范与形象投射中的研究》（*Translation and Cultural Change*：*Studies in History*，*Norms and Image Projection*，2005）论及翻译在形象投射方面的作用。③

外宣翻译是建构中国形象的另一重要维度，外宣的目的是"帮助外国人了解中国的各个方面"，以便"促进中外关系，赢得国际同情和支持，有利于我国现代化建设和祖国统一事业的实现"④。近几年，外宣翻译文本对中国形象的建构方面的研究日益受到关注，卢小军的《国家形象与外宣翻译策略研究》（2016）探讨了国家形象与外宣翻译策略之间的关系，并在维护和提升国家形象的视角下提出了若干外宣翻译策略。⑤ 许宏的《外宣翻译与国际形象构建》（2017）认为文本建构和形象建构之间存在直接关联，并以叙事建构为理论依据，结合翻译学、传播学、修辞学的有关成果，深入系统地分析译者应当如何重新建构外宣文本，以保证赢得目标受众的心理认同。⑥

这些著作将翻译研究与形象学相结合，并以文学译本和外宣翻译文本为例，通过对文本的梳理和译例的分析，阐述了翻译作品对中国形象建构的学理依据，并归纳了翻译建构中国形象的基本路径，开拓了国内翻译形象研究

---

① 马士奎，倪秀华. 塑造自我文化形象：中国对外文学翻译研究［M］. 北京：中国人民大学出版社，2017.
② 梁志芳. 文学翻译与民族建构：形象学理论视角下的《大地》中译研究［M］. 武汉：武汉大学出版社，2017.
③ HUNG E. Translation and Cultural Change：Studies in History，Norms and Image Projection［M］. Amsterdam：John Benjamins，2005.
④ 段连城. 对外传播学初探（修订版）［M］. 北京：五洲出版社，2004：58.
⑤ 卢小军. 国家形象与外宣翻译策略研究［M］. 北京：外语教学与研究出版社，2016.
⑥ 许宏. 外宣翻译与国际形象构建［M］. 北京：时事出版社，2017.

的领域，提升了形象学研究的广度和深度。

除学术专著外，国内学者近几年也发表了一些有关翻译形象研究的学术论文，这些学术论文从不同视角，通过对各种译本中形象再现和变异的详细剖析，论证了翻译文本对形象建构的积极作用。如姜智芹的《当代文学对外传播对于中国形象的延续和重塑》（2017）认为当代文学通过他者传播和自我传播，塑造了倾向不同、形态各异的中国形象。① 胡开宝、李鑫的《基于语料库的翻译与中国形象研究：内涵与意义》（2017）重点分析了基于语料库的翻译与中国形象研究的研究领域、研究路径和研究意义。② 谭载喜的《文学翻译中的民族形象重构："中国叙事"与"文化回译"》（2018）③ 和《翻译与国家形象重构——以中国叙事的回译为例》（2018）④ 围绕翻译与民族形象建构或重构、形象学与翻译研究以及中国叙事作品所涉"中国形象"的具体内涵、"翻译与形象建构"之关系等问题展开讨论与理论阐发，认为翻译在民族建构及发展的过程中发挥着不可或缺的作用。王运鸿的《形象学与翻译研究》（2018）梳理了形象学与翻译研究之间的历史渊源与相互联系，通过总结形象学视角下的相关翻译研究成果，探究二者的契合之处，阐述形象学有关核心概念与翻译研究的关系，为形象学视角下的翻译研究提供了思考和启示。⑤ 王宁的《翻译与国家形象的建构及海外传播》（2018）提出要掌握自己的话语向世人讲好中国的故事，要实现这一切都离不开翻译的中介，但翻译绝不是传统意义上的逐字逐句的翻译，而是一种跨文化的再现和重构。⑥ 吴赟的《国家形象自我建构与国家翻译规划：概念与路径》（2019）认为当下中国必须加强国家形象的自我建构，须借由翻译向外界主动讲述并讲好中国故事，提出通过国家翻译规划进行国家形象的自我建构，并就具体

---

① 姜智芹. 当代文学对外传播对于中国形象的延续和重塑 [J]. 山东师范大学学报（人文社会科学版），2017，62（01）：24-36.
② 胡开宝，李鑫. 基于语料库的翻译与中国形象研究：内涵与意义 [J]. 外语研究，2017，34（04）：70-75.
③ 谭载喜. 文学翻译中的民族形象重构："中国叙事"与"文化回译" [J]. 中国翻译，2018，39（01）：17-25.
④ 谭载喜. 翻译与国家形象重构——以中国叙事的回译为例 [J]. 外国语文，2018，34（01）：1-10.
⑤ 王运鸿. 形象学与翻译研究 [J]. 外国语（上海外国语大学学报），2018，41（04）：86-93.
⑥ 王宁. 翻译与国家形象的建构及海外传播 [J]. 外语教学，2018，39（05）：1-6.

的规划路径作了初步探索。① 王运鸿的《形象学视角下的沙博理英译〈水浒传〉研究》（2019）基于对沙博理英译《水浒传》内部文本形象分析，并结合《水浒传》在西方译介和传播过程中形象流变的纵轴与沙译本特定的社会历史语境的横轴，从文本、互文和语境三个层面剖析翻译如何构建出有差异的形象，揭示翻译与形象构建之间多维度的关系，探索经典文学外译与中国文学、文化形象塑造之间的相互作用机制。② 罗选民的《大翻译与文化记忆：国家形象的建构与传播》（2019）提出了大翻译是文化记忆理论视域下国家形象建构与文化传播的"全方位""立体化"发展理念，大翻译旨在形成翻译跨学科研究的理论纽带，建设我国自成体系的翻译理论，从新的角度审视国家形象建构与文化传播。③ 马祯妮的《当代形象学视角下〈侠女奴〉汉译本研究》（2020）结合译本特定的社会历史语境，对周作人在汉译本《侠女奴》中偏离原作的"异域他者形象"进行解读。④ 朱振武、袁俊卿的《西人英译中国典籍的价值取向与中国形象的异域变迁》（2021）考察探讨了早期传教士和后来的几代汉学家英译中国文化典籍的价值取向与西方人眼中的中国形象异域变迁。⑤ 上述研究论文大抵代表了我国学术界目前在翻译建构中国形象研究领域的成果。

二、近代在华英文期刊研究

近代在华英文期刊及其刊载的英译中国文学作品对中国形象的建构和传播发挥了不容忽视的重要作用，构成了英语世界建构和传播中国形象的一个重要窗口。晚清民初来华的西方传教士分别在广州、上海、重庆和北京等地创办了一些英文期刊，如广州的《中国丛报》（*The Chinese Repository*,

---

① 吴赟. 国家形象自我建构与国家翻译规划：概念与路径［J］. 外语研究，2019，36（03）：72-78.
② 王运鸿. 形象学视角下的沙博理英译《水浒传》研究［J］. 外国语（上海外国语大学学报），2019，42（03）：83-93.
③ 罗选民. 大翻译与文化记忆：国家形象的建构与传播［J］. 中国外语，2019，16（05）：95-102.
④ 马祯妮. 当代形象学视角下《侠女奴》汉译本研究［J］. 外国语（上海外国语大学学报），2020，43（02）：91-98.
⑤ 朱振武，袁俊卿. 西人英译中国典籍的价值取向与中国形象的异域变迁［J］. 中国翻译，2021，42（02）：55-64.

1832—1851),上海的《皇家亚洲文会北华支会会刊》(*Journal of the North-China Branch of the Royal Asiatic Society*,1858—1948)、《中国科学美术杂志》(*The China Journal of Science and Arts*,1923—1941),重庆的《华西教会新闻》(*The West China Missionary News*,1899—1943),北京的《华裔学志》(*Monumenta Serica*,1935—1948)等,这些英文期刊卷帙浩繁,为中西文化交流研究提供了丰富文献资料,成为近代中西文化交流的重要媒介和载体。它们是西方世界深入了解中国的窗口,并在世界范围内产生了一定影响力,形成了连接东西方的学术网络,催生了中西文化交流的国际化学术场域。近代在华英文期刊在中学西渐的历史进程中有力地推动了中西文化交流,是西方社会了解和认知中国的重要途径,形成了近代西方关于中国知识的图像和谱系,构成了西方社会对中国社会文化诸多方面的总体印象和价值判断,对中国形象的域外建构具有重要的推动作用,因而具有很高的学术研究价值,近代在华英文期刊的研究也日益受到学者的高度关注。

  近十年来国内对近代在华英文期刊的研究主要集中在对《教务杂志》《皇家亚洲文会北华支会会刊》《中国丛报》《中国评论》《天下》月刊等的研究,这方面的研究成果不少是博士学位论文①。尹文涓的《〈中国丛报〉研究》(北京大学博士学位论文,2003)重点考察了《中国丛报》创办的时代背景、编撰机制、内容以及该刊在中西文化交流史以及中国近代化进程中的影响。王毅的《皇家亚洲文会北中国支会研究》(复旦大学博士学位论文,2004)中有一节专门梳理了《皇家亚洲文会北华支会会刊》的创刊、刊物的栏目、编辑、作者等方面的概况,特别提及该英文期刊对中国文学的译介。王国强的《〈中国评论〉(1872—1901)与西方汉学》(复旦大学博士学位论文,2007)梳理了《中国评论》的栏目设置、主编、出版地点和时间、发行的渠道和范围以及与该刊关系密切的其他刊物等问题,认为该刊通过评论、论战、倡导和信息交流等种种方式有力地推动了西方汉学在 19 世纪后半期

---

① 其中部分博士论文已公开出版,正式出版物书名与论文名稍有区别。如王毅. 皇家亚洲文会北中国支会研究 [M]. 上海:上海书店出版社,2005;王国强.《中国评论》(1872—1901)与西方汉学 [M]. 上海:上海书店出版社,2010;严慧. 超越与建构——《天下》与中西文学交流(1935—1941) [M]. 北京:光明日报出版社,2011;黄芳. 多元文化认同的建构——《中国评论周报》与《天下月刊》研究 [M]. 南京:南京大学出版社,2018.

的迅速发展。严慧的《1935—1941：〈天下〉与中西文学交流》（苏州大学博士学位论文，2009）认为《天下》在20世纪30年代的中国建立起一个具备学术性与普及性的国际文化公共空间，实现了东西方学术界与文化界的对话与交流，丰富、拓展、提升了双方观察对方文化的视野，也系统地将中国文学译介到西方，实现了"向西方介绍中国"的办刊宗旨。黄芳的《跨语际文学实践中的多元文化认同——以〈中国评论周报〉〈天下月刊〉为中心的考察》（华东师范大学博士学位论文，2011）运用传播学、翻译学及文化研究等相关理论，全面考察《中国评论周报》《天下月刊》在创刊背景、刊物性质及内容、编辑作者群体等方面的不同点与相似性。崔华杰的《传教士学者与中国历史研究——以〈教务杂志〉为中心的考察》（上海大学博士学位论文，2011）旨在描绘以《教务杂志》为平台的基督教传教士中国历史研究的图景，通过史实的勾勒考察传教士中国历史研究的意义、所用史料的价值性及论述的特点。薛维华的《边缘风景：〈教务杂志〉与传教士汉学知识传播》（北京外国语大学博士学位论文，2015）以传教士汉学为中心、以汉学知识传播为要点，从期刊媒介的视角审视《教务杂志》汉学知识传播网络、进程及特点，对其"传播渠道、传播内容、传播主体、传播特性"做链式考察，梳理传教士汉学脉络以及传教士汉学的演进、发展、功能和作用。

此外，还有若干篇硕士学位论文，如李红玲的《〈天下〉月刊研究》（上海外国语大学硕士学位论文，2008）、易永谊的《世界主义与民族想象：〈天下月刊〉与中英文学交流（1935—1941）》（福建师范大学硕士学位论文，2009）、王梦莹的《本土传统的世界主义阐释——对〈天下〉月刊译介中国古典文学之考察》（华东师范大学硕士学位论文，2012）、王立峰的《矛盾与错位——〈天下〉对于中国现代文学的评介和翻译》（南京大学硕士学位论文，2013）、李晶的《新教传教士对中国儒学的译介——基于〈教务杂志〉(1867—1941)的阐释学研究》（西南交通大学硕士学位论文，2017）等。

这些博士、硕士学位论文涉及历史学、传播学、文学等研究领域，都以某一特定的英文期刊为研究对象，通过梳理大量的期刊资料，从不同视角展示了近代在华英文期刊在中西文化和文学交流中的积极贡献和价值，开拓和深化了该领域的研究。

近年来，该研究领域的一些研究专著陆续问世。段怀清、周俐玲的《〈中国评论〉与晚清中英文化交流》（2006）基于英文刊物《中国评论》，以中英文学知识分子的跨文化互动为中心，主要探讨研究跨文化交流和对话当中的知识分子文化身份的自我确认与自我超越，同时兼及英国汉学家对于中国文学的翻译以及英国作家对于中国文学的解读。① 吴义雄的《在华英文报刊与近代早期的中西关系》（2013）探讨《中国丛报》《广州纪事报》及其所塑造的舆论在19世纪20年代到40年代中西关系演变过程中的角色，并通过这些英文刊物考察19世纪前期在华西方人如何认识和评价中国社会与文化，进而审视政治性的舆论与学术性的文化著述之间的关联。② 彭发胜的《向西方诠释中国：〈天下月刊〉研究》（2016）以英文期刊《天下月刊》为研究对象，借鉴文化三元文质构成论，考察该刊在中国抗日战争的对外传播、中国文化形象的建构、中西文化比较与交流等方面所发挥的重要作用。③ 这些研究专著爬梳大量的中外文化、文学交流的文本史料，考察了近代英文期刊对中西文化交流的促进作用，已经达到了较高的学术水准。

相关主题的单篇学术论文也是该领域研究成果的重要部分，国内学者对在华英文期刊也进行了卓有成效的研究，并取得了引人注目的研究成果。彭发胜的《〈天下月刊〉与中国现代文学的英译》（2011）认为该刊所载中国现代文学英译作品以流畅的归化翻译和新奇的异化翻译为策略，将意象纳入英文之中，实现了翻译的传播功能。④ 宋丽娟、孙逊的《近代英文期刊与中国古典小说的早期翻译》（2011）认为在明清之际中西文化交流的活动中，西人所办的以中国和亚洲为主要研究对象的近代英文期刊成为西方人了解中国的主要媒介和窗口。⑤ 王立峰的《审美趣味与历史抉择间的游移——论〈天下〉的文学观》（2014）论述《天下》的文学观是重实用、重担当、重进步的乐观精神和重个人、重审美、重反思的怀疑态度两股力量间的相互角

---

① 段怀清，周俐玲.《中国评论》与晚清中英文化交流［M］.广州：广东人民出版社，2006.
② 吴义雄.在华英文报刊与近代早期的中西关系［M］.北京：社会科学文献出版社，2013.
③ 彭发胜.向西方诠释中国：《天下月刊》研究［M］.北京：清华大学出版社，2016.
④ 彭发胜.《天下月刊》与中国现代文学的英译［J］.中国翻译，2011，32（02）：23-28.
⑤ 宋丽娟，孙逊.近代英文期刊与中国古典小说的早期翻译［J］.文学遗产，2011（04）：125-132.

力。① 李天纲的《〈中国科学美术杂志〉研究（上）》（2015）②和《〈中国科学美术杂志〉研究（下）》（2015）③对该刊的办刊宗旨、办刊历史、栏目设置、编辑作者群体、刊物的历史贡献和价值等进行全面细致的介绍和评价。武春野的《发现与规训：新教传教士与中国语文改革——以〈教务杂志〉为中心的考察》（2016）探讨了《教务杂志》存世期间（1867—1941）致力于讨论中国语言问题，这些讨论既反映了19世纪流行的语言学潮流，也反映了欧洲语言—政治模式对新教传教士的影响。④王立峰的《对话、超越与解构——论〈天下〉构建中国形象的方式及效果》（2017）通过对《天下》英译作品及对其言说中国形象方式的爬梳，认为彼时知识精英试图超越西方话语的努力，然而受制于时代因素以及翻译本身的局限，超越的意图最终被解构，自我言说亦被纳入西方价值体系之中。⑤王海林的《〈天下〉月刊与早期中国新文学的对外译介》（2019）认为《天下》月刊将正在发生的新文学与中国古典文学经典翻译介绍给西方读者，成为新文学三十年里中国文学对外传播的重要平台。⑥朱伊革的《〈天下〉月刊英译中国文学作品及其中国形象的建构》（2021）基于比较文学形象学与翻译学理论，剖析了《天下》月刊在英译中国典籍、古典诗歌和戏剧以及现代文学作品的过程中所建构的中国形象谱系。⑦这些代表性的论文从文学、历史、语言学等方面对在华英文期刊进行了开拓性的研究，拓宽了该领域的研究视野，开辟了新的研究议题，也为后续的研究提供了很多参照和启发。

海外学者在此方面的研究成果还较为鲜见。旅美学者沈双的《从比较文化的角度看跨国写作与当代英语世界文学》（2006）一文认为《天下》月刊

---

① 王立峰.审美趣味与历史抉择间的游移——论《天下》的文学观［J］.南京大学学报（哲学·人文科学·社会科学），2014，51（03）：91-99.
② 李天纲.《中国科学美术杂志》研究（上）［J］.上海文化，2015（07）：46-67.
③ 李天纲.《中国科学美术杂志》研究（下）［J］.上海文化，2015（09）：50-69.
④ 武春野.发现与规训：新教传教士与中国语文改革——以《教务杂志》为中心的考察［J］.社会科学，2016（12）：176-185.
⑤ 王立峰.对话、超越与解构——论《天下》构建中国形象的方式及效果［J］.暨南学报（哲学社会科学版），2017，39（04）：65-74.
⑥ 王海林.《天下》月刊与早期中国新文学的对外译介［J］.兰州大学学报（社会科学版），2019，47（03）：91-96.
⑦ 朱伊革.《天下》月刊英译中国文学作品及其中国形象的建构［J］.东方翻译，2021（01）：12-19.

的"纪事""翻译"栏目所载的论文和文学作品英译是许多瞬间组成的一个历史阶段,这种记述方式虽不契合宏大叙事的要求,却反映了该历史阶段的历史和文学景观。① 沈双的英文著作《世界民众：半殖民地上海的英文印刷文化》(*Cosmopolitan Publics：Anglophone Print Culture in Semi-Colonial Shanghai*, 2009)以《天下》月刊为例,考察了民国初期上海发行的英文刊物的历史作用,认为英文刊物参与了现代性、民族性和世界主义一系列现代话语的建构。② 国际文学研究期刊《世界比较文学评论》(*Neohelicon*) 2019年第2期刊发中国学者的论文《〈天下〉月刊与中国现代小说的域外翻译》,该文以鲁迅和沈从文小说英译为例,阐述月刊对中国现代文学的翻译态度和策略以及文学和文化的自我定位和民族身份。③

上述研究大都将在华英文期刊定位为中西文化交流的重要园地和场域,但对在华英文期刊在域外中国形象建构方面的探讨和研究着墨不多。学者钱宗武曾说："没有一个国家会无视自己文化在异域的传播和积淀,而英文期刊作为域外文化的重要组成部分,是无可否认和回避的历史印迹。"④ 西方人有关中国社会的著述彰显了西方所塑造的中国文化形象,并逐步建构起西方社会有关中国的知识话语体系。有学者曾这样评论西方出版的英文期刊对中西文化交流的影响："(西方英文)期刊内容的选择与呈现,与其说是早期中国社会的历史事实,还不如说是西方人形塑、创造的中国文化知识,刊发内容具有明显的人为构建的'镜像'成分,而非单纯的文化交流。"⑤ 相比而言,不同于西方出版的英文期刊,近代在华出版的英文期刊立足中国本土文化,更为真实客观地书写并将中国文化介绍至域外,中国本土出版的英文期刊等文献是如何凸显中国文化痕迹、激活中国历史文化记忆、提升中国文

---

① 沈双. 从比较文化的角度看跨国写作与当代英语世界文学 [M] //陈子善, 罗岗. 丽娃河畔论文学, 上海：华东师范大学出版社, 2006：352.
② SHEN Shuang. Cosmopolitan Publics：Anglophone Print Culture in Semi-Colonial Shanghai [M]. New Brunswick, NJ：Rutgers University Press, 2009.
③ LIU Y Y. Overseas Translation of Modern Chinese Fiction via T'ien Hsia Monthly [J]. Neohelicon, 2019, 46 (2)：393-409.
④ 钱宗武. 深度利用域外汉文献的话语义意义 [N]. 中国社会科学报, 2014-12-31 (5).
⑤ 方环海, 沈玲. 汉语域外传播与西方英文期刊的研究价值 [J]. 海外华文教育, 2017 (01)：126-133.

化自信、塑造和建构中国形象，值得学界高度关注。

第三节　课题的研究思路和框架

从文献综述大抵可以看出，目前国内关于翻译形象研究的领域还存在一定的探索空间。我国的翻译研究已逐步走出对原语文本和译语文本的对照研究，研究对象的范围不断扩大，研究方法呈现出多元化的趋势，研究角度也日益朝纵深化发展，同时更多地借鉴跨学科的研究方法。随着中国综合国力的提升，中国在国际社会的形象也日益受到重视，中国形象已成为热门话题，但从翻译的视角对中国形象建构的研究尚不多见，研究文学翻译作品建构和传播中国形象既有助于深入探讨翻译活动的本质和意义，也有利于中国形象域外建构的研究。

尤其值得关注的是，众多近代在华英文期刊中，上海出版的英文期刊中刊载了大量的中国文学作品的英译文，这些中国文学作品的英译文有些是首次被译介到西方国家。在中西文学的交流以及中国形象的海外建构和传播过程中，近代上海英文期刊发挥了积极的作用。考虑到近代在华英文期刊数量庞大，本课题选取在英语世界影响较大的五种近代上海英文期刊（1857—1942）为研究对象，即英文期刊《皇家亚洲文会北华支会会刊》（*Journal of the North-China Branch of the Royal Asiatic Society*，1858—1948）、《教务杂志》（*The Chinese Recorder*，1867—1941）、《中国科学美术杂志》（*The China Journal of Science and Arts*，1923—1941）、《新中国评论》（*The New China Review*，1919—1922）、《东亚杂志》（*The East of Asia Magazine*，1902—1906）以及《天下》月刊（*T'ien Hsia Monthly*，1938—1941），剖析其英译中国文学作品对中国形象建构的策略以及传播的路径，进而论述翻译作品与中国形象建构与传播的关系。课题的研究意义主要表现为，一方面通过梳理近代上海英文期刊中的英译中国文学作品在建构域外中国形象方面的基本路径和方式，总结和归纳文学翻译作品在建构和传播国家形象方面的经验，为域外中国形象的建构、传播和提升国家文化软实力提供借鉴和参照；另一方面可拓展形象学研究范围，将形象学研究从文学作品的研究拓展到翻译作品的研究。

本课题通过对翻译作品个案的深入剖析和对翻译文本取样性分析以及对译者的翻译思想适当引用和分析，挖掘英译中国文学作品对中国形象域外建构的积极影响。本课题采用跨学科研究法，即运用形象学、翻译学等学科的理论和方法研究英译中国文学作品与域外中国形象建构的关系。课题也从点、线结合的方式入手，即每个研究内容都可以独立成篇，各研究内容均以"点"的形式单独透视一个相对完整的问题。每个研究内容相互之间又不乏联系，构成一个相互兼容的整体研究框架。

课题在梳理五种近代上海英文期刊（1857—1942）英译中国文学作品的基础上，剖析期刊中的英译中国典籍、古典小说、古典诗歌与戏剧以及现代文学作品对中国形象的建构和传播，探讨英译中国文学作品和中国形象建构与传播的关系。研究共分为七个部分，具体内容如下：

绪论部分介绍选题背景、文献综述、研究思路和章节结构。

第一章结合历史和文化背景，梳理晚清民初近代上海的国际文化空间与英文出版环境，考察和剖析近代上海英文期刊及其学术共同体的建构以及对中西文化交流的积极推动作用，展现近代上海英文期刊的出版发行及其历史文化意义。

第二章以 16 世纪至 18 世纪中国典籍的英译历史为线索，勾勒英译中国典籍建构和传播中国形象的概况，并论及近代上海英文期刊英译中国典籍的优势和特点，以《教务杂志》中《孔子家语》和《孝经》的英译为案例，考证分析该译本对孔子形象和中国孝文化建构和传播的策略及其特征。

第三章考察近代上海英文期刊英译中国古典小说的优势和特点，以《东亚杂志》中《今古奇观》和《双凤奇缘》的英译为案例，分析论述该译本对褒善贬恶的道德观的建构和传播，并指出西方人英译中国古典小说通过对原文的改写及添加前言和注释等策略重塑和传播道德中国形象。

第四章在钩稽近代上海英文期刊英译中国古典诗歌及戏剧的基础上，分析中国古典诗歌和戏剧译介与研究的互动状况，以《皇家亚洲文会北华支会会刊》中《孔雀东南飞》的英译以及《教务杂志》中《阿房宫赋》的英译为案例，探讨中国古典诗歌英译文对中国人情感世界和中国历史形象的描述，同时本章还以《天下》月刊中的戏剧《奇双会》《林冲夜奔》的译本为例，阐述中国古典戏剧英译本对中国文化从善远恶、忠诚刚毅的德行操守的重塑和传播。

第五章在分析《天下》月刊中国现代文学的译介观及其译者模式的基础上，以鲁迅小说《怀旧》《孤独者》《伤逝》英译中的"老中国"形象、沈从文小说《边城》英译中的诗意中国形象、姚雪垠抗战小说《差半车麦秸》英译中的崛起的中国形象为例，论述中国现代文学作品对多面化中国形象建构和传播的影响和意义。

结论部分从历史总结和当下启示等方面，以1857年至1942年出版发行的近代上海英文期刊所刊英译中国文学作品为中心，对近代上海英文期刊与中国形象的建构和传播的关系及其影响、意义和价值做出评价。

第四节 关于研究对象的若干说明

本研究以1857年至1942年在上海出版的近代英文期刊为主要对象。以1857年至1942年为时间截点主要基于如下考虑：1857年9月传教士汉学家裨治文（E. C. Bridgman, 1801—1861）、卫三畏（S. W. Williams, 1812—1884）、汉璧礼（Hanbury, 1832—1907）、里德（Reid）等18人在上海成立"上海文理学会"（Shanghai Literary and Scientific Society），次年更名为"皇家亚洲文会北华支会"（The North-China Branch of the Royal Asiatic Society），并创办英文会刊《皇家亚洲文会北华支会会刊》。该学会是上海开埠后第一个西方人创办的文化团体，在此之后，在沪西方人创办的学会、报纸、期刊、印书馆、图书馆、博物馆、学校等文化机构迅速发展，上海的文化事业呈现出十分繁荣的局面。1857年成立的"上海文理学会"拉开了近代上海英文期刊出版发行的序幕，故笔者以该年为起始点。

1941年12月，侵华日军进驻租界，租界外侨纷纷撤离，上海处于彻底沦陷状态，各类英文期刊也遭日军查封，《教务杂志》《中国科学美术杂志》及《天下》月刊等英文期刊被日军查封，均于1941年停刊，《皇家亚洲文会北华支会会刊》本该于 1942 年年初出版的会刊亦被迫终止。① 随着这些英文期刊的停刊,不再有期刊英译中国文学作品的出版,故笔者将下限定于 1942 年。

本研究涉及的近代上海英文期刊主要指 1857 年至 1942 年在上海创办的偏重学术性和知识性的人文社科类期刊,不包括自然科学类英文期刊。自 1843 年上海开埠以来的近代历史上出版发行了 96 种英文刊物,多为大众通俗读物,有 13 种"艺术文学"类英文期刊。② 1930 年前后,上海有 60 多种英文期刊,多由外国人主办。③ 本研究选取其中影响较大的英文期刊《皇家亚洲文会北华支会会刊》《教务杂志》《中国科学美术杂志》《新中国评论》《东亚杂志》以及《天下》月刊等。上述英文期刊均刊载一定数量的英译中国文学作品,除了中国典籍、古典小说、古典诗歌、戏剧、现代小说等的英译文,还刊登不少有关中国文学方面的述评文。此外,本研究使用的"传播"概念主要指文学作品通过翻译的途径进入异域文化的活动和行为。

本研究对"近代中国"和"中国现代文学"概念的时间段界定采用学界通行的划分方法,即"近代中国"是指从 1840 年 6 月鸦片战争爆发至 1949 年 10 月中华人民共和国成立的历史时期,"中国现代文学"是指从 1919 年五四运动至 1949 年 10 月中华人民共和国成立期间发表出版的文学作品。

---

① 1858 年 6 月《皇家亚洲文会北华支会会刊》(原名《上海文理学会会刊》)创刊,至 1860 年共发行 2 卷 4 期,1858 年至 1860 年发行的 2 卷 4 期《会刊》为旧刊(Old Series,简称 O.S.)。1861 年至 1864 年《会刊》一度停刊。1864 年复刊后的《会刊》为新刊(New Series,简称 N.S.),并重新从第 1 卷标注,1940 年《会刊》发行至第 71 卷再次停刊。1945 年"二战"结束后,亚洲文会于 1946 年秋恢复活动,同年 12 月出版了《皇家亚洲文会北华支会会刊》第 72 卷,该卷多数文章系 1941 年以来积压的旧稿。1948 年《会刊》出版纪念福开森的专号,即第 73 卷,因缺乏办刊经费,会刊该年停刊。《会刊》旧刊和新刊合计共发行 75 卷。
② 胡道静. 上海历史研究 [M]. 上海:上海人民出版社,2011:292-305.
③ LIU Y Y. Overseas Translation of Modern Chinese Fiction via T'ien Hsia Monthly [J]. Neohelicon,2019,46(2):395.

第一章

近代上海英文期刊的基本描绘

1843年上海开埠后很快成为中国近代化发展程度最高的城市，国际航运、邮政、陆路交通、大众传媒、印刷业、公共设施以及文化市场都达到相当高的水准，成为世界闻名的大都市。大批西方传教士、商人和外交人员纷纷来沪，近代上海居住过数量可观的外国侨民，最多时超过15万，来自英、美、法、德、日、俄、葡等近60个国家与地区，居全国各口岸城市之首。近代世界的物质文明和精神文明随着外侨进入上海，大批新式出版机构兴起，上海迅速成为近代中西文化交流的重要汇聚地。从1850年英国侨民奚安门（Henry Shearman，1813—1856）在英租界创办了上海历史上第一张近代英文报纸《北华捷报》（*North-China Herald*）起，至1895年，在上海创办的报刊多达86种，约占同期全国新办报刊总数的一半。上海报刊在数量、种类上都居全国之首。到1890年为止，有85%以上的基督教教会报刊在上海出版发行。① 1911年以前，中国境内出版的136种外文报刊中54种在上海出版，占比达到39.7%，在这54种报刊中，英文34种、法文10种、德文3种、日文7种。② 尤其引人瞩目的是在近代上海创办了一些具有国际影响力的英文期刊，如《皇家亚洲文会北华支会会刊》《教务杂志》《中国科学美术杂志》《新中国评论》《东亚杂志》以及《天下》月刊等。上述近代上海英文期刊主要以亚洲尤其是中国为研究对象，刊载内容涉及中国及其邻国的政治、经济、文化、地理、历史等主题，并发行至世界各地，主要以在华的西方传教士、商人、汉学家、外交官为撰稿人和读者，这些英文期刊不仅帮助在华西方人进行中国知识的启蒙和诠释，克服他们的文化隔阂，而且也帮助西方世

---

① 陈冠兰. 近代中国的租界与新闻传播［M］. 北京：中国书籍出版社，2012：98.
② 史梅定. 上海租界志［M］. 上海：上海社会科学院出版社，2001：530.

界了解中国社会文化和民情风俗，成为西方管窥了解中国的重要窗口，这也是研究近代中国不可或缺的重要资料。

第一节　近代上海国际文化空间与英文出版环境

1843年，上海开埠通商是上海社会演变的一个重要转折点，"标志着上海社会开始逸出传统的轨道，并逐步向近代化国际大都市迈进"[1]。近代上海西文出版印刷的发展、众多文化机构的兴起、交通邮政网的形成以及外侨人数的剧增营造了上海浓厚的国际文化氛围，促成了上海英文期刊的繁荣发展。在沪的西方传教士、学者、汉学家、外交人员等一方面传播西方文化、宗教以及意识形态，另一方面，也对中国政治、经济、文化、社会、历史、地理等进行全方位的考察和研究，在沪英文期刊成为中西文化交流以及相互探讨中国问题研究成果的重要园地。

一、出版印刷机构与英文出版

五口通商以后，来沪的西方传教士将先进的印刷技术带入上海，并建立出版印刷机构。石印、铅印等先进的印刷技术被广泛使用，依托先进的印刷设备，在沪西方人创办的印书馆开始直接在上海出版英文读物，"上海的英文出版和印刷在上海各项事业中占据了重要的一席"[2]。晚清上海先后存在过的西书出版机构有64个[3]，其中设备先进、工艺完善、规模较大、发行面广的出版机构主要有墨海书馆（1843—1877）、土山湾印书馆（1874—1958）、美华书馆（1860—1923）、别发印书馆（1870—1949）等，这些英文出版机构为上海近代英文出版提供了技术保障，为上海成为中国近代西文出版业的滥觞之地奠定了基础。

---

[1] 周武，吴桂龙. 上海通史（第五卷·晚清文化）[M]. 上海：上海人民出版社，1999：1.

[2] EDITORIAL. Printing and Publishing in Shanghai [J]. The China Journal, 1935, 22 (5)：235.

[3] 熊月之，张敏. 上海通史（第六卷·晚清文化）[M]. 上海：上海人民出版社，1999：102.

墨海书馆（The London Missionary Society Mission Press）由英国传教士麦都思（Walter Henry Medhurst，1796—1857）于1843年创办，是上海最早使用机器铅印的出版机构，墨海书馆的建立标志着上海近代出版业的开端。①墨海书馆拥有当时中国最先进的印刷设备，即铅活字印刷设备，共计有3台印刷机、大小英文铅字7副、中文铅字2副。机器设备最初由麦都思从南洋带过来，后来由于业务扩大、产量及需求的增长，书馆机器生产效率略低。麦都思向伦敦总会申请了一台当时最先进的滚筒式印刷机和最新的一幅金属活字，至此共有3台快速印刷机。无论是滚筒印刷机还是金属浇铸的活字，在中国印刷史上都是最先进的设备，提高了墨海书馆出版的速度和质量。

土山湾印书馆（Imprimerie de Zikawei）由上海徐家汇天主教堂于1874年设立，最先把石印术、活体铅字印刷技术、珂罗版印刷和照相铜锌版设备和技术引入上海。1875年率先引进珂罗版设备，1876年引进大型凸版印刷机、脚踏架和铅印原盘机等先进的印刷设备。1902年增设照相版部，② 1930年还进口西文浇铸排字机1台。土山湾印书馆除出版一些宗教书籍外，还出版过一些介绍西方科学文化的书籍，如10卷本的《形性学要》、4册本的《五洲考图》等。

美华书馆（The American Presbyterian Mission Press）1860年由美国传教士创办。其前身是1844年美国基督教长老会在澳门开设的华花圣经书房（The Chinese and American Holy Classic Book Establishment），1845年迁往宁波，1860年从宁波搬迁到上海时，"拥有印刷机5台，每年能印刷1100万页"。1862年又"安装了一台滚筒式印刷机"，每年可印刷1400万页，到1895年美华拥有"4台滚筒印刷机、1台平台印刷机和4台大型手动印刷机，1台汽轮机，1902年至1903年间，在北四川路又扩建了一所印刷厂，设有排字、印刷、装订、浇铸和照相制版等车间"③。美华书馆是中国最早使用电镀字模的出版机构。美华书馆出版了407种西文书籍，其中与中国有关的西文

---

① 陈昌文. 都市化进程中的上海出版业（1843—1949）[M]. 上海：上海人民出版社，2012：51.
② 熊月之，张敏. 上海通史（第六卷·晚清文化）[M]. 上海：上海人民出版社，1999：102.
③ 宋原放. 美国长老会书馆（美华书馆）纪事[M]//汪家熔. 中国出版史料·近代部分（第一卷）. 武汉：湖北教育出版社，2004：177-181.

书籍达到390种。美华书馆还出版不下10种英文期刊①，其中包括著名的英文期刊《教务杂志》和《博医会刊》（*China Medical Missionary Journal*, 1887—1931）。

别发印书馆是近代西方人在上海开设的另一家重要出版印刷机构，出版了很多中国主题的书刊。1876年，英商在上海开设的一家名为"Kelly and Company"的书店与本地另一家书店"F. & C. Walsh"合并，定名为"英商别发印书馆股份有限公司"（Kelly & Walsh, Limited.），又称别发洋行。别发印书馆的印刷设备和技术都较为先进，在上海西文出版业中居龙头地位，1880年前已经拥有珂罗版设备，还有胶印机、二回转机、照相制版设备以及赉纳铸排机等，能够从事铅印、胶印和珂罗版的印刷工作。② 1870年至1953年，别发印书馆共出版961种书籍，其中关于中国的书籍占一半以上，共569种。③ 中国书籍的出版是别发印书馆的首要业务，别发印书馆的宗旨在于"增进中国文化之流入欧美各地（尤以英国及其海外属地为主），同时协助欧美文化之流入中国"④。英文期刊《皇家亚洲文会北华支会会刊》《新中国评论》及《天下》月刊就由别发印书馆负责刊印发行。

除墨海、土山湾、美华和别发以外，上海的《字林西报》《米勒氏评论报》等报馆也出版西文书籍。依托这些西文出版机构，"上海的西文出版业就其规模和影响力而言，远远超过了西方侨民在城市人口中的比例"⑤。20世纪30年代的上海是世界上最重要的英文出版城市之一，上海英文出版物的信息水平和内容质量，仅次于伦敦、纽约；上海英文出版物的发行量比旧金山、西雅图、温哥华、悉尼等英语城市的报纸更大。⑥ 上海英文出版印刷业的发展是近代上海国际文化繁荣的一个缩影和见证，也因此丰富了来沪从事传教、贸易和商业等活动的外侨文化生活，并为学者和汉学家提供了学术

---

① 孙轶旻．近代上海英文出版与中国古典文学的跨文化传播（1867—1941）[M]．上海：上海古籍出版社，2014：15-17.
② 范慕韩．中国印刷近代史（初稿）[M]．北京：印刷工业出版社，1995：154-354.
③ 孙轶旻．近代上海英文出版与中国古典文学的跨文化传播（1867—1941）[M]．上海：上海古籍出版社，2014：24.
④ 孙轶旻．近代上海英文出版与中国古典文学的跨文化传播（1867—1941）[M]．上海：上海古籍出版社，2014：25.
⑤ 李天纲．《中国科学美术杂志》研究（上）[J]．上海文化，2015（07）：48.
⑥ 李天纲．《中国科学美术杂志》研究（上）[J]．上海文化，2015（07）：48.

交流的平台。

二、公共文化机构和设施

在沪西方传教士大力兴办学校，希冀通过教育达到传播宗教的目的。晚清上海的教会学校比较出名的有33所①，主要由天主教和基督教所创办。天主教在上海开办的主要学校分别是1850年建立的徐汇公学以及1903年创办的震旦大学。基督教在上海开办的学校是1846年设立的怀恩小学、1860年建立的清心书院、1881年建立的中西书院及1879年创立的圣约翰大学等。除教会学校外，近代上海还创办许多外侨学校，如公共租界工部局管辖的南校、女校以及男童公学等。

新式学校多由侨居上海的西方知识精英创办，如麦都思、伟烈亚力（Alexander Wylie，1815—1887）、艾约瑟（Joseph Edkins，1823—1905）、慕维廉（William Muirhead，1822—1900）、傅兰雅（John Fryer，1839—1928）等。西人所办学校引入西方文化和教育方式，客观上大力推进了中国新式教育的发展，也为中西文化交流储备了一定的后备人才，促进了上海国际文化空间的繁荣和发展。

西人所办新式学校与中国传统的私塾、书院在教学方法、教学内容以及学制等方面有较大差异。西人所办学校的教学内容紧密联系社会实践，所开设的科学、外语、历史、地理等课程开阔了学生视野，教学方法注重循序渐进、由浅入深，鼓励学生提问和讨论。此外，新式学校注重强身健体，新开设了体育健身课程。西人所办新式学校的办学理念体现了西方近代科学和人文精神，引入了西方的教学方法和教育指导思想，促进了西学东渐，丰富了上海近代的教育和文化。

在沪的西方传教士通过各种方式和手段达到传教的目的，兴办图书馆、博物馆等公共文化机构也成为其积极的尝试。上海开埠后，西人出于了解和研究中国以及丰富外侨文化生活的需要，创办了徐家汇天主堂藏书楼（Bibliotheca Zi-Ka-Wei）、圣约翰大学罗氏图书馆（Low Library, St. John's University）、亚洲文会北华支会图书馆、上海图书馆、格致书院藏书楼等公共图书

---

① 熊月之，张敏. 上海通史（第六卷·晚清文化）[M]. 上海：上海人民出版社，1999：251.

馆，成为上海重要的文化机构。

　　徐家汇天主堂藏书楼始建于1847年，在20世纪20年代，已有中文藏书12万册，西文书籍8万册，名列上海藏书第二。① 西文图书中包括希腊语、拉丁语、意大利语、英语、法语等语种的书籍，并备有各国出版的百科辞典以及相当齐全的著名报纸期刊等。上海图书馆（Shanghai Library）又名市政厅图书馆、洋文书院、洋文图书馆，后归属工部局，改称为工部局公共图书馆，该馆所藏书籍全部为西文书籍。亚洲文会北华支会图书馆由亚洲文会北华支会设立，所藏多为西文书籍，主要收藏西方传教士、学者有关中国及东南亚研究的著作，以亚洲各国的宗教、历史、科学、艺术书籍为主，还有很多关于上海历史、文化的期刊报纸等。圣约翰大学罗氏图书馆是上海首家大学图书馆，该图书馆最初只有少量的私人藏书，到1911年，藏书达到8432册，其中西文书籍4000多册。

　　在沪西人创办的公共图书馆给近代上海注入了西方文化的元素，一方面引入了崭新的图书文化流通制度，另一方面加深了中西文化的交流。近代公共图书馆有别于传统的藏书制度，打破了少数上层文人占有文化资源的局限，成为近代上海国际文化空间的重要部分。

　　西人在沪创办的博物馆也大大丰富了上海公共文化资源。1868年，天主教耶稣会法国神父韩伯禄（P. M. Heude，1836—1902，又译韩德）首先创办了近代上海第一座博物馆徐家汇博物院（Museum of Natural History），该博物院藏有极其丰富、堪称远东第一的生物标本以及许多中国邻近国家、地区的物产标本②。1874年亚洲文会北华支会建立上海亚洲文会博物馆，也称上海博物馆（Shanghai Museum），该馆馆藏品种丰富、数量众多，如矿石、古代器具、生物标本等。1874年英国驻沪领事麦华陀（Walter Henry Medhurst，1823—1885）创办格致书院，麦华陀是著名传教士麦都思之子，三年后该书院改建为上海格致书院博物馆，格致书院博物馆藏有很多科学器具，致力于向华人普及科学知识。

　　图书馆、博物馆开阔了公众的文化视野，也为西方学者提供了中国研究

---

① 熊月之，张敏. 上海通史（第六卷·晚清文化）[M]. 上海：上海人民出版社，1999：193.
② 熊月之，张敏. 上海通史（第六卷·晚清文化）[M]. 上海：上海人民出版社，1999：204.

的实物资源，这些文化机构推进了近代上海公共文化的繁荣。

三、外侨与交通邮政

1843 年上海被辟为通商口岸以后，优越的地理位置、巨大的商业价值以及上海租界相对独立的政治地位和自由安全的社会环境，吸引了大量外侨涌入，上海逐渐成为国际化大都市。"开埠以后，上海以超常的速度膨胀、发展，人口在 1900 年超过 100 万，1915 年超过 200 万，1930 年超过 300 万大关，成为中国特大城市，远东第二大城市，也是仅次于伦敦、纽约、东京、柏林的世界第五大城市。"① 上海租界也不断扩大，并建立了立法、司法和行政等机构，租界俨然成为"国中之国"，外侨接踵而至。租界是高素质移民的汇集地，在上海租界的外侨中，不少人具有较高的文化程度，外侨在上海所从事的大多是知识与技术水平较高的职业，"大多是商界巨擘和智识领袖"②，上海租界文教事业的繁荣推动了上海国际化的进程。1843 年开埠时，上海登记在册的外国人有 26 人，1900 年有 7396 人，1910 年有 15012 人，到 1942 年增加到 150931 人。③ 外侨群体主要包括传教士、商人、外交人员、学者等，国籍几乎遍及全世界，外侨人数在上海开埠以来的 70 年中增加 500 多倍，不断攀升的外侨人数为上海英文出版和上海国际文化市场提供了巨大的需求。

上海发达的海陆交通以及邮政业也为上海英文出版物在海外及国内的流通和发行带来了便利。上海的海外航线不断得到拓展，1843 年上海开埠后，伦敦、马赛、汉堡等欧洲城市的远航路线延伸至上海港。大英轮船公司相继开辟了伦敦至香港航线后，又于 1850 年 3 月开辟了香港至上海每月一次的航线，兼及客货运、邮寄及公文递送等业务，上海至海外航线由此开通。"大英轮船公司开辟上海至伦敦的航线，不仅将伦敦至上海的航程，从开埠初期的半年一个航次，缩短为 70 天一个航次，还由此开创了欧洲与上海之间直

---

① 熊月之. 上海通史·总序 [M]. 上海：上海人民出版社，1999：3.
② 赵敏恒. 外人在华新闻事业 [M]. 王海等，译. 广州：暨南大学出版社，2011：3.
③ 熊月之，张敏. 上海通史（第六卷·晚清文化）[M]. 上海：上海人民出版社，1999：204.

航的新局面。"① 从海外邮寄到上海的时间大为缩短，到 1859 年"从伦敦邮寄到上海需要 64 天，从纽约是 84 天，从香港是 14 天"，比四年前分别缩短了 12、11、1 天。② 上海枢纽港的国际化航运格局使得国际邮寄业务十分便利。此外，以上海为中心的长江和内河航运也形成规模，沪宁、沪杭铁路于 1909 年全线运行，上海与国内外主要城市的航空线路也于 1929 年后开通。到 20 世纪二三十年代，上海的长途汽车运输业也得到了快速的发展，与外省的客货运输十分繁忙。上海已成为全国的交通枢纽中心，发达便捷的交通运输网络有力地促进上海国际化的进程，上海英文出版向国内外辐射的范围更为广泛了。

第二节 近代上海英文期刊的出版发行及其历史意义

最早的期刊于 17 世纪在欧洲问世。欧洲的科学技术于 16 世纪后期至 17 世纪进入蓬勃发展的历史时期，整个社会形成了尊重科学的浓厚学术气氛，并陆续成立了一些学术团体，如 1657 年成立的意大利"西芒托学院"、1662 年成立的"英国皇家学会"等，这些学术团体在促进了科学进步的同时，也积极地开展学术交流活动。当时科学研究成果的交流主要通过书籍或信件，但是书籍出版周期过长，而信件又缺乏公开性，学术会议上的交流难以存档和查阅。出于传播科学成果和扩大学术交流的需要，一种兼有书籍和报纸长处的新型传播媒介——期刊便应运而生。1665 年 1 月 5 日由法国议院参事戴·萨罗（Denys de Sallo）创办的《学者杂志》（*Journal des Scavans*）诞生于巴黎，这是迄今最早的期刊。③

期刊因其出版周期短、报道及时、内容新颖、种类繁多、价格低廉、定期连续出版、易于传播交流等特点，弥补了书籍、报纸和信件的不足，期刊

---

① 陈正书. 上海通史（第四卷·晚清经济）[M]. 上海：上海人民出版社，1999：1-18.
② 马士. 中华帝国对外关系史（第一卷：1843—1860 年冲突期）[M]. 张汇文等，译. 上海：上海书店出版社，2000：388.
③ 易德萍. 期刊的查收及其他[M]//李上文，左正红. 期刊学探识. 北京：中国建材工业出版社，1993：13-14.

打破了原先封闭的知识体系,使碎片化的科研成果能及时连续地发表出来,个体的知识成果得以社会化和体系化。随着印刷技术的发展、工业化和城市化的持续推进、科学研究成果产出数量的扩大,期刊也成为主要的知识传播介质,日益受到青睐。

明清之际的中西文化交流过程中,欧洲各国对包括中国在内的亚洲国家的兴趣日益增长,中国越来越受到欧洲各国的重视。以介绍、了解和研究亚洲和中国为主的英文期刊陆续在英国伦敦问世,如《亚洲杂志》（Asiatic Journal, 1816—1845）、《布莱克伍德杂志》（Blackwood's Magazine, 1817—1980）、《皇家亚洲学会会刊》（Journal of the Royal Asiatic Society of Great Britain and Ireland, 1834—）等,其出版和发行主要集中在欧洲,这些英文期刊的读者群体和作者群体主要是传教士、汉学家、学者、商人、外交官。这些英文期刊以研究和认知亚洲和中国的政治、历史、文化、经济、社会为宗旨,往往刊载涉及中国的文章,包括中国的政治体制、文化风俗、地理交通、地质矿产、文学艺术、商业贸易等诸多方面,为西人提供了大量关于中国的知识和信息,成为西人了解和认知中国的主要窗口和渠道。期刊所讨论的问题基本涵盖了中国社会的各个方面,通过期刊这一学术路径将中国社会和中国历史文化的形象展现给西方国家。

19世纪初,近代报纸杂志还不为中国人所知,中国近代报刊的出现完全是由于西方传教士因传教的需要而引入中国,[①] 1833年8月,德国籍传教士郭实腊（或称郭士立, Charles Gutzlaff, 1803—1851）在广州创办了《东西洋考每月统记传》,这是在中国领土创办发行的第一份中文报刊,揭开了中国近代报刊的序幕。报纸和期刊在当时并无区别,两者的版式相差无几。后来,报纸逐渐趋向于刊载有时效性的新闻,期刊则专刊小说、游记和娱乐性文章,在内容的区别上越来越明显。在版式方面,报纸的版面越来越大,为三到五英尺且对折,期刊是定期出版物,用同一标题连续不断定期或不定期出版,期刊还装订加封面,演变成了书的形式。此后,期刊和报纸在人们的观念中才具体分离。

随着西方国家在亚洲殖民化的扩张加速以及中国国门的打开,一些以研究中国和亚洲为主的英文期刊陆续在中国境内创刊,广州作为清政府最早允

---

① 赵晓兰,吴潮. 传教士中文报刊史[M]. 上海:复旦大学出版社,2011:2-3.

许西方人通商的口岸首先问世了《中国丛报》(*The Chinese Repository*,1832—1851)、《广州杂志》(*Canton Miscellany*, 1831—1833)等英文期刊,这也是在中国出版最早的一批近代英文刊物,其中《中国丛报》历史最长,海内外影响很大。

1840年的鸦片战争打开了中国的国门,原先在南洋和澳门活动的传教士、商人以及汉学家等纷纷转移至中国内地,西方传教士开始在中国境内公开从事传教活动,并率先创办中英文刊物。被割让的香港一度成为西人在华的报业中心和传教中心,随着在华传教士的传教区域的扩大,其报刊出版活动也开始北移,上海开始逐渐成为新的出版和传教中心。五口通商以后,上海成为近代中国出版业的中心,《皇家亚洲文会北华支会会刊》《教务杂志》《中国科学美术杂志》《新中国评论》《东亚杂志》及《天下》月刊等英文期刊在上海纷纷问世。

与此同时,西方传教士和学者在广州创办《中国杂志》(*Chinese Miscellany*, 1845—1850)、《中日丛报》(*The Chinese and Japanese Repository of Facts and Events in Science, History, and Art, Relating to Eastern Asia*, 1863—1865)及《中日释疑》(*Notes and Queries on China and Japan*, 1867—1870)等英文期刊,还在香港创办《中国评论》(*The China Review*, 1872—1901)等英文期刊。

随着传教区域的不断扩展,西方传教士大量涌入中国内地。到1897年,基督教在中国的传教领域被划分为华南、华中和华西三个教区。华西各差会为避免传教力量的分散决定联合布道,于1899年在重庆召开宣教会议,并创办旨在沟通各差会传教信息的英文刊物《华西教会新闻》(*The West China Missionary News*, 1899—1943),该刊成为近代四川历史上第一份西人创办的刊物。20世纪二三十年代,北京成为中西文化交流的重镇之一,在中西学者的鼎力支持下于1935年在圣言会接办的辅仁大学创办了英文期刊《华裔学志》(*Monumenta Serica*, 1935—1948),成为中国研究及中西文化交流的又一重要园地。

上海自1843年开埠以来的近代历史上出版发行了96种英文刊物[1],

---

[1] 胡道静. 上海历史研究[M]. 上海:上海人民出版社,2011:292-305.

1930年前后，上海有60多种英文期刊①。其中影响较大的英文期刊包括《皇家亚洲文会北华支会会刊》《教务杂志》《中国科学美术杂志》《新中国评论》《东亚杂志》以及《天下》月刊等。这些英文期刊既有西人主办，也有中国学者主办，各有侧重，风格迥异，刊载文章涉及中国文化、历史、科学、文学、社会等，不仅在国内学界享有很高的知名度，还发行至欧洲、美洲和大洋洲等地的西方国家。这些近代上海的英文期刊不仅构筑了中西交流的文化通道，绘制了一幅中西文化学术交流的绚丽图景，还在英语世界建构和传播了中国形象，在近代中西文化交流史上发挥着独特的重要作用。

近代上海主要英文期刊的简况见下表：

英文期刊	办刊学会	主编	出版发行	办刊时间
《皇家亚洲文会北华支会会刊》	皇家亚洲文会北华支会（原名上海文理学会）	裨治文、伟烈亚力	别发印书馆	1858—1948
《中国科学美术杂志》（后改名为《中国杂志》）	中国科学美术学会	苏柯仁、福开森	《字林西报》社；大美印刷所；上海柳荫印刷公司	1923—1941
《教务杂志》	美国卫理公会	裴来尔、保灵、卢公明、伟烈亚力、乐灵生	美华书馆、Thomas Chu & Sons	1867—1941
《新中国评论》		库寿龄	别发印书馆	1919—1922
《东亚杂志》		亨尼斯	《北华捷报》社	1902—1906

---

① LIU Yueyue. Overseas Translation of Modern Chinese Fiction via T'ien Hsia Monthly [J]. Neohelicon, 2019, 46 (2)：395.

续表

英文期刊	办刊学会	主编	出版发行	办刊时间
《天下》月刊	中山文化教育馆	吴经熊、温源宁、林语堂、全增嘏、姚莘农、叶秋原	别发印书馆	1935—1941

一、西方人士创办的近代上海英文期刊

1840年的鸦片战争"不仅揭开了中国近代史的序幕，也促成上海城市发展进程中的历史契机"①。五口通商以后，上海租界迅速扩大，众多外侨云集上海，最多时超过15万人②，上海逐渐成为国际性大都市。近代印刷术、海陆交通、邮政业的迅猛发展为上海英文期刊的出版和发行奠定了坚实的基础。"1861年后，无论从报纸的数量还是其实际影响考察，香港都已不及上海而退居第二了。"③ 晚清民初之际，在沪西方传教士和学者积极创办英文期刊，借英文出版一方面传播西方宗教与文化，另一方面交流与探讨中国文化、历史、地理、科学、文学、风俗等方面的研究成果。英文期刊成为向西方世界展现中国研究成果的重要平台之一，在客观上也对中学西传产生了积极的影响。西人主办的近代上海英文期刊主要有《皇家亚洲文会北华支会会刊》《中国科学美术杂志》《教务杂志》《新中国评论》《东亚杂志》等。

1. 中学西传的学术场域：《皇家亚洲文会北华支会会刊》《中国科学美术杂志》

1857年9月，传教士汉学家裨治文、卫三畏、汉璧礼、里德等18人在上海成立"上海文理学会"，次年更名为"皇家亚洲文会北华支会"，并创办英文会刊《皇家亚洲文会北华支会会刊》，学会及会刊旨在调查研究中国，包括中国的政治、法律、中外关系、地理、历史、哲学、文学等④，共出版

---

① 罗苏文. 近代上海：都市社会与生活 [M]. 北京：中华书局，2006：1.
② 邹依仁. 旧上海人口变迁的研究 [M]. 上海：上海人民出版社，1980：141.
③ 方汉奇. 中国新闻传播史 [M]. 北京：中国人民大学出版社，2002：52.
④ BRIDGMAN. E C. Inaugural Address [J]. Journal of the Shanghai Literary and Scientific Society, 1858, 1 (1)：1-13.

75卷计109册。《会刊》栏目主要有"专文""书评""调查报告""汉学札记""问题释疑"等。

《会刊》"专文"栏目累计刊发论文630余篇，既有专业性强的研究型论文，也有普及型的论述，作者多为汉学家或相关领域的学者，其中关于中国古代历史和文化方面的论文数量较多，如花之安（Ernst Faber，1839—1899）的《史前中国》、艾约瑟的《古代中国对希腊和罗马的了解》、玛高温（D. J. Macgowan，1814—1893）的《中国的行会制度》等。《会刊》还发表了不少中国博物学、天文学方面的名篇力作，如贝勒（E. Bretschneider，1833—1901）的《先辈欧人对中国植物的研究》、苏柯仁（A. Sowerby，1885—1954）的《中国博物志》、费理饬（H. Fritsche，1839—1913）的《东亚气候》，这些论文引领了该领域的研究，多属于该领域的开拓和奠基之作，具有重要的学术价值。

中国文学研究也是《会刊》内容之一，"专文"及"汉学札记"栏目曾刊载翟理斯（H. Giles，1845—1935）和李提摩太（Timothy Richard，1845—1919）关于《红楼梦》和《西游记》的评述文，巴尔福（Frederic Henry Baifovr，1846—1909）、翟理斯等撰写的系列论文《中国戏剧调查》，爱诗客（F. W. Ayscough，1875—1942）论述中国古诗象征意义的《汉诗及其内涵》等，受到中外学者的关注。《中国戏剧调查》获得高度评价，《教务杂志》刊文认为该文"极有助于比较文学的研究"①。《会刊》还特别关注中国近代人文学者的研究成果，曾先后发表著名学者王国维的《中国过去19个世纪的量具》、胡适的《汉代儒家思想统治地位的确立》、蔡元培的《中华民族与中庸之道》等英文文章，上述论文加深了西方社会对近代中国人文思想的认知，推进了中西文化交流的深入研究。

《会刊》的文章类型多样、综合性强、信息量大，《会刊》在伦敦、巴黎、莱比锡、法兰克福设有发行营销点，在20世纪被世界各地30多个图书馆所收藏②。《会刊》将大量的中国知识和信息传播到了西方，为中西学者

---

① EDITORIAL. Editorial Notes and Missionary News [J]. The Chinese Recorder，1886，17（6）：243.
② 王毅. 皇家亚洲文会北华支会研究 [M] //上海图书馆. 皇家亚洲文会北华支会会刊（1858—1948）导论·索引·附录. 上海：上海科学技术文献出版社，2013：273.

提供了学术交流的空间，成为西方认识中国的重要渠道和国际汉学研究的资源宝库。

英文期刊《中国科学美术杂志》于1923年1月由英国博物学家苏柯仁（A. de C. Sowerby，1885—1954）和美国汉学家福开森（J. C. Ferguson，1866—1945）在上海创办，该刊也是成立于1922年的"中国科学美术学会"（The China Society of Science and Arts）会刊，1927年1月英文名改为 The China Journal，但中文名《中国科学美术杂志》没有更改，直到1936年1月中文名才改为《中国杂志》。该刊以"促进与中国有关的任何科学、艺术、文学、探险及其他类似主题的知识的传播"为己任，"驱逐外国对中国的无知——认为中国的文明相当于古埃及和巴比伦"①，并致力于将其办成"面向知识界的、高水平的期刊"②，共出版35卷215期。《中国科学美术杂志》立足中国的原创性研究，以刊登有关中国的生物、地理、文学、历史、艺术等的研究成果为主，致力于挖掘有价值的中国学术资源，主要发表有探索性和原创性的专业论文。刊物设置的栏目有"科学""教育""艺术""人文""编者按""书评""时事"等。

《中国科学美术杂志》作者群体中既有国际知名学者，也有各学科领域在中国的奠基人。如苏柯仁是国际生物界知名学者兼该刊主编，华人作者伍连德（Wu Lien Teh，1879—1960）是中国检疫与防疫医学的奠基人，万卓志（G. D. Wilder）是中国北方鸟类研究的奠基人，包达甫（W. M. Porterfield）是上海圣约翰大学生物学科的奠基人，克立鹄（C. R. Kellogg）是福建协和大学生物学的奠基人，贾珂（A. P. Jacot）是齐鲁大学的生物学科奠基人。一流学者的学术论文使该刊物成为国际学界的关注热点，由此提升了该刊物的国际知名度和学术声誉。该刊物还积极挖掘中华人文学术资源，专设"汉学"栏目，先后刊发康有为、梁启超、王国维、鲁迅、江亢虎等中国近代作家作品的译文，显示了该期刊对华人作家和中国文学的推崇和尊重，也表明中国学术在人文社会科学领域正走向世界。

《中国科学美术杂志》还鼓励对上海开展地方科学研究，积极推进上海

---

① SOWERBY A. Inception and Aims of *The China Journal of Science and Arts* [J]. The China Journal, 1923, 1 (1): 1-3.
② EDITORIAL. Looking Forward [J]. The China Journal, 1925, 3 (1): 1.

区域地理学的发展，开上海城市研究之先河。1928年6月和8月的刊物上发表了上海沪江大学地理学教授葛德石（G. B. Cressey，1896—1963）的《上海地理学》一文，对上海地区的地质、水文以及长江三角洲的形成等进行了深入研究。①② 葛德石的上海区域地理学的研究为上海城市的未来发展提供了有价值的参考和借鉴。

《中国科学美术杂志》的学术远见、专业精神、国际化视野催生了众多国际领先的学术成果，拓展了近代中国科学和人文学术知识的视野，成为具有较高学术品位的国际化期刊。

《皇家亚洲文会北华支会会刊》和《中国科学美术杂志》是近代中学西传的两个重要园地，《会刊》所刊文章的学科门类齐全，涵盖了人文、历史、风俗、经济、地理和科学等诸多学科，文章的专业性较强，学术性色彩浓厚，其专题文章具有相当的研究深度和广度。《中国科学美术杂志》侧重生物、地理、考古等学科，刊文注重对事实的发掘和文献的整理，其学术品位可以与同时期的专业期刊比肩，有些文章具有学科奠基意义，其对上海地方研究以及对中国抗日战争给予的舆论支持尤其受人关注。《中国科学美术杂志》因日军侵占上海而被迫于1941年停刊。《皇家亚洲文会北华支会会刊》在日军侵占上海期间，被迫于1942年年初停刊，抗战胜利后分别于1946年和1948年出版第72、73卷，后因缺乏办刊经费于1948年停刊。

2. 传教士汉学研究的园地：《教务杂志》

《教务杂志》于1867年1月由卫理公会传教士裴来尔（L. N. Wheeler，1839—1893）创刊于福州，1872年5月停刊，汉学家传教士伟烈亚力（A. Wylie）1874年1月复刊于上海，1941年12月被侵华日军查封而终刊。《教务杂志》"致力于传播中国及其相邻国家的科学、文学、文明、历史和宗教知识"③，栏目主要包括"社论""专文""各地新闻""通讯""释疑"等，专文占期刊的主要篇幅，包括论述文章、译文和书评等。

---

① CRESSEY G B. The Geology of Shanghai [J]. The China Journal, 1928, 8 (6): 334-345.
② CRESSEY G B. The Geology of Shanghai [J]. The China Journal, 1928, 9 (2): 89-98.
③ EDITORIAL. Editor's Foreword [J]. The Chinese Recorder, 1870, 2 (7): the first page of covers.

《教务杂志》在74年的办刊历史上共出版75卷,是在华基督教会中最具影响力、办刊时间最长的英文期刊,所刊文章约5000篇,种类繁多,主题丰富,不仅涉及传教方面,也有关于中国历史、地理、宗教、政治、教育、科学、风俗、动植物等方面的专文,如庄延龄(E. H. Parker,1849—1926)与金斯密(T. W. Kingsmill,1837—1910)的《亚洲重建中的中国资源》、丁韪良(W. A. P. Martin,1827—1916)的《中国北方的蛮夷》、薄乃德(E. Bretschneider)的《中国中世纪时期的旅行者》、罗约翰(John Ross,1842—1915)的《满族崛起》等都是同类研究中的力作,是汉学界颇具分量的引领性学术论文。

《教务杂志》还刊载一定数量的中国儒学、道教、佛学方面的论文和译介文章,较为详细地介绍和阐述了孔子、老子等人的思想和著作,如郝真信(A. B. Hutchinson)英译的《孔子家语》、花之安的《对中国人孝敬观念和实践的批评》、梅立德(F. R. Millican)的《太虚与佛教》等专题论文,展现了晚清西方传教士诠释并传播中国传统文化思想的努力,有些研究填补了前期西人同类研究的空白。刊物还对《春秋》《孔子家语》《三字经》《弟子规》《烈女传》《封神演义》《好逑传》等进行译介,正是《教务杂志》对有些儒家典籍的首次译介,使其被西人所知晓,这些译介文本激发了不少西方学者对儒学的研究兴趣。《教务杂志》的相关研究论文采用的翻译和研究互动的模式也对西方汉学的研究模式具有积极的推动作用,为此后的汉学研究提供了可参照的学术路径和脉络,其价值可以和同时期的专业汉学家的研究比肩。

《教务杂志》较系统完整地保存了在华新教传教士的传教档案资料,详细地记载了各差会传教的历史,并报道了东亚、南亚以及太平洋地区各差会的传教情况。《教务杂志》发行至美国、英国、法国、德国、日本以及澳大利亚、菲律宾等国家和地区,成为在华新教传教运动的主流刊物。《教务杂志》汇集了西方传教士汉学家的研究成果,为传教士汉学研究提供了丰富的原始资料,成为汉学研究的重要资料来源。时至今日,西方学术界依然十分重视《教务杂志》的研究,美国学术界近年来还投入巨资制作该刊的缩微胶卷,并编制目录,以供研究之用。

3. 汉学人文知识的传播窗口：《新中国评论》《东亚杂志》

《新中国评论》为英国汉学家库寿龄（Samuel Couling, 1859—1922）于1919年3月创办于上海，库寿龄称自己会"努力使刊物保持较高的学术性，同时刊印其他类型的有趣的文章，以便让非专业汉学家也从中找到乐趣"①，该刊共出版4卷26期。1922年因库寿龄辞世，刊物即告停刊。《新中国评论》继承了曾在香港出版的《中国评论》（The China Review, 1872—1901）的栏目设置，栏目包括"专题论文""释疑"和"近期消息"。

《新中国评论》的作者群体以在华传教士为主，此外还有在华机构任职的欧美侨民。著名汉学家慕阿德（A. C. Moule, 1873—1957, 又译穆勒、穆尔）、禄是遒（Dore Henri）、马士（H. B. Morse, 1855—1934）、庄延龄以及翟理斯（Herbert A. Giles, 1845—1935）等都曾在该刊发表多篇论文。《新中国评论》刊发的论文多具有较高的学术水准和较大的学术贡献，如詹姆士·浩森（James Hutson）于1919年至1920年发表的有关西藏汉人的系列研究论文受到欧美学术界的高度关注，系列论文很快就由"远东地理学会"在上海以专著的形式出版。该著作出版后，被认为是一部"历经多年辛勤调查而成，且对中国人类学有重要价值"②的著作。

《新中国评论》能够敏锐捕捉汉学研究的最新发展，较早刊印发表英国考古学家奥里尔·斯坦因（Marc Aurel Stein, 1862—1943）和法国汉学家沙畹（Edouard Chavannes, 1865—1918）关于敦煌学以及莱昂内尔·霍普金斯（Lionel C. Hopkins, 1854—1952）（中文名为金璋）甲骨学的研究成果等。

该刊还刊登了不少中国文学作品的译文及评论文，如《搜神记》《列仙全传》《大风歌》《史记》《列国志》《大招》等作品的译文以及阿瑟·韦利（Arthur Waley, 1889—1966）的《论〈琵琶行〉》等评论文，另刊载若干中国文学著作的书评，大力地拓展和推进了中国文学在西方的译介和传播。

另一偏重人文学科的《东亚杂志》于1902年在上海创刊，主编为上海公共租界工部局公共图书馆（The Public Library, S. M. C. 1849—1912）馆员亨尼斯（W. J. Hunnex），该刊于1906年终刊，共刊出5卷30期，期刊的目

---

① COULING S. Editor's Foreword [J]. The New China Review, 1919, 1（1）: 2.
② YETTS W P. Short Notices of Recent Books on Chinese Subjects [J]. Journal of the Royal Asiatic Society of Great Britain and Ireland, 1922, 54（1）: 273.

标是"普及关于东亚的常识","让人们在国内就能更多地了解中国及其邻国"①。刊印的不少文章是著名汉学家卫礼贤（Richard Wilhelm，1873—1930）、艾约瑟等撰写的介绍中国及东亚各国的政治、教育、地理、历史、风俗以及文学的文章，这些文章通俗易懂，并配有大量照片和插图，增加了西方社会了解中国及东亚的兴趣。

中国文学的译介也是该刊的一个重要部分，刊物利用其传播快速、持续发行、受众面广的特点，先后刊载《三国演义》《西游记》《聊斋志异》《双凤奇缘》《龙图公案》《金玉奴棒打薄情郎》等中国古典小说节选部分的英译文，扩大了中国文学在英语世界的影响。

二、中国学者创办的近代上海英文期刊

近代上海英文期刊多由英美学术团体或个人主办，而1935年8月创刊于上海的《天下》月刊是民国年间极少数完全由中国学者主办的英文刊物，是中国第一次有组织、有目的地致力于向西方介绍中国文化的学术期刊。刊物由中山文化教育馆主办，旨在加深中西文化交流，重点向西方诠释中国文化，历时6年，因日本侵华战争导致刊物于1941年停刊，共出版12卷56期，编辑人员主要有吴经熊、温源宁、林语堂、全增嘏、姚莘农、叶秋原等。上海著名的西文出版机构别发印书馆（又称别发洋行）负责《天下》月刊的出版发行，该刊利用别发印书馆在海内外的出版发行优势，除在中国的上海、香港外，还在英国、法国、德国、美国、日本、新加坡、爪哇等地设有发行点。刊物立足于上海、香港，并通过遍布欧美等西方国家的发行渠道，将中国文化的声音传播到世界各地。《天下》月刊的固定栏目有"编辑的话""专文""翻译"和"书评"，机动栏目有"纪事"和"通信"。其中"编辑的话"栏目对国内外重大时事发表评论，"专文"栏目多刊登阐释中国文化、文学、艺术、思想等方面的评述性文章。

《天下》月刊通过"专文"和"书评"两种栏目形式，对中国美术、书法和园林等传统艺术研究的英文论著进行了富有成效的宣传介绍。在第1卷至第12卷的"专文"栏目中刊登约45篇中西学者撰写的中国传统艺术方面的英文研究论文，涉及美术、书法、园林、建筑、雕塑、音乐、手工等中国

---

① EDITORIAL. To Our Readers [J]. The East of Asia Magazine, 1902, 1 (1): 1.

艺术的各门类，如温源宁的《中国画的民族特色》、林语堂的《中国书法美学》、吴光清的《明朝水彩画》、童寯的《中国园林》、美国汉学家福开森的《宋代的瓷器》、荷兰汉学家高罗佩（R. H. van Gulik，1910—1967）的《中国画与日本画的裱轴》等，这些论文从现代视角阐述中国美术、书法和中国园林等传统艺术，对中国传统艺术的理论框架和丰富内涵进行了多角度的深入阐释，赋予中国传统艺术时代感和当代气息，提出了许多精辟见解和论断，不少论文是同类研究的奠基之作，引起国内外学者的高度关注。"书评"栏目对1935年至1941年出版的35本中国美术、书法和园林类英文著作进行评述，书评撰写者既有贯通中西文化的著名中国学者林语堂、全增嘏、温源宁、任玲逊、郭斌佳等，也有西方著名汉学家福开森等，栏目成为了解中国传统艺术研究最新成果的一个重要窗口。

《天下》月刊还对诸子学说以及中国古代思想家进行译介和阐述，如刊载吴经熊的《孔子真面目》、裴化行（Bernard Henri，1889—1975）的《朱熹哲学思想及莱布尼茨对朱熹的解读》等文章，为西方读者全面解读中国儒道思想提供参照。

"翻译"栏目刊发了体裁众多、内容丰富的中国文学英译作品。先后刊登《道德经》《列子》《五蠹》《儒林外史》《浮生六记》等中国典籍的译文，深入评述了赖发洛（Leonard A. Lyall，1867—1940）、苏慧廉（W. E. Soothill，1861—1935）、阿瑟·韦利（Arthur David Waley，1889—1966）翻译的《论语》译本。

《天下》月刊对中国古典诗歌的译介主体主要为中国学者，体现了中国学者的文化自觉意识。刊物在向西方学界译介中国古典诗歌时，既刊发诗歌的译文，也同时辅之相关的研究论文，加深了中国古典诗歌在英语文化体系中的接受度。如《天下》发表的吴经熊《诗经》译文和《〈诗经〉随笔》起到了译文和研究之间互补、互通、互证的作用，拓展了读者对中国古诗的理解。《天下》月刊在1938年至1939年刊登了吴经熊、胡先骕与艾克顿（Harold Acton，1904—1994）等五位译者所译175首古典诗歌的英译文，弥补了同时期西方译者对唐宋词和宋代诗歌翻译的不足。[①] 月刊所载的英译中

[①] 严慧. 超越与建构——《天下》与中西文学交流（1935—1941）[M]. 北京：光明日报出版社，2011：86.

国古典诗歌对诗歌翻译过程中的节奏、韵律以及词句处理都做了有益的尝试。

《天下》月刊首开中国现代文学对外译介的先河。为改变中国现代文学译介的零散和非系统化格局，月刊首次有计划地系统地将中国现代小说、诗歌和戏剧译介到西方，推动了西方世界对中国现代文学的理解和接受。先后刊登 23 篇小说、13 首白话新诗、2 部现代戏剧的译文①，如现代作家鲁迅的《伤逝》、沈从文的《边城》、巴金的《星》、老舍的《人同此心》、冰心的《第一次宴会》、萧红的《手》、姚雪垠的《差半车麦秸》、凌淑华的《疯了的诗人》、俞平伯的《花匠》、邵洵美的《声音》、曹禺的《雷雨》等，刊载作品的译作多是首次被翻译成英文。通过这些译作，《天下》月刊向世界展示了中国现代文学的景观，展现了中国现代和进步的面貌。

作为民国时期重要的英文期刊，《天下》月刊在短短的 6 年间不遗余力地向西方世界大力译介中国文化和文学，刊载了大量关于中国文化和文学的研究文章和译文，获得了国际社会的广泛认可和高度评价，英国三十年代著名文学杂志《泰晤士报文学增刊》(The Times Literary Supplement)、《今日生活与来信》(Life and Letters Today) 以及美国的《太平洋事务》(Pacific Affairs)、《亚细亚》杂志 (Asia Magazine) 等都积极肯定和评价《天下》月刊在中西文化交流方面的作用和贡献。美国《亚细亚》杂志认为《天下》月刊是"每一个要了解东方文化遗产并懂英语的人须要研读的刊物"。② 英国著名文学杂志《今日生活与来信》评述道："《天下》月刊的文章和印刷都十分精美，可以与欧洲最好的刊物相媲美"③。《天下》月刊系统规模地将中国文化和文学的优秀成果传播到西方，以高度的自觉性和主体性向西方介绍中国文化和文学，一定程度上弥补了 16 世纪以来西学东渐和中学西传长期不对称的遗憾，打破了长期以来中西文化交流过程中西方汉学家独语的局面，《天下》月刊对中国文化和文学的传播和介绍具有深远的历史意义和价值。

---

① 彭发胜. 向西方诠释中国：《天下月刊》研究 [M]. 北京：清华大学出版社，2016：117-118.
② EDITORIAL. Extracts from Reviews [J]. T'ien Hsia Monthly, 1937, 5 (1): 3.
③ EDITORIAL. Extracts from Reviews [J]. T'ien Hsia Monthly, 1937, 5 (1): 3.

三、近代上海英文期刊的历史意义

在近代中西文化交流史上,上海英文期刊独树一帜,构成了中学西传过程中不可忽视的重要力量。西人所办英文期刊,其意旨各异,或服务于本国对华侵略殖民的需要,或为了从更深层面全面了解中国社会以利于与中国交往。客观而言,近代上海英文期刊在提升中国学术国际话语权、建构中西文化交流的学术共同体以及拓展近代汉学发展等方面,发挥了一定的积极作用,具有深远的历史意义。

1. 提升中国学术国际话语权

学术话语权是知识生产和知识传播的结果,学术质量、学术评价和学术平台是构建学术国际话语权的三大基本要素。① 近代上海英文期刊的出版发行形成了中外学术界的频繁互动,英文期刊这一国际化的学术平台为高质量的学术成果提供了展示的空间,与学术评价、学术质量构成了学术链条中互为促进的三个重要纽带,三者环环相扣,形成三位一体的良性循环发展的学术话语体系。近代上海英文期刊有关中国社会的各方面研究不再只是中国学术的一部分,而是逐渐进入了世界性学术语境之中,使中国学术话语进入了国际话语场域,也使得中国学术获得了向现代化的形态发展的机会和展示的平台,同时能够在科学、文化、教育和社会研究等方面建立与现代学科相适应的专业性学术机制。近代上海英文期刊建构了中西方之间学术沟通与对话的重要平台,大力提升了中国学术的国际话语权,加快了中国学术成为世界学术重要组成部分的进程。

2. 建构中西文化交流的学术共同体

近代上海英文期刊以上海为轴心,连接海内外知名学者,依靠遍及海内外的发行网络,将期刊发行至世界各地,形成了国际化的学术网络,建构了中西文化交流的学术共同体,使海内外学者成为学术共同体的成员。期刊成为学术共同体的中心纽带,刊载具有学科奠基意义的学术成果,开拓学术研究的新路径和新方法。学者以学术期刊为交流平台,通过发表物,展现自己

---

① 胡钦太. 中国学术国际话语权的立体化建构 [J]. 学术月刊,2013,45(03):5-13.

的学术成果，奠定其在学术界的声誉和地位。近代上海英文期刊将编辑、作者和读者连为一体，构成了学术共同体互为关联的建构理路，众多作者的学术成果受到学术共同体的关注，引发了诸多学术生长点，形成学术研究的良性互动和发展，为人类社会增添新的学术福祉。

3. 促进和拓展近代汉学的发展

近代中国本土的汉学研究与同期欧美的汉学研究构成世界汉学研究的两大阵营。汉学作为以研究中国历史文化为中心的严谨学术通常对专门的问题进行精深的研究，但在19世纪之前，欧洲大量关于中国问题的论述多为总体性的描述和认识，缺乏中国本土史料的积累及学科研究的严谨性和深入性。近代上海英文期刊汉学研究的优势之一是发掘了关于中国研究各方面的第一手田野调查资料，以中国本土史料为基础的传教士汉学研究改进了世界汉学研究的格局，特别是改变了在华传教士汉学研究被忽视的状况。《教务杂志》集中了近代在华传教士的汉学研究成果，彰显了传教士汉学在近代世界汉学发展中的特殊地位和贡献。近代上海英文期刊是汉学研究的重要园地，拓展和深化了汉学的发展，为近代世界汉学研究做出了积极的贡献。

4. 建构和传播中国形象

近代上海英文期刊建构了一个多层面的国际化学术网络体系，以上海学术圈为中心，催生了连接海内外学者的学术共同体，形成并拓展了中西文化交流的国际学术空间，产生了深远的国际影响力。近代上海英文期刊不仅是中西学术交流的记录者和见证者，也是中西文化交流的推动者。一方面不断引领学术发展，开拓新的研究领域，积极探索和深化中国文化和中国学术走向世界的有效途径，提升中国学术的国际话语权；另一方面也是中国学术话语权进入国际社会的历史见证，在增进西方对中国文化的了解、达至中西方相互熟识的过程中扮演了积极、重要的角色。近代上海英文期刊不仅构筑了中西交流的文化通道，绘制了一幅中西文化学术交流的绚丽图景，还在英语世界建构和传播了中国形象，在近代中西文化交流史上发挥着独特的重要作用。

第三节　近代上海英文期刊与学术共同体的建构

近代晚清民国时期较为宽松的学术和出版发行环境为传教士、汉学家及学者提供了相对独立的文化空间,为学术共同体的建构与发展提供了良好氛围和土壤,也由此催生了众多学会,出版发行了一批具有国际影响力的英文期刊。包括传教士、汉学家、学者、外交官及商人在内在沪西人和华人创办了《皇家亚洲文会北华支会会刊》《中国科学美术杂志》《教务杂志》《新中国评论》《东亚杂志》《天下》月刊等近代上海英文期刊,这些英文期刊凝聚了一个以科学、历史、文化、政治等为主体,以上海学术圈为轴心辐射至海外的学术共同体。

一、近代上海英文期刊与学会

侨居上海的西方传教士、汉学家及学者根据共同的理想、学术兴趣成立了专门性研究机构即学会。学会作为一个现代学术共同体,以相关学科背景为基础,定期召开学术年会,交流学术研究的体会和心得,同时创办并发行学会的期刊,发表学会会员及其他学者的论文,期刊这一交流平台有力推动了学会学术研究的发展。共同体是一个需要人们之间能够彼此影响的关系网,这种关系经常相互交织,并且能够相互增强,共同体需要信奉一系列共同的价值、规范、意义以及共同的历史和认同,即一种特殊的文化。① 学术共同体就是具有类似学术兴趣和价值取向,具有共同价值观、文化态度和行为方式的学者构成的一个松散型的学术群体。学术共同体成员之间互相学习,交流观点,共同推动学术发展和进步。近代上海英文期刊为海内外学者提供了学术交流的场所,促进了学术发展,构建了一个连接海内外众多学者的学术共同体,在中国近代的中学西传、西学东渐的文化交流以及世界汉学的发展中发挥着积极的作用,对学术共同体建构、近代中国学术发展、中西文化交流以及中国形象的建构及海外传播起着重要的推动作用。

---

① BELL C, NEWBY H. Community Studies: An Introduction to the Sociology of the Local Community [M]. Westport, CT: Praeger, 1973: 15.

<<< 第一章 近代上海英文期刊的基本描绘

　　学术期刊作为一种传播媒介，是学术共同体的重要关联纽带，是学术空间和文化空间的重要交流平台，是展现学术成果的重要途径和窗口。学术期刊与专业学会及学者个人的学术研究形成一个互为发展的链条，进而构成促进时代及学术发展进步的学术共同体。期刊、学会和年会构成学术共同体链条上的三个重要环节。

　　晚清民国时期，侨居在上海的外籍人士率先成立了各类学会，出版发行学会期刊，并定期或不定期召开各学会的年会。1857年9月裨治文等18人在上海成立了"上海文理学会"，一年后更名为"皇家亚洲文会北华支会"，并出版英文会刊《皇家亚洲文会北华支会会刊》，学会及会刊旨在调查研究中国，包括中国的政治、法律、中外关系、地理、历史、哲学、文学等①，《会刊》终刊于1948年，共出版75卷计109册。1923年1月英国学者苏柯仁和美国传教士福开森在上海创办英文期刊《中国科学美术杂志》，该刊也是成立于1922年的"中国科学美术学会"（The China Society of Science and Arts）会刊，1927年1月英文名改为 The China Journal，但中文名到1936年1月改为《中国杂志》。该刊旨在"给中国的原创性学者提供一个园地，发表他们的研究成果，使其建立更密切的关系，并激发欧洲人（及中国人）对该国丰富的文学和艺术资源的兴趣，并普及科学和艺术的研究"②，并致力于将其办成"面向知识界的、高水平的期刊"③，19年间共出版35卷215期。《教务杂志》由在华美国卫理公会创办，1867年1月裴来尔创刊于福州，1872年5月停刊，1874年1月英国汉学家、传教士伟烈亚力复刊于上海，1941年12月终刊，《教务杂志》"致力于传播和中国及其相邻国家的科学、文学、文明、历史和宗教知识"④，74年间共出版75卷，其文章主题多样，既涉及传教，也包括对中国历史、地理、植物等的介绍，还有对中国文学的译介。《新中国评论》于1919年3月创办于上海，创办人为英国汉学家库寿龄，库寿龄表示要极力保持该刊的学术性，同时"发表主题各异的、具有吸

---

① BRIDGMAN. E C. Inaugural Address [J]. Journal of the Shanghai Literary and Scientific Society, 1858, 1 (1): 1-13.
② EDITORIAL. Inception and Aims of The China Journal of Science and Arts [J]. The China Journal, 1923, 1 (1): 2.
③ EDITORIAL. Looking Forward [J]. The China Journal, 1925, 3 (1): 1.
④ EDITORIAL. Foreword [J]. The Chinese Recorder, 1870, 3 (1): 1.

引力的文章,让专业汉学家以外的人士感兴趣"①,该刊共出版4卷26期。《东亚杂志》于1902年在上海创刊,1906年终刊,共刊出5卷30期,期刊的目标是"普及关于东亚的常识","让人们在国内就能更多地了解中国及其邻国"②。

此外,在沪华人也积极创办英文期刊,其中以《天下》月刊最具代表性,该刊由中山文化教育馆赞助出版,旨在加深各国间的文化交流,重点是向西方介绍中国,6年间共计出版12卷56期,主要编辑有吴经熊、温源宁、林语堂、全增嘏、姚莘农等。

上述由在沪西人和华人主办学会及近代上海英文期刊凝聚了一个以科学、历史、政治等为主体,以上海学术圈为轴心辐射至海外的学术共同体,为海内外学者提供了学术交流的场所,促进了学术发展,构建了一个连接海内外众多学者的学术共同体。

二、近代上海英文期刊与学术共同体的建构

近代上海英文期刊的最显著特点之一是编辑及作者群体的学者化、国际化以及办刊的学术性原则。刊物的重要功能之一就是通过聚集一批精英化的主编、编辑和作者队伍,产生一批具有引领创新型的学术成果,发挥学术交流与辐射的功效,推动和促进学术共同体的建构和发展。

1. 学术引领与学术垂范

学术期刊是一种重要的传播媒介,极大影响着学术共同体的发展方向和质量。期刊不仅要引领学术共同体的发展,而且要能汇聚学术界的精英。期刊编辑的学养决定了期刊发展的质量,这就要求期刊的主编和编辑人员具有很高的学识、学术远见和国际视野,学术期刊才能成为连接作者、读者和编辑的纽带,作者和读者才会对期刊具有学术归属感。

近代上海英文期刊的主编和编辑大都是各自学术领域的学术精英和知名学者。如《中国科学美术杂志》的主编福开森是位德高望重的政治家、教育家和汉学家。福开森曾担任金陵大学(南京大学前身)、南洋公学(上海交通大学前身)校长多年,担任过清政府两江总督刘坤一和湖广总督张之洞的

---

① COULING S. Editor's Foreword [J]. The New China Review, 1919, 1 (1): 2.
② EDITORIAL. To Our Readers [J]. The East of Asia Magazine, 1902, 1 (1): 1.

顾问，并担任清政府商务部和交通部秘书和顾问，在中国高层具有极强的人脉关系网。福开森也是国际一流的汉学家，曾出版《中国美术纲要》（1919）、《中国绘画》（1927）、《中国神话》（1928）等专著。该刊的另一位主编苏柯仁是著名的博物学家，在国际生物界享有盛名，于1923年至1941年担任亚洲文会北华支会上海博物馆馆长，并于1936年至1941年担任亚洲文会会长，苏柯仁是当时中国生物界举足轻重的领军人物。苏柯仁同时也是期刊的主要作者，他在《中国科学美术杂志》发表的论文涉及地质、园林、生物、考古、美术、人口，并出版了《华北的鸟兽》（1914）、《一个博物学家的手记》（1925）等大量学术著作。《新中国评论》的主编汉学家库寿龄著有600多页的《中国百科全书》（The Encyclopaedia Sinica, 1917），该著作是"首部用英文撰写的此类著作，一直被世界各地的汉学家广为引用"①，法国汉学权威高第（Henri Cordier, 1849—1925）认为这部著作是关于"中国知识的宝库"②。正是这部《中国百科全书》著作，使库寿龄于1919年获得了有汉学界诺贝尔奖美誉的"儒莲奖"（Prix Stanislas Julien）。

　　创刊于1858年的《皇家亚洲文会北华支会会刊》的编辑"多为饱学之士"③，裨治文、伟烈亚力、艾约瑟、金斯密、夏德（Friedrich Hirth, 1845—1927）均为19世纪中后期的著名汉学家。1910年以后的编辑福开森、莫安仁（Evan Morgan, 1860—1941）、苏柯仁、盖乐（Esson M. Gale, 1884—1964）、伊博恩（Bernard E. Read, 1887—1949）等都在汉学领域做出了突出的贡献，是公认的汉学专家。《教务杂志》由知名来华传教士裴来尔、保灵、卢公明（Justus Doolittle, 1824—1880）、伟烈亚力、乐灵生（Frank Joseph Rowlinson, 1871—1937）等担任主编，他们都是有影响力的教会领袖人物，在宗教界有广泛的人脉资源和影响力。如曾先后担任《皇家亚洲文会北华支会会刊》《教务杂志》主编的英国伦敦会传教士伟烈亚力对中国历史文化的研究成就不俗，著有《中国文献纪略》（1867）、《匈奴中国交涉史》（1874）、《满蒙语文典》（1885）以及《中国研究录》（1897）等著作，因其

---

① LETHBRIDGE H J. Introduction [M] // COULING S. The Encyclopaedia Sinica. Shanghai: Kelly & Walsh, Ltd., 1917: 5.
② CORDIER H. Samuel Couling [J]. T'oung Pao, Second Series, 1922, 21 (4): 366.
③ EDITORIAL. Proceedings [J]. Journal of the North-China Branch of the Royal Asiatic Society, 1932, 63: ix.

汉学研究的卓著成就，被誉为"筚路蓝缕的汉学研究者"①。

近代上海英文期刊的作者也以学者居多。《中国科学美术杂志》就是外侨学者发表研究成果的重要园地，如英国学者叶长青（James Huston Edgar, 1872—1936）对大熊猫的开创性研究、苏柯仁的生物学研究等首先在该刊发表。该刊的华人作者多为大学和政府机构中的学者，且为各自学科的一流学者，并有海外留学背景，如辜鸿铭、洪深、竺可桢、袁同礼、唐绍仪、伍连德、俞大纲、江文汉等，这些知名学者都能直接用英文写作，在国际学术圈很有影响力。《皇家亚洲文会北华支会刊》的不少作者是相关领域学有所长的学者，如哲学家亨克（F. G. Henke）、季理斐（D. MacGillivray）、钢和泰（Alexander von Stael-Holstein, 1877—1937）、历史学家佛尔克（Alfred Forke, 1867—1944）、司登得（George Carter Stent, 1833—1884）、植物学家贝勒（E. Bretschneider）等。《新中国评论》的作者以在华的欧美传教士为主，辅以在华任职的欧美侨民，如《中国迷信研究》一书的作者天主教传教士禄是遒（Dore Henri）、中国古文字研究的著名学者英国驻华外交官莱昂内尔·霍普金斯（Lionel C. Hopkins）（其中文名为金璋）以及波斯学家罗斯爵士（Sir Denison Ross）等，作者群体中也不乏老一辈的汉学家，如翟理斯、庄延龄等。《天下》的作者除知名中国学者，如钱锺书、邵洵美、陈受颐等外，也有国外知名汉学家撰写的论文和书评，所以《天下》成为民国以来水准最高的英文学术性刊物之一，"代表了二三十年代上海的文化巅峰"②。

秉持学术性原则并树立学术垂范是近代上海英文期刊在学术界享有很高声誉的重要原因。刊录论文的学术性原则吸引了很多相关领域的海外一流学者投稿。如《皇家亚洲文会北华支会会刊》的文章要经过数次讨论和修改才能发表，部分稿件来自演讲会上一致通过的文章，投稿论文须经过理事会讨论并投票通过后才予刊登。值得一提的是，编辑部不惜延期刊发其他论文，坚持专刊全文发表贝勒的《先辈欧人对中国植物的研究》《中国植物志》等长篇论文。③ 该文后荣获汉学最高奖"儒莲奖"。叶长青1914年在西藏和黄

---

① 熊文华. 英国汉学史［M］. 北京：学苑出版社，2007：41-45.
② 李天纲. 一头"超越东西方"的熊［N］. 新民周刊，2004-1-17.
③ EDITORIAL. Proceedings［J］. Journal of the North-China Branch of the Royal Asiatic Society, 1896, 31: 194.

河口考察后的游记,因"与前人所述的不同"①,且所述内容耳目一新,受编辑青睐,在同一期中连发其两篇论文。《皇家亚洲文会北华支会会刊》视学术质量为录用发表论文唯一原则,会长兼主编裨治文的论文《宁波雪窦山之地理及最近旅行情况》因对雪窦山的地理状况描述模糊②,未被刊物采用。《教务杂志》也有严格的用稿制度,专设编辑委员会并制定章程,编委会负责《教务杂志》的审稿编辑工作。

近代上海英文期刊以其严谨的学术纯洁性成为近代学术垂范,在近代中国、远东乃至世界都享有盛名,构成了近代学术体制中学术生产和成果传播的一个重要路径,推动了中国近代学术共同体的健康发展。

2. 学术培育与新人培养

期刊除了发挥学术引领作用外,还为学术新人提供展示学术成果的平台,为学术共同体培育学术新秀,使其快速成为学界中坚。近代上海英文刊物通过发表行为,探讨最新的科学发展,既引领现代学术的方向,也为学术共同体发现和培养了一批具有学术前途的学术新人。一定数量的顶级层面的学术刊物往往与学术界知名学者构成一个较为封闭的共同体,其他人很难进入,由此制约学术成果的培育,影响学术共同体的健康发展。近代上海英文期刊则打破学术权威和人情的樊篱,刊发新人的具有学术价值的稿件,学术新人也通过刊物发表这一路径,获得学术共同体承认,并得到学术共同体的青睐。

《中国科学美术杂志》鼓励并推动创新性学术成果的发表,无论是在中国传统的汉学领域,还是在近代科学领域,都积极推介有价值的学术成果。如在其创刊号中,就曾推出年轻华裔学者伍连德(Wu Lien Teh, 1879—1960)的论文《土拨鼠或西伯利亚土拨鼠及其与人类鼠疫的关系》,伍连德出生于马来西亚,毕业于英国剑桥大学。伍连德在负责防控1919年、1920年、1926年、1932年在中国东北、上海等地暴发的肺鼠疫和霍乱等流行病方面做出了突出贡献,于1935年被推荐为诺贝尔生理学或医学奖的候选人,也是第一位华裔诺贝尔奖的候选人。该刊同期还发表了万卓志(Geroage

---

① EDITORIAL. Proceedings [J]. Journal of the North-China Branch of the Royal Asiatic Society, 1914, 45: viii.

② North China Herald, 1858, 3 (391): 102.

Durand Wilder）的《鸟类迁徙札记》、克立鹄（Claude Rubert Kellogg）的《福建养蚕札记》、贾珂（Arthur Paul Jakot）的《山东甲虫（一）》、包达甫（Willard Merritt Porterfield）的《西洋宾菊中的关联因素》等。这些论文都是具有开创性的研究成果，期刊为其学术发展提供了良好传播契机，这些作者日后大都成为各自学术领域的学科奠基人。

《皇家亚洲文会北华支会会刊》也不遗余力推介最新学术成果，如刊发德国穆林德（Mollendorff, 1848—1903）的《直隶的脊椎动物及中国动物命名法》，被当时中国科学界誉为"虽非巨著，要为名作"。俄国贝勒的《先辈欧人对中国植物的研究》获近代欧洲汉学最高奖"儒莲奖"，被学术界认为是"遥遥领先于同时代同类的研究，并且被公认为后来研究的奠基石"。德国佛尔克的《王充与柏拉图论死亡与永生》，开启了将王充与柏拉图哲学比较的先河。德国费理饬的《东亚气候》、英国苏阿德的《中国博物学》、英国海德生的《长江三角洲的成长》、俄国钢和泰的《玄奘及其现代研究》、德国夏德的《古代陶瓷：中世纪中国工商业研究》，均为近代中国同类研究的先导性成果。① 此外，还有贝勒的《中亚与西亚中古时代之史地考》（1876）、《先辈欧人对中国植物的研究》（1881）、《中国植物志》（1891），慕阿德（Arthur Christopher Moule）的《中国乐器及其发声器之目录》（1908），福开森的《中国历代瓷器》（1932）等。这些开创性的学术成果既给刊物带来了新鲜活力，拓展了近代中国学术知识的视野，作者也借助刊物这个学术平台，锤炼了自身，并成为各自研究领域的骨干学者。

《新中国评论》始终关注学界的研究热点，刊印不少佳作，刊载的论文达到了相当高的水准。如在1919年至1920年的《新中国评论》连续发表詹姆士·浩森关于西藏汉人的研究论文，该研究引起西方学者的重视，系列研究论文于1921年结集，由"远东地理学会"（Far Eastern Geographical Establishment）在上海以专著形式出版。该著作是"多年艰辛的调查研究而成，对中国人类学具有重要的价值"②。《新中国评论》还曾刊发慕阿德关于基督

---

① 熊月之. 序 [M] //上海图书馆. 皇家亚洲文会北华支会会刊（1858—1948）导论·索引·附录. 上海：上海科学技术文献出版社, 2013: 2.

② YETTS W P. Recent Books on Chinese Subjects: Chinese Life in the Tibetan Foothills. By the Rev. James Hutson. 91/4x6, 210 pp. Shanghai: Far Eastern Geographical Establishment, 1921 [J]. Journal of the Royal Asiatic Society, 1923, 55 (2): 273.

教史的论文,慕阿德将该论文扩充修订为专著《1550年前的中国基督教史》(1930),该著作学术价值甚高,作者慕阿德也因此荣获1931年度"儒莲奖"。

《教务杂志》也积极推进支持在华传教士的学术发展,将期刊作为其学术发展的孵化器,如1876年和1877年《教务杂志》连载罗约翰(John Ross)在东北开展实地调查工作后撰写的《辽东随笔》和《满族的兴起与发展》等系列论文,罗约翰也因此获得学术认可,为其随后出版著作《清朝的兴起和发达》(1880)、《朝鲜史》(1903)、《满洲传教法》(1903)奠定基础。《教务杂志》1870年11月至1871年6月连续发表德贞(John H. Dudgeon,1837—1901)的《俄国基督教会》,随后又在1871年7月至1872年2月刊载其论文《中俄关系及在华希腊正教史》,德贞的学术地位得以确立,并于1872年出版专著《中俄政教史略》。1870年11月的《教务杂志》刊发俄国人薄乃德的论文《中国植物学著作的研究和价值》,薄乃德逐步为成为中国植物研究专家,并出版专著《中国植物》(1881)、《西人在华植物发现史》(1898)。《教务杂志》为包括传教士学者在内的众多青年学者的学术锻炼提供了平台和便利,为他们以后的学术发展奠定了良好的基础。

3. 学术交流与学术争鸣

学术论文是作者学术成就的一种物的表现形式,期刊是其学术成果的重要传播途径。学术共同体中的学会、期刊和年会构成较为密切的学术网络,学会、期刊和年会各司其职,共同增添人类学术的福祉。期刊由于其稳定性和连续性,成为学术共同体中相互学术交流和观点争鸣的重要平台。通过发表物,期刊将编辑、作者和读者连为一体,形成学术共同体互为关联的建构理路。学术交流和学术争鸣是期刊的重要功能之一,学术交流和争鸣打破了传统的闭门著述的学术生产和传播方式。近代上海英文期刊充分发挥期刊的便捷性和即时性的特点,期刊中的"书评""汉学札记""读者来信"以及"读编往来"等栏目在学术共同体建构中发挥了重要的学术交流和争鸣作用,同时发挥着衔接学术共同体的纽带作用。

"书评"是学术交流和争鸣的重要方式,书评既阐述对被评书籍的深刻洞见和感悟,也交流了不同的学术观点。各刊物的"书评"栏目各有特色,篇幅有长有短,所评著作覆盖历史、地理、生物、考古、语言学、哲学、文学、物理、化学等，所评著作大都具有一定的学术和史料价值。如《皇家亚洲文会北华支会会刊》自1906年起，每年刊载30多篇书评。"书评"常关注并评价最新出版的论著，书评信息含量大，篇幅大，甚至占期刊的三分之一版面。评论作者多是相关领域的知名学者，书评点评中肯，剖析精当，对著述的优缺点和学术价值进行客观评价，有些书评就是一篇十分精彩的论文。如1935年第66卷发表的美国建筑师墨菲（H. K. Murphy）的《评玛仑的〈清代皇家园林史〉》被认为是"该年最出色的书评，如同一篇学术论文"①。1886年第21卷艾约瑟对柏林大学一位教授的著作《佛的生平、学说与僧团》所做的书评认为"该著作指出了基督教和佛教的类似之处，是对佛教研究的一大贡献"②。

以刊登宗教题材论文居多的《教务杂志》也专辟"书评"栏目，如第13卷中，夏德用英文评价了德国著名汉学家嘎伯冷兹（Georg Von der Gabelentz，1840—1893）的德文专著《汉语语法》，详细勾勒了该专著中的三大汉语语法。夏德的书评让学者认识到《汉语语法》"极大帮助除德国之外学者对汉语语法的了解和研究，是对汉语研究发展的一大贡献"③。

《中国科学美术杂志》的"书评"栏目中也同样发表学者对相关著作的评价和观点，如1923年第2期发表了苏柯仁对翟理斯《中国文学珍选》（*Gems of Chinese Literature*，又译《古文珍选》）的评论："翻阅这些中国作品，读者享受到中国古代哲学、神秘传说以及孔子教诲的美餐……这些译文流畅严谨，不熟悉中国古代历史和文学作品的读者会从中受益。"④

书评对学术共同体的发展具有积极的推进作用，既让许多有学术价值或史料价值的著作进入学术共同体并得到学界认可，同时也让"书评"栏目成为学术成果传播的重要路径。

除"书评"栏目外，上海英文期刊还根据各自的特点，开设其他学术交

---

① EDITORIAL. Our Book Table: Journal of the North-China Branch of the Royal Asiatic Society [J]. The Chinese Recorder, 1936, 67 (2): 111.

② EDITORIAL. Literary Notes [J]. Journal of the North-China Branch of the Royal Asiatic Society, 1886, 21: 233.

③ EDITORIAL. Notices of Recent Publications [J]. The Chinese Recorder, 1882, 13 (6): 477.

④ EDITORIAL. Gems of Chinese Literature, by Herbert A. Giles, Kelly & Walsh, Ltd., 1922 [J]. The China Journal, 1923, 1 (2): 146-147.

流和争鸣的栏目,如《皇家亚洲文会北华支会会刊》于 1933 年开设"汉学札记"栏目,对国际知名汉学期刊《通报》(*T'oung Pao*)、《艺术》(*ARTES*)、《中国戏剧》(法文版)刊登的论文进行介绍和评述,将最新的学术成果及动态介绍给学界,该栏目发挥了重要的学术传播功能。

期刊为学者们提供了学术交流的平台和空间,学者们能交流和沟通不同观点,同时也就不同的观点进行切磋和商榷,以推动相关领域研究的纵深发展。《皇家亚洲文会北华支会会刊》第 34 卷刊发金斯密与夏德关于匈奴人起源的不同观点交锋的文章。夏德根据《魏书·西域传·粟特国》有关匈奴西迁的史料,撰文认为欧洲匈人的祖先就是《史记》《汉书》中的匈奴人,金斯密在《会刊》发表论文对夏德的观点提出疑问。① 夏德后在《美国东方学会会刊》上撰文《金斯密先生与匈奴》回应夏德的质疑。② 不同学术观点的交流和交锋推动了期刊的发展,《皇家亚洲文会北华支会会刊》也日益受到学术界的关注,并"成为亚洲文会最有价值的出版物,期期都受到读者的厚爱"③。

英文期刊的"读者来信"以及"读编往来"栏目将读者也纳入学术共同体的链条中,读者以书信的形式呈现出不同的学术观点,加入到探索与争鸣的学术讨论中。如《新中国评论》1922 年第 2 期刊文汤普逊(H. A. Thompson)对翟理斯《聊斋志异·狐嫁女》中"时值上弦,幸月色昏黄,门户可辨……西望月明,惟衔山一线耳"的注释"这不可能发生"提出疑问,并通过文献考证,指出这是可能发生的。④ 翟理斯在随后的 1922 年第 5 期刊文《蒲松龄的天文知识》一文中反驳了汤普逊的质疑,指出经过咨询剑桥大学的有关教授,证实蒲松龄所描述的情况不会出现。⑤《中国科学美术杂志》在 20 年代

---

① KINGSMILL T W. Dr. Hirth and the Hung Nu [J]. Journal of the North-China Branch of the Royal Asiatic Society, 1901—1902, 34: 136-141.
② HIRTH F. Mr. Kingsmill and the Hiung-nu [J]. Journal of the American Oriental Society, 1909, 30 (1): 32-45.
③ EDITORIAL. Our Book Table: Journal of the North-China Branch of the Royal Asiatic Society [J]. The Chinese Recorder, 1913, 44 (12): 773.
④ THOMPSON H A. Notes and Queries: No. VII of Giles' "Strange Stories from a Chinese Studio" [J]. The New China Review, 1922, 4 (2) 1922: 153-154.
⑤ GILES H A. Notes and Queries: The Astronomy of P'u Sung-ling [J]. The New China Review, 1922, 4 (5): 418-419.

中期的"读者来信"栏目刊载维纳（E. C. Werner）的来信，维纳在1927年第4期的《中文翻译》一文中对爱诗客（F. Ayscough）有关《红楼梦》翻译问题的观点提出异议。①

近代上海英文期刊中的"书评""汉学札记""读者来信"以及"读编往来"等栏目成为学术生产和传播的重要理路，学者的学术成果得到理性评价，学术观点在栏目中交流和争鸣，读者的参与拓展了学术共同体的外延。这些栏目也增强了期刊在学术共同体中的作用和功能，并使期刊成为学术成果认可和传播的重要介质。

三、近代上海英文期刊、学术共同体与中西文化交流

近代上海英文期刊及其依托的学会凝聚了海内外各个领域的优秀学者，形成了一个巨大的网络体系，并以上海学术圈为中心，建构了中西文化交流的公共学术空间，衍生了中外学术共同体，壮大了中西文化交流以及汉学研究的队伍，产生了辐射全国乃至英语世界的影响力。

1. 近代英文期刊、学术共同体与中西文化交流

近代上海各类学会为学术共同体的发展提供平台和契机，是近代中西文化交流的重要媒介和载体，以此为基础催生了以上海为中心推动中西文化交流的国际化学术场域和学术共同体。如亚洲文会北华支会在20世纪随着西方殖民化过程，其会员遍布世界各地，在文会最繁荣的30年代，每年有会员七八百人，居住地分布于包括中国在内的49个国家。文会的影响日趋广泛，越来越具有辐射全国乃至全世界的读者和作者的能力。这个原本地区性的机构逐渐呈现出国际化趋势，文会积极吸纳中国籍会员，邀请他们参加演讲，发表他们的论文，这些举措"无疑促进了西方对中国的研究，加深了西方对中国的认识，文会的中西文化交流媒介之效能也凸显了出来"②。近代上海各类学会发挥着中西文化交流中介的作用，通过其日常活动以及会刊学术成果的发表为会员提供了交流的平台，从而生成了中学西传和西学东渐双向互

---

① WERNER E C. Correspondence: The Translation of Chinese [J]. The China Journal, 1927, 6 (4): 4.
② 孙轶旻. 近代上海英文出版与中国古典文学的跨文化传播（1867—1941）[M]. 上海：上海古籍出版社，2014：261.

动的中西文化交流的文化场域和学术共同体。

近代上海英文期刊也依靠各自在海内外的发行网络,让期刊走向了世界,并通过与世界各地科研文化机构交换各自的出版物,被欧美一些研究机构所收藏。上海近代英文期刊的国际声誉不断拓展,并在世界范围内产生一定影响力,形成了连接东西方的学术网络,打造了沟通东西方的学术共同体。如早期的《皇家亚洲文会北华支会会刊》被不断重印,被世界各地100多个图书馆、博物馆等文化机构、团体所收藏。《皇家亚洲文会北华支会会刊》受到国际学术界的重视,其影响力越来越大,成为"最能帮助西人了解中国的刊物之一"[①]。另如《中国科学美术杂志》被认为"如果不在世界同类期刊中领先的话,至少已经稳步地成长为远东地区的翘楚"[②]。近代上海英文期刊除上海的销售发行网点外,还通过遍及亚洲、欧洲和美洲的销售渠道将期刊发行到海外,使分散在世界各地的学者们成为学术共同体的成员,为海内外学者提供了学术交流的空间,并能就中西文化中的相关问题展开交流和研讨,推动中西文化的交流和互动。

2. 近代上海英文期刊、学术共同体与近代汉学发展

汉学研究在19世纪的欧洲逐步兴起,近代上海英文期刊的汉学研究与欧洲的汉学研究形成相互促进的良性关系。上海英文期刊以认知中国人的思想和生活为主旨,所刊载的关于中国政治、地理、贸易以及文化风俗的文章成为西人了解中国的重要途径之一。相比而言,近代上海英文期刊汉学研究涉及面广,刊载了包括中国历史、地理、生物、矿产、水文、风俗等方面的丰富调查资料,成为世界汉学研究不可缺少的基本文献,为汉学研究提供了第一手田野资料。近代世界汉学的发展与上海各学会的学术活动及英文期刊的出版发行密切关联,如亚洲文会创建时就希望"为汉学提供令人满意的成果"[③]。法国汉学家高第(Henri Cordier)《西方汉学研究:1895—1898》多次提到《皇家亚洲文会北华支会会刊》,《会刊》是近代来华西人学习研究中国文化并将其向西方传播的重要媒介,所发表的文章反映了在华西人对中国

---

① HAYES L N. The Most Helpful Books on China [J]. The Chinese Recorder, 1925, 56 (5): 302.
② EDITORIAL. Review [J]. The China Journal of Science and Arts, 1927, 6 (1): 1-6.
③ EDITORIAL. Preface [J]. Journal of Shanghai Literature and Scientific Society, 1858, 1 (1).

文化研究的总体水平①。作为近代来华传教士主办的教会刊物《教务杂志》同样具有很高的汉学价值，其中刊载了大量涉及中国历史、地理、语言、哲学、社会风俗等主题的论文。《教务杂志》的独特之处是汇集了传教士汉学的研究成果，体现了传教士汉学在近代世界汉学发展中的特殊地位和贡献。另一英文期刊《新中国评论》被美国著名汉学家赖德烈（K. S. Latourette）评价道："为汉学研究者提供了发表学术成果的平台，已经为自己赢得了应有的地位，并在中国和其他国家保持着较高的发行数量。"②

近代上海各类学会、英文期刊及其衍生的学术共同体在中西文化交流中发挥了重要作用，不仅极大促进了中西文化交流，使近代上海呈现出十分繁荣的中西文化交流的局面，而且共同推动了西方汉学的发展和进步，并为世界汉学研究做出了突出贡献。

近代上海英文期刊是西方认识中国的重要媒介，也是近代中西文化交流和西方汉学研究的重要园地。一方面，近代上海英文期刊及其学术共同体培育和滋养了一大批学者以及汉学家，产生了一批在世界上具有影响力的研究成果，推动了中西文化交流及汉学的发展和进步；另一方面，近代上海英文期刊卷帙浩繁，为中西文化交流和汉学研究提供了丰富的知识储备和大量的文献资料，成为极有价值的研究资源。近代上海英文期刊及其学术共同体构成了近代中西文化交流以及汉学研究的一道独特风景线。

---

① 王毅. 皇家亚洲文会北中国支会研究［M］. 上海：上海书店出版社，2005：97.
② LATOURETTE K S. Chinese Historical Studies during the Past Seven Years［J］. American Historical Review, 1921, 26（4）：706.

第二章

近代上海英文期刊英译中国典籍与孔子形象及中国孝文化的建构和传播

西人眼中的中国形象源于西方世界对中国文化的认知和理解，这种认知和理解是在中西跨文化交流的历史进程中实现的。中国形象在某种程度上来说，是西方世界对于"文化他者"的集体想象。[1] 在美国历史学家史景迁（Jonathan D. Spence，1936—2021）看来，西方眼中的中国可以被视为一系列"文化刺激和回应"的结果，他解释道："这些刺激经常是被看作负面的，回应因此也相当严峻。但是有些时候，这些刺激却非常甜美，于是进行观测的人，也会无视围绕在他们周围的其他现实层面，沉浸在喜悦的忘我状态里。"[2] 中国典籍的英译是中西跨文化互动的一个具体范例，西人在对中国典籍的英译过程中逐渐形成了对中国独具特点并影响深远的认知图式，在此过程中西人对中国的印象或者说是想象处于动态变化的过程中，中国形象知识谱系的变迁也随之经历了曲折的过程，并与中国国家实力的起伏变化密切相连，中国曾以"孔夫子的中国""大中华帝国"等乌托邦化的中国形象以及"停滞的中华帝国""专制的中华帝国""野蛮的中华帝国"等意识形态化的形象谱系出现在西方世界。

---

[1] 单波，王媛. 跨文化互动与西方传教士的中国形象认知［J］. 新闻与传播研究，2016，23（01）：5.
[2] 史景迁. 大汗之国：西方眼中的中国［M］. 阮叔梅，译. 桂林：广西师范大学出版社，2013：13-14.

第一节　中国典籍英译与中国形象谱系

中国典籍主要指代表中国传统文化主体的儒道释、文史哲等方面的古代重要经典著作。就宽泛意义而言，中国古典文学包括经史子集、诗词歌赋、古典小说等，经史子集作为中国古典文学的重要部分，也是中国典籍的范称。中国典籍也可根据其主题进一步细分为文学典籍、历史典籍和哲学典籍等，中国历代优秀文学典籍、史学典籍和哲学典籍作品呈三位一体的关系，互相融合，互为一体，相互引证，正所谓文史哲三者不分家，中国典籍的英译本也是中国形象建构和传播的重要载体。正是基于这种思考，本课题将儒道释典籍的翻译纳入中国形象知识谱系的考察范围，而古典文学典籍翻译（包括古典小说和诗歌等）中的中国形象建构和传播将在本书的第三章和第四章分别单独论述。

中华民族在5000多年悠久的历史发展过程中留下了大量优秀典籍，这些优秀的典籍是中国文明与文化的重要代表和象征，而中国典籍翻译是把中国优秀传统文化推向世界以及建构和传播中国形象知识谱系的重要途径。中国典籍的翻译大致经历了三个阶段：第一阶段是16世纪至18世纪耶稣会士翻译中国典籍时期；第二阶段是19世纪新教传教士与西方汉学家翻译中国典籍时期；第三阶段是20世纪上半叶新教传教士、汉学家和中国学者英译中国典籍时期。这三个时期中国典籍英译中的中国形象分别呈现不同的谱系特征。

一、耶稣会士英译中国典籍中的文明古国形象

15世纪后期，随着地理大发现及西班牙、葡萄牙的对外扩张，欧洲传教士纷纷前往世界各地传教。明万历年间，耶稣会士率先入华，拉开了中西方交流的序幕。来华的西方传教士是中国典籍翻译的最初和最主要的译者，明清之际以耶稣会士为主的传教士开始翻译中国儒家经典。[1] 西方传教士对儒

---

[1] 李新德. 明清时期西方传教士中国儒道释典籍之翻译与诠释［M］. 北京：商务印书馆，2015：3.

<<< 第二章 近代上海英文期刊英译中国典籍与孔子形象及中国孝文化的建构和传播

家经典"四书""五经"等的翻译,可追溯到明末清初来华的耶稣会传教士罗明坚(Michele Ruggieri,1543—1607)、利玛窦和金尼阁(Nicolas Trigault,1577—1629)等。1579 年罗明坚奉命到中国传教,到达澳门后开始学习汉语,罗明坚是一位很有语言天赋的传教士,到达澳门 2 年 4 个月后便能认识 15000 个汉字,能初步阅读中文书籍,可用汉语写作。罗明坚等西方传教士很快意识到儒家学说深刻地影响着中国社会生活的各个方面,在中国意识形态方面具有重要的地位和影响,蕴含了中国士大夫阶层的道德理念。为使传教活动顺利进行,西方传教士需要了解和适应中国本土的儒家文化,理解中国儒家经典便成为传教的重要基础工作,通过对儒家经典的翻译和利用,达到传播宗教的目的。罗明坚 1579 年首次将"四书"译成拉丁文,并将朱熹理学介绍到了欧洲,罗明坚翻译的"四书"手稿现藏于意大利国家图书馆,他所翻译的《大学》第一章曾刊印在 1593 年在罗马发行的《百科精选》中,这是儒家典籍的首次西文译本的正式出版。① 意大利耶稣会士利玛窦 1582 年来华,他在向中国译介西方自然科学知识的同时,也开始翻译中国儒家经典,并将"四书"翻译为拉丁文,利玛窦的"四书"拉丁文译本成为儒家经典最早的西文译本之一,但利玛窦的"四书"译本未见公开出版。第一位来华的法国耶稣会士金尼阁又于 1626 年将"五经"翻译成拉丁语,刊行于杭州,成为最早在中国本土刊印的儒家典籍西译本。这一系列翻译活动引发了西方世界对中国典籍的关注,掀起了西人翻译中国典籍的热潮。罗明坚、利玛窦、金尼阁等耶稣会传教士为达到传教的目的,采取学习汉语、研读儒家经典、改装易服等"适应策略",打开了基督教在中国本土的适应道路。

来华的意大利耶稣会士殷铎泽(Prospero Intorcetta,1625—1696)和葡萄牙耶稣会士郭纳爵(Ignatius da Costa,1599—1666)于 1662 年将部分《论语》《大学》翻译成拉丁文,书名为《中国的智慧》(*Sapientia Sinica*),内有 2 页孔子传记和 14 页《大学》译文以及《论语》前五章译文 76 页,在江西建昌府刻印出版。殷铎泽后来又翻译了《中庸》,取名为《中国的政治道德学》,于 1667 年和 1669 年分别在广州和印度果阿刊印,该拉丁文译本又于 1672 年在法国巴黎重版,书末附有法文和拉丁文的《孔子传》,还有殷铎泽

---

① 李新德. 明清时期西方传教士中国儒道释典籍之翻译与诠释 [M]. 北京:商务印书馆,2015:120.

75

写的一篇短序、54页的《中庸》拉丁译文以及8页的孔子传记。1672年殷铎泽的法文版《中国的政治道德学》在巴黎出版，书名改为《中国之科学》，其中《中庸》和孔子传记做了较大改进。①

比利时耶稣会士柏应理（Philippe Couplet，1623—1693）、殷铎泽、郭纳爵、鲁日满（Francois de Rougemont，1642—1676）等奉法国国王路易十四敕令合编而成的拉丁文译本《中国哲学家孔子》（*Confucius Sinarum Philosophus*）于1687年在巴黎出版，该书的中文标题为《西文四书直解》，书中有中国经籍导论、孔子传和《大学》《中庸》《论语》的拉丁译文，但缺少《孟子》，该书在欧洲掀起了对孔子智慧的热情，其影响持续了近一个世纪。② 柏应理的《中国哲学家孔子》的两个法文节译本《孔子的道德》和《孔子与中国道德》分别于1688年至1689年在法国出版；英文节译本《孔子的道德》于1691年在英国出版，英法译本的出版让更多的欧洲人有机会对孔子及其儒家思想进行深入了解，"孔夫子中国"形象的认知图式初步在西人世界中建构和传播。

第一个"四书"西文全译本是比利时耶稣会士卫方济（Francois Noel，1651—1729）于1711年在布拉格出版的《中国六大经典》拉丁文译本，以《中国哲学家孔子》为基础，将《大学》《中庸》《论语》《孟子》《孝经》《三字经》译为拉丁文，共计608页。卫方济不但翻译文本，而且选译历代注疏，非常详备。从1581年罗明坚初译"四书"到1711年第一个"四书"的西文全译本出版，"四书"的翻译经历了130多年的漫长历程。

第一个将"五经"译为拉丁语的是法国耶稣会士金尼阁。"五经"中《易经》和《尚书》最受关注，意大利耶稣会士卫匡国（Martinus Martini，1614—1661）1658年在慕尼黑出版了拉丁文《中国历史初编十卷》，其中就曾介绍过《易经》。葡萄牙耶稣会士曾德昭（Alvarus deSemedo，1585—1658）于1645年在巴黎出版的法文版《大中国志》（*Histoire de la Chine*）也介绍了《易经》。清朝康熙年间法国耶稣会士白晋（Joachim Bouvet，1656—1730）、法国耶稣会士刘应（Claude de Visdelou，1656—1727）、法国耶稣会

---

① 李新德. 明清时期西方传教士中国儒道释典籍之翻译与诠释[M]. 北京：商务印书馆，2015：121.
② LUNDBAEK K. The Image of Neo-Confucianism in Confucius Sinarum Philosphus[J]. Journal of the History of Ideas, 1983, 44（1）：19.

<<< 第二章 近代上海英文期刊英译中国典籍与孔子形象及中国孝文化的建构和传播

士马若瑟（Joseph de Prémare，1666—1736）等都对《易经》进行过翻译和研究。白晋曾用拉丁文著《易经要旨》，刘应曾出版《中庸》拉丁文译本。白晋、马若瑟等又被称之为耶稣会士索隐派，即试图从中国经典中发现《旧约》事迹与人物的一小派，他们力图证明中国典籍与基督教的某些一致性，不惜对中国典籍做出过度的解读。史景迁曾这样评价，正是索隐主义思想导致了欧洲对中国编年史的研究，传教士们将中国悠久历史纳入基督教结构的努力激发了大批欧洲作家的想象力，促使欧洲人以新的方式研究中国，研究结果虽未找到十分有用的佐证，却为后来第一批态度认真、治学严谨的汉学家的诞生奠定了基础。① 传教士对中国儒学著作的译介以及撰写的中国题材的各种作品，为确立"孔夫子中国"形象以及建构和传播一个"乌托邦化"的中国形象奠定了基础，同时也推动了18世纪欧洲"中国热"的兴起，为欧洲启蒙运动提供了参照。

从数量上看，"四书""五经"等中国典籍西译的数量在16至18世纪的翻译活动中占优势，而中国古典小说、诗歌、戏剧等文学典籍的翻译数量非常有限。方豪评论道："明清来华教士几乎无不研读中国经籍，实亦中国古代文学作品也，惟教士所重者在经籍中之宗教思想……纯粹之文学作品，教士多不注意，甚或有不屑一顾者。观早期教士中无一翻译中国文学名著，可知也。"② "四书""五经"等中国典籍的西译向西方世界介绍了中国的儒家思想，而能够生动具体反映中国社会面貌的古典小说、诗歌和戏剧等的翻译也逐渐开始受到西人的青睐。法国传教士杜赫德（J. B. Du Halde，1674—1743）于1735年出版的法文版四卷本《中华帝国全志》（*Description de la Chine*）是法国汉学的三大名著之一，其第3卷收录了耶稣会士殷弘绪（Francois Xavier d'Entrecolles，1662—1741）从《今古奇观》选译的《庄子休鼓盆成大道》《怀私怨狠仆告主》及《吕大郎还金完骨肉》三篇中国古代短篇小说的法译文，第3卷也收录了马若瑟节译成法文的中国元代戏剧《赵氏孤儿》，《赵氏孤儿》后又被转译成德文（1747）、英文（1741、1762），同时衍生出多个演出版本。《中华帝国全志》第2卷298页至308页还收录入

---

① 史景迁. 文化类同与文化利用 [M]. 廖世奇, 彭小樵, 译. 北京: 北京大学出版社, 1997: 32-34.
② 方豪. 中西交通史（下）[M]. 上海: 上海人民出版社, 2015: 966.

了马若瑟译成法文的《诗经》中的《天作》《皇矣》和《抑》等八首诗。此外，最早译成西文的中国古典长篇小说是《好逑传》(*Hau Kiou Choaan, or The Pleasing History*)，英译者是曾居住在广州的英国东印度公司职员詹姆斯·威尔金森（James Wilkinson），他于1719年完成该小说的英译，该英译稿后经英国德罗莫尔主教托马斯·帕西（Thomas Percy）编辑于1761年由伦敦多利兹出版社出版，此书引发了欧洲日后翻译出版《好逑传》的热潮，其法、德等译文均从该英译本转译而成。至此，西人重视儒家典籍的翻译而忽视文学典籍翻译的风气得以改变，文学典籍的翻译译本拓展了西人对中国社会的认知，在更大范围内为西人了解和认知中国人的思想和中国文化提供了路径和通道，也为中国形象在西方的建构和传播提供了更为多元化的文本材料。

16至18世纪，罗明坚、利玛窦和金尼阁等传教士的系列翻译活动开启了中西交流的帷幕，他们一方面将西方科技文献译入中国，另一方面也将儒家经典等中国典籍译介到西方国家，引发了西方对中国典籍、儒家思想及中国文化等的关注。西方世界通过西译文本形成了对中国的初步认识，通过传教士对中国典籍等文本的翻译，西方世界开始了解中国，中国形象从"神秘国度"转向"孔夫子中国"以及乌托邦般的"文明古国"形象。这个时期的典籍西译处于起步阶段，传教士主要将中国典籍翻译成拉丁语。拉丁语属于印欧语系的罗马语族，随古罗马帝国的扩张传至欧洲西南部，罗马帝国衰败后，拉丁语逐步分化出法语、意大利语和西班牙语等，拉丁语在中世纪是西欧各国宗教、哲学和科学研究的书面语，也是传教士主要使用的语言。与此同时，有些中国典籍也被翻译成法语以及意大利语。从耶稣会士入华到耶稣会被遣散的两百多年间，"四书""五经"以及中国古典小说、诗歌及戏剧等文学典籍被翻译成包括拉丁语、法语、意大利语在内的西方语言。这一时期传入西方的中国典籍译本及其思想，不仅对欧洲的启蒙主义思潮产生了相当大的影响，而且成为在西方世界建构和传播"孔夫子中国"形象和乌托邦般的"文明古国"形象的重要路径。

二、新教传教士和汉学家英译中国典籍与儒道思想

1807年基督教新教传教士马礼逊（Robert Morrison，1782—1834）受伦敦传教会的派遣来中国宣教，居住在澳门，其传教不被中国人所接受，传教

生涯十分艰难，为求生计，只好在英国东印度公司任职，一面担任翻译，一面传道。基督教新教传教士认为："几百年来，包括宗教和道德在内的中国风尚在不断衰败，中国人似乎从未有关任何革新进步的想法；而且，在任何学科领域，任何超越古人的想法都会被视为异端。"① 19 世纪的传教士对中国表现出既好奇又反感、既喜爱又厌恶、既钦佩又轻蔑的复杂情感，这种情感对西方传教士调整其中国形象预设以及奠定其认知中国形象的情感基础具有重要作用。

1. 儒家典籍英译

19 世纪上半叶，由于清朝政府的闭关锁国及禁教政策的影响，中西方交流阻隔严重，西方传教士在中国的传教环境十分严峻。马礼逊深知要让中国人接受基督教，就必须理解儒学，并利用儒学的思想来传播基督教，因此他十分关注对儒家经典著作的了解和翻译，并于 1812 年英译了《大学》(Tahio; the Great Science)、《三字经》(San-tsi-King) 等。马礼逊的译文追求对原意的再现，文风朴实简洁，译文不再借助西方宗教思想和哲学思想来阐释中国的儒家思想，译文中消弭了宗教色彩，也没有过多阐释的部分，其翻译较能体现中国儒家思想的本来面目。马礼逊开了中国典籍直译的先河，在中国典籍英译、英汉词典编撰等方面具有开拓性的贡献，中国儒家思想通过马礼逊的中国典籍英译本较早地传入西方世界。马礼逊还同时汉译《圣经》、兴办教育等，客观上充当了文化使者的角色。

印度变为英国的殖民地后就一直是英国在亚洲扩张的一个重要根据地，印度也成为英国新教传教士的一个重要集聚地。在印度的英国浸礼会传教士马士曼 (Joshua Marshman, 1768—1837) 于 1809 年将《论语》首次翻译成英语。马士曼在一个出生于澳门的信奉基督教的亚美尼亚人拉萨尔 (Joannes Lassar) 的帮助下学习了汉语。马士曼的《论语》英译本采用逐字对译的方式，较忠实于原文，其英译在版式的编排上将汉语上标数字，而且还有汉语原文、发音、声调等，以便于西方人学习汉语，该做法延续了前期耶稣会士译本的排版特点。马士曼英译的《论语》不仅是用于学习汉语的材料，还较为具体地展现了孔子的儒家智慧和中国传统的儒家礼仪思想。马士曼使用的

---

① BRIDGMAN. E C. Education among the Chinese [J]. The Chinese Repository, 1835, 4 (1): 4-5.

逐字直译《论语》的策略对于认知中国以及中国形象在西方的传播方面发挥了很大作用，也扭转了前期耶稣会士在译文中过度阐释的倾向，因为一个客观公允的中国形象建立在对中国人精神思想和现实生活状况的全面深入的考察基础之上。"马士曼的译本可能不够完善，但作为历史上首部出版的《论语》英译直译本，它填补了19世纪初期西方对于儒家经典与中文认知的空白，又于世纪中期在美国思想界得以复苏……为美国的超验主义送去了中国风。"①

19世纪60年代以后，中国典籍英译趋向于多元化，从短篇的中国儒家典籍英译到"四书"的全面英译，新教传教士英译中国儒道经典这条线索一直贯穿19世纪，从传教士马礼逊开始，经由柯大卫直到理雅各止。

英国伦敦会传教士柯大卫（David Collie，1791—1828）来华后先跟马礼逊学习汉语，曾是英华书院第三任院长，第一个将"四书"译为英语，1828年出版了《四书译注》，将英译儒家经典的事业向前推进了一步。柯大卫将"四书"翻译成英文的主要目的是对儒家思想进行全面批判，并以基督教思想为中心传播福音。柯大卫将基督教思想作为一个恒定标准来评判衡量儒家思想体系，其翻译既不是为了传播儒家思想，也不是以耶释儒，而是译儒攻儒，宣传基督教文化，传播福音。基于此种翻译动机，柯大卫在译文中加入了基督教思想，并表达了自己的观点，如在其译文中混同"天"和"理"等概念，否定儒家的"孝"等，以达到传播基督教的目的。柯大卫以基督教衡量其他思想体系，其译本有一定的局限性。

英国传教士、汉学家麦都思是中国近代史和中国翻译史上的重要人物。1843年麦都思代表伦敦布道会到上海，他是第一个到上海的外国传教士。他参照中国的《三字经》编写了传教布道书《三字经》，还英译了《书经》（*Shoo King*）、创办墨海书馆等。《书经》又称《尚书》或《书》，是"五经"之一。《书经》系中国最早的记言历史，记录了王和贵族的对话，是中国上古的历史文献集。麦都思所译《书经》是第一个英语全译本，麦都思英译《书经》的目的是从中国历史上寻找缓解中英关系的办法，希望中英之间能化干戈为玉帛，他在译本序言中提道："该书中的实用智慧的教训适用于任

---

① 康太一. 东方智者的话语——19世纪初期第一部英译《论语》之历史研究［J］. 北京行政学院学报，2012（06）：126.

<<< 第二章 近代上海英文期刊英译中国典籍与孔子形象及中国孝文化的建构和传播

何时代和任何民族。在世界文明如此发达时期,即使受过启蒙思想启发的欧洲,也可从《书经》得到某种启发。"① 麦都思《书经》的英译摒弃了柯大卫"译儒攻儒"的翻译倾向,但其硬译十分明显,且直译并加注,译文中汉英混合。麦都思《书经》的英译文较能直接反映原著的面貌,为帮助译文读者理解原文,麦都思通过脚注翻译中国人的评论,同时加入了自己的解释与评论。

此阶段的中国典籍英译还较稚嫩,还没有较为成熟的翻译理念,到了理雅各(James Legge,1815—1897)时期,中国典籍英译的状况得到一定的改善。英国传教士理雅各1839年来华,在中国学者协助下系统完整地译出儒家经典。理雅各从1861年至1872年共翻译出版了5卷本的《中国经典》(*The Chinese Classics*),包括《论语》《大学》《中庸》《孟子》《书经》《诗经》《春秋》和《左传》,均刊于香港。理雅各归国后1882出版了《中国经典》第6卷,即《易经》;1885年出版《中国经典》第7卷,即《礼记》《孝经》和《道德经》。晚年他还翻译了法显的《佛国记》(1886)等。《中国经典》的翻译是理雅各倾注几十年心血才得以完成的,出于传教士传教的使命,理雅各的英译本有较明显的宗教诠释的痕迹。1875年,60岁的理雅各成为牛津大学首位汉学教授,理雅各从传教士变为汉学家,也逐步从汉学的角度而不是传教士的角度来看待中国的儒家思想。

法国耶稣会传教士顾赛芬(Séraphin Couvreur,1835—1919)是中国典籍西译的另一位重要人物,他长期生活在河北献县,执着于向西方介绍和传播中国文化,几乎翻译了所有的中国儒家经典。1895年出版"四书"、1897年出版《书经》、1899年出版《礼记》、1914年出版《春秋左传》、1916年出版《仪礼》,译本是拉丁文和法文与汉文对照排印,用法语和拉丁语对汉语同时进行译释,在译释中没有加入个人的解释和评论,而是努力忠实于程朱理学派的观点。他的译文逐字逐句地直译中文原文,可靠实用,这些译本不断再版,影响很大。

19世纪儒家经典英译始自马礼逊和马士曼,并经柯大卫、麦都思等,至理雅各止,译者多为新教传教士。与明清之际的耶稣会士儒家典籍译者有所不同的是,马礼逊、马士曼、柯大卫以及麦都思等人是在初学中文后不久即

---

① MEDHURST W H. The Shoo King [M]. Shanghai:The Mission Press,1846:vii.

开始英译中国儒家典籍，其初衷既是学习和了解中国语言和文化，也是向西方读者介绍儒家思想。马礼逊对《大学》《三字经》的英译中摒弃了前期耶稣会士中国典籍译本中翻译与解释等混杂的做法，提出《大学》的英译采用直译策略，翻译的目的不仅仅是传递思想，同时还要保留原作的语体风格与特点。① 若需要补充解释的，使用括号加注的形式，以便让英语读者更为直观地了解中国。马士曼英译的《论语》尽可能按照字面意思进行翻译，即翻译家西塞罗所言的"直译"②，同时还给汉字标注罗马音并编上序号，以方便读者能与英文单词对照阅读。柯大卫英译的"四书"，基于基督教思想，通过"点评"的形式"译儒攻儒"，以达到传教的目的。麦都思的《书经》（又称《尚书》）翻译采取了直译和音译为主、意译为辅的策略，麦都思的《书经》及其对儒家思想的研究极大影响了理雅各，正是由于受麦都思的影响，理雅各对儒家思想产生了兴趣，并决心致力于儒家经典的翻译。③ 理雅各在中国学者的帮助和解说下，将"四书""五经"以及《孝经》《老子》《庄子》等中国经典译成了英语，至今在西方仍有很大的影响力，一直是西方人认知和了解中国的经典著作。此阶段的英译中国典籍基本上追求对原文的忠实，同时也多考虑到译文的通俗易懂性。正如学者所言："从形式和内容追求原汁原味，符合这批传教士从事中国文化译介的目的：介绍'真实'的中国文化，以纠正耶稣会士等前人通过对中国儒家学说的不实描述和过分赞誉所塑造的中国形象。"④ 总之，中国儒家经典英译越来越接近中国儒家思想的本来面目。

2. 道家思想以及道教典籍英译

道家思想以及道教典籍的英译也是传教士从事的一项重要工作。19世纪西方来华传教士对道家思想和道教文化的研究经历了较为曲折而漫长的过

---

① MORRISON R. Horae Sinicae: Translations from the Popular Literature of the Chinese [M]. London: Printed for Black and Parry, et al., 1812: 20.
② MARSHMAN J. The Works of Confucius [M]. Serampore: The Mission Press, 1809: xxxiv-xxxv.
③ GIRARDOT N. The Victorian Translation of China: James Legge's Oriental Pilgrimage [M]. Berkeley: California University Press, 2002: 41-43.
④ 邓联健. 委曲求传：早期来华新教传教士汉英翻译史论1807—1850 [M]. 北京：清华大学出版社，2015：134.

程。明清之际的来华耶稣会士曾对中国道教有过粗略初步的研究，之后的早期新教传教士一方面对中国儒家和佛教思想进行较为广泛和深入的研究，另一方面也逐步开始对道家思想和道教进行研究。道家经典英译要晚于儒家经典，且主要集中在《道德经》的英译上。早期来华的新教传教士如马礼逊、麦都思等在其著述或书信来往中都曾论及中国道教。只是到了晚清，新教传教士如理雅各、湛约翰（John Chalmers，1825—1899）、艾约瑟、卫三畏、丁韪良等才开始涉足中国道教研究以及《道德经》的翻译。伦敦会传教士艾约瑟最早较为系统地对中国道教展开研究，撰写了中国道教方面的论文，并出版著作《中国宗教》（1884），其中有一章专门介绍中国道教。艾约瑟同时翻译了道教经典《太上老君说常清静经》以及《太上升玄消灾护命妙经》等，多采用直译策略。

另一位伦敦会传教士湛约翰最早将《道德经》翻译成了英文，湛约翰是一名传教士兼牧师，1852年加入伦敦会并于同年六月到香港主理英华书院，1859年赴广州设立会堂。1868年他把《道德经》翻译成英文 The Speculations on Polity, and Metaphysics, Morality, of the Old Philosopher, Lau-Tsze（《老子玄学、政治与道德律之思辨》），由伦敦图伯纳出版社（Trubner & Co.）出版，该译本开创了《道德经》英译的先河，为后人翻译《道德经》提供了重要参考。

巴尔福是继湛约翰之后将《道德经》译介成英语的另一位英国汉学家。巴尔福1870年到上海并从事新闻工作，先后主编英文版《晚报》《晋源报》《华洋通闻》《字林西报》等。1884年，伦敦图伯纳出版社出版了巴尔福的专著《道家伦理性、政治性、思想性的文本》，其中就有其《道德经》译文。巴尔福汲取道教思想中的有益养分，强调自然之道，同时还借用《易经》中的某些思想以及儒家的"四端"和"五常"，融入其译本中，使其成为一个儒道互释的译本。尽管巴尔福的《道德经》英译本在学术界的影响有限，但他的译本依然是学者研究译介《道德经》的重要文献资料。

英国传教士汉学家理雅各1891年出版了译著《道家经典》，这部译著被编入东方学家麦克斯·缪勒（Friedrich Max Muller，1823—1900）主编的《东方圣典》（The Sacred Books of the East）第39卷、40卷，其中就包括《道德经》《庄子》等的英译。吉瑞德评述道："1891年出版的《东方圣典》第39卷、40卷中的理雅各《道家经典》英译，使得道教第一次成为西方认知中国的一种'世界宗教'。"① 理雅各的英译《道德经》相比湛约翰、巴尔福的英译更为准确、译注详尽，对国际学术界研究道家思想及道教发挥了极其重要的作用。

3. 中国文学典籍英译

19世纪西方除了出版中国儒道典籍的英译本外，也翻译出版了一定数量的中国文学典籍。文学典籍是经典文学作品、文献的总称，包括小说、诗歌、散文、戏剧等文学作品。19世纪中国儒道典籍的英译者主要是传教士、汉学家等，而中国文学典籍英译者除传教士、汉学家外，还增加了外交官等。文学典籍英译者关注的题材和内容不同于其他种类典籍英译者，其采用的翻译方法和策略相对前者而言也发生了较大的变化。中国文学作品是中国人思想行为的真实化写照，是中国社会形象化的表现，能更为具体地传递中国思想和中国文化，可以让西方人对中国有一个全面的认识和了解。

19世纪中国文学典籍翻译呈现上升趋势，其中小说、戏剧翻译数量增多尤为明显。小说中又以通俗小说、志怪小说的翻译居多，翻译次数最多的是《今古奇观》，其次为《搜神记》《花笺记》等。中国四大名著的翻译也于此间发轫，《红楼梦》的片段出现在中文教材或一些选译本中。19世纪上半期，外交官、传教士出于认识中国的目的，比较关注中国的通俗文学作品，重视中国古典小说的道德教化作用。他们将小说视为了解中国和中国人的有效方式，并从中发现中国人的道德品质和精神气质，为西方在华的利益服务。

英国外交官、汉学家德庇时（John Francis Davis，1795—1890）出于外交官的职业本能，需要对中国有所了解和认知，英译中国文学作品成为其认知中国的一个重要手段。继帕西之后，德庇时将《好逑传》再次译成英文，于1829年由东方翻译基金会在伦敦出版，随后又被转译成法文、德文等，开启了《好逑传》在西方翻译的第二次热潮。此外，德庇时于1829年在《皇家亚洲学会会报》（*Transaction of the Royal Asiatic Society of Great Britain and Ireland*，1827—1833）第2卷第1期发表近70页的长篇论文《汉文诗解》（*On the Poetry of the Chinese*），该文同年由考克斯出版社（J. L. Cox）在伦敦

---

① GIRARDOT N. The Victorian Translation of China：James Legge's Oriental Pilgrimage [M]. Berkeley：California University Press，2002：420.

<<< 第二章 近代上海英文期刊英译中国典籍与孔子形象及中国孝文化的建构和传播

出版单行本，书名为"*On the Poetry of the Chinese*"，该书收录了大量中国古诗英译文本，是西人所写的第一部研究中国诗歌的专著。德庇时对中国小说、戏剧和诗歌的英译及其研究提供了向西方世界了解中国现实生活、风俗习惯、宗教信仰的平台，其英译中国文学作品构成了中国现实状态的画面，是中国图景在西方世界较为形象具体的展示。

19世纪下半期中国文学典籍英译的集大成者则是哈伯特·翟理斯（Herbert A. Giles，1845—1935），翟理斯一生都在为中国文化和中国文学在西方的传播不懈地努力，在中国文学、历史、宗教、哲学、词典编纂等领域取得了巨大成就。翟理斯一方面积极致力于中国文学的英译，先后英译了中国小说、散文和诗歌，首次韵译中国诗歌，他编译的《古今诗选》（*Chinese Poetry in English Verse*）于1898年在伦敦和上海同时出版。此书按中国历史朝代顺序，从《诗经》开始，收录中国古典诗歌近两百首，对唐诗在英美的传播与研究产生了巨大影响；另一方面他还撰写了大量有关中国文学及中国文化的著作，其撰写的《中国文学史》（1901）不仅向西方爬梳和介绍了中国文学的整体概貌，也向世界展现了中国文学的价值，在中国文学的对外传播史上具有里程碑式的意义。翟理斯的《中国概要》（1876）全面客观地介绍了中国文化及中国社会，成为西方汉学家研究中国的重要参考资料。

相较16至18世纪的中国典籍西译而言，19世纪中国典籍英译步入一个新的历程，取得了丰硕的成果。19世纪的典籍英译具有以下特点：一方面，典籍英译译者熟悉汉语和中国文化，与早期阶段的中国典籍的转译和编译相比，译者能够直接进行翻译，客观上避免了二度翻译过程中的信息流失或文化失真；另一方面，典籍英译文本的数量增加，文本类型多样化，除了继续翻译思想类典籍外，增加了文学类典籍的翻译，为西人全面深入地了解中国以及在西方世界建构和传播中国形象提供了更广阔的空间和更多的资源。

中国典籍翻译是西方传教士认知和诠释中国文化和中国形象的重要路径，也是西方世界反观"自我"的他者之镜，对中国典籍的翻译也同样是西方传教士认知和反思基督教文化的一种手段和策略。19世纪来华西方传教士在英译中国儒释道以及文学典籍的过程中，逐步形成认知中国形象的知识偏向和谱系。传教士译者以"他者"的视角向西方译介中国典籍，在西方世界建构了从孔子形象、老子形象至乌托邦中国的形象谱系。尽管部分西方传教士译者借助基督教的观念来诠释中国儒释道的术语，或者以殖民者的心态丑

85

化中国宗教文化和思想，导致中国形象的起伏和嬗变，但中国典籍的英译促进了中西跨文化的交流，提升了西方世界对中国形象认识的广度和深度，担负了中西方观念交流和中国形象西传的历史责任。

三、新教传教士、汉学家和中国学者英译中国典籍与多面化中国形象

20世纪上半叶的中国典籍翻译的主体仍主要集中在英国、法国和德国，中国典籍在美国的翻译及研究已经处于起步阶段，此阶段典籍英译译本的涵盖范围和数量逐渐扩大和增加，译本最多的是《论语》，其次为《诗经》《易经》等。其中多数是直接从中文原文翻译，译本有全译、节译以及编译等，译者不仅有西人，也有华人。本小节以《论语》英译为例管窥20世纪上半叶中国典籍英译的大致轮廓，并以此为理路勾勒此阶段典籍英译对中国形象建构和传播的特点。

1. 儒家典籍《论语》英译

20世纪初经历第一次世界大战的西方世界开始反思西方文化的不足和缺陷，并重新审视东方儒家文化对西方文明的借鉴意义和作用，此间儒家经典《论语》及其孔子著作的翻译格外受到关注，新教传教士、汉学家和中国学者都纷纷投入时间和精力翻译《论语》及其孔子学说。《论语》英译本相继出版，英国传教士苏慧廉（W. E. Soothill, 1861—1935）的《论语》英译本于1910年出版，翟林奈（Lionel Giles, 1875—1958）的《〈论语〉英译》于1920年出版，阿瑟·韦利的《论语》英译本于1938年出版。德国传教士汉学家卫礼贤也一直致力于儒家典籍德译工作，其德文译本《论语》（1910）、《孟子》（1914）、《大学》（1920）、《易经》（1924）、《中庸》（1930）陆续出版，并对西方思想产生了深远的影响。

明末清初来华的耶稣会传教士利玛窦最早将《论语》翻译成拉丁语，随后法国、意大利、英国的新教传教士又不断地重译《论语》。新教传教士马士曼第一次将《论语》直接从中文翻译成英文，于1809年在印度赛兰坡（Serampore）出版，但该译本不是全译本，而是只是节译了《论语》"上论"部分，由原文、译文、注疏、文字诠释四部分构成。

《论语》的另外一个重要译本由著名的英国传教士汉学家理雅各完成。1861年，伦敦会传教士理雅各出版了《中国经典》第1卷，其中包括《论

<<< 第二章　近代上海英文期刊英译中国典籍与孔子形象及中国孝文化的建构和传播

语》的译本，该译本为汉英对照本。1839年，理雅各受伦敦布道会派遣来华传教，理雅各认为，如果不能理解中国人的思想，就不能胜任在中国的传教，他翻译儒家经典是为其调和耶儒、以耶补儒的目的，以便在华传教士以及西方世界更好地了解中国人的思想。他希望西方传教士能理解中国的圣书，同时引导中国人"离开孔子去寻找另一位导师"①。从1848年开始，他在中国学者王韬（1828—1897）等人的帮助下开始翻译儒家经典。1861年，理雅各翻译的《中国经典》（第1卷，包含《论语》《大学》和《中庸》）在香港出版。出于基督教传教的目的，理雅各从宗教排他主义的视角检视儒教，认为基督教优于儒教，儒教存在过多的问题，在1861年《论语》首版绪论中，理雅各以基督教的观点审视孔子思想，指出孔子思想的局限性。正如翟林奈所评："理雅各对孔子及其儒学的理解带有浓厚的殖民传教士的色彩，甚至有些偏激。"② 尽管有各种批评意见，但理雅各的英译《论语》仍有着非常积极的意义，其译本集译、释、评于一体，逐字翻译，并附以中文原文，对于争议之处和理解的难点做了注释。理雅各严谨的翻译和研究态度得到了国内外学者的广泛赞誉，其译本研究一直是《论语》研究者参照的重要资料。

1910年，英国循道公会传教士苏慧廉的《论语》英译本出版，苏慧廉的《论语》英译本一改理雅各《论语》英译本的艰涩冗长，其译文语言简练、通俗易懂，不仅避免了翻译生硬的痕迹，也让读者能体味到原作的气息。苏慧廉认为："《论语》所展示的是一位杰出中国人的思想。它塑造了中国长达两千年之久的思想和性格。"③ 苏慧廉的译本通过副文本，如注解、引言和附录，在翻译涉及社会、政治、历史、文化的难点时，加上注释，既讲解字面含义，又解释真正内涵，尽可能地向读者还原原汁原味的中国孔子形象。

上述《论语》的节译本或者全译本均由西方传教士完成，传教士英译《论语》的主要特征是"以西释中""引耶入儒"，这种翻译倾向在来华传教

---

① LEGGE J. The Chinese Classics. Vol. I – V [M]. Hong Kong: Hong Kong University Press, 1960: 53.
② GILES L. The Sayings of Confucius: A New Translation of the Greater Part of the Confucian Analects [M]. New York: E. P. Dutton and Company, 1910: 10-11.
③ SOOTHILL W E. The Analects of Confucius [M]. Tokyo: The Methodist Publishing House, 1910: 4.

士译者的中国典籍翻译中十分明显。随着传教士翻译《论语》时代的结束，中西方的汉学家开始用不同的眼光、不同的翻译目的来看待《论语》。西方汉学家表现出对《论语》儒家思想的推崇和崇拜，翻译《论语》的目的不再是为传教服务，而是转向让西方读者了解中国儒家思想，体味东方智慧。第一个以西方学者身份而非传教士身份英译《论语》的是英国汉学家翟林奈，翟林奈开启了英语世界中非传教士翻译《论语》的时代。翟林奈是著名英国汉学家翟理斯之子，生于中国，1900年回英国任职于大英博物馆图书馆。除了翻译《论语》外，他还翻译过《孟子》《孙子兵法》《道德经》以及《庄子》等。翟林奈翻译《论语》的目的是"使这本书成为东西方——一个是思考的旧世界，一个是行动的新世界——之间友好和理解的大使……他们坚信，对东方伟大思想和崇高哲学的深入了解会帮助他们恢复真实的慈善精神"①。在译本序言中，翟林奈认为理雅各译本带有宗教"偏见"，为了使译本读者充分了解孔子及《论语》，他在序言中介绍西方对孔子的态度从盲目赞美到无情诋毁再到后来的理性解读的过程，而他是在研究了孔子本人的生平及其思想的基础上进行翻译的，这样能够帮助读者全面地理解《论语》。②

同样，汉学家韦利也反对理雅各过多从宗教角度解读《论语》，强调译文应消除宗教色彩，尽量公正客观地还原《论语》应有的面貌，使普通英语读者能够接受和理解饱含东方智慧的《论语》。不同于传教士译者的是，韦利更为包容、更为客观地去理解中国文化思想。韦利不再囿于前辈传教士汉学家翻译《论语》的做法，而是从学术研究角度，尽量公正客观地还原《论语》应有的本色，去除任何宗教色彩，并借鉴多家之说理解《论语》。韦利英译《论语》既不受理雅各等英译的影响，也不受中国儒学界传统研究模式的影响，而是从一位西方学者的角度了解和看待孔子，为英语世界更全面地理解孔子提供了一种有意义的参考。韦利的英译《论语》于1938年出版，其译本一直是英语世界较为通行的译本，"直到现在他的译作仍是最受英语读者欢迎的少数译作之一。"③

---

① GILES L. The Sayings of Confucius: A New Translation of the Greater Part of the Confucian Analects [M]. New York: E. P. Dutton and Company, 1910: 6.
② GILES L. The Sayings of Confucius: A New Translation of the Greater Part of the Confucian Analects [M]. New York: E. P. Dutton and Company, 1910: 12-14.
③ 孔慧怡. 翻译·文学·文化 [M]. 北京: 北京大学出版社, 1999: 132.

<<< 第二章　近代上海英文期刊英译中国典籍与孔子形象及中国孝文化的建构和传播

正如学者所言:"《论语》在英语世界的流传就是一部由不同文化身份的译者写就的文化交流史,只是这部交流史所呈现的不是平等的交流与对话,而是一个从西方的独唱到中西和声的交流和对话过程。这段历史不仅反映了西方人对中国人从遥望、假想、入侵、改造到包容、研究、努力接近的过程,也反映了中国人从对《论语》外译的漠然和无视,任西方人评说,到民族自觉意识的觉醒,纷纷拿起译笔,加入翻译《论语》行列,向西方发出中国译者的声音的过程。"① 第一位有影响力的华人译者辜鸿铭(1857—1928)以一种"儒学救世"的情怀向西方译介《论语》,辜鸿铭幼年在英国读书,20岁时获爱丁堡大学文学硕士学位,他精通英语、法语、德语,熟悉拉丁语、希腊语等,是一位博学中国传统文化又精通西方语言与文化的学者。辜鸿铭批评了英国汉学家理雅各的《论语》译本,认为理雅各等一些传教士曲解了儒家经典的原义,并导致西方人对中国人和中国文明产生种种误解和偏见。他在《论语》译本序言的开篇便说:"四十年前理雅各博士着手《中国经典》系列的翻译,如今即使是一点也不懂汉语的人,翻开理雅各博士译文每一页都不禁会感到他的译文是多么令人不满意。"② 于是他决心以一个精通中西文化的中国人身份向西方传播儒家经典,以纠正理雅各等译者造成的偏见和误解,让西方世界认识中国传统文化重要性及其精髓。辜鸿铭第一本译著《论语》(*Discourses and Sayings of Confucius*:*A New Special Translation*,*Illustrated with Quotations from Goethe and Other Writers*),又名《孔子语与言:释以歌德和其他作家之言的全新特殊翻译》)于1898年由上海别发洋行出版。译者采用"以西拟中"的翻译策略,即完全贴近英语语言规范和西方文化价值体系的归化翻译策略。林语堂对辜鸿铭的翻译给予肯定:"他(辜鸿铭)了不起的功绩是翻译了儒家'四书'的三部,不只是忠实的翻译,而且是一种创造性的翻译,古代经典的光透过一种深的了然的哲学的注入。他事实上扮演了东方观念与西方观念的电镀匠。他的《孔子的言论》(《论语》),饰以歌德、席勒、罗斯金及朱贝尔的有启发性的妙语。有关儒家书籍的翻译,

---

① 李冰梅. 译者文化身份对《论语》300年英译史的书写[J]. 国际汉学,2015(03):111.

② KU Hung Ming. Discourses and Sayings of Confucius:A New Special Translation,Illustrated with Quotations from Goethe and Other Writers[M]. Shanghai:Kelly & Walsh,Ltd.,1898:vii.

得力于他对原作的深切了解。"① 辜鸿铭的《论语》英译在晚清时代具有积极的历史意义,在辜鸿铭看来,以孔孟哲学为代表的博大精深的中国传统文化不但能够拯救国家和人民,还能拯救动荡不安的西方世界。此外,在大兴洋务、倡导西学的历史语境中,辜鸿铭是第一个将《论语》译成英文的中国学者,打破了长期以来由西人翻译中国典籍的局面,让中国译者在中国经典的西译过程中能够拥有话语权,能够让中国译者的声音传播到西方世界,至此中国译者拥有了在中国典籍译本中建构和言说中国形象的话语权,改变了中国形象多由西方译者言说的尴尬状况。

中国典籍译本是一面反映中国文化的镜子,从中折射出西方对中国"他者"形象的认知和图式,《论语》等中国典籍英译本可引发西方世界对中国的憧憬和幻想,可建立起西方世界眼中的中国图景。中国形象在西方异域空间不断游走于"孔夫子中国"以及"乌托邦化的中国"直至"野蛮专制的帝国"之间,这和中国译语话语权的缺失不无关系。长期以来,诸如《论语》此类的儒家典籍的译语权一直掌握在西方译者手中,中国形象"他塑"的局面被辜鸿铭等中国译者打破。以辜鸿铭为代表的中国典籍译者实现了中国典籍英译"自我言说"的事实,改变了中国译者"不在场"的局面。中西译者不同的《论语》译本为西方世界对孔子为代表的中国儒家文化形象的认知提供了多方面的参考,西方人心目中的中国形象也变得更为全面客观。

2. 中国文学典籍英译

进入20世纪,中国文学典籍翻译取得了颇为可观的成果,在数量和质量上都有较大变化,译者和出版机构也趋向多样化,有西方译者,也有华人译者,西方出版社以及国内的出版机构和英文报刊都成为中国文学典籍英译的重要力量。中国译者意识到传播中国文化的重要性,开始主动承担中国文学典籍英译的历史重任。

中国古典小说、诗歌和戏剧的英译呈现出较为繁荣的局面。首先,古典小说的翻译是一个成果迭出的领域。中国志怪小说、话本小说的英译本不断问世并开始在西方流行,翟理斯1880年编译的《聊斋志异选》(*Strange Stories from a Chinese Studio*)于1908年又重版,被认为是英语世界中的《天

---

① 林语堂. 林语堂名著全集 [M]. 长春:东北师范大学出版社,1994:56.

<<< 第二章 近代上海英文期刊英译中国典籍与孔子形象及中国孝文化的建构和传播

方夜谭》。四大中国古典小说名著的翻译方兴未艾，1925 年布鲁威特·邓罗（C. H. Brewitt Taylor）翻译的《三国演义》（Romance of the Three Kingdoms）全译本由上海别发印书馆出版，该译文也是当时唯一一本《三国演义》的英文全译本，在东西方影响都较大。《水浒传》以其深刻的思想文化价值和不朽的艺术魅力赢得了海内外的普遍赞誉，其影响跨越国界，被翻译成多种文字。1929 年英国汉学家杰弗里·邓洛普（Geoffrey Dunlop）根据德国汉学家阿尔贝特·埃伦施泰因（Albert Ehrenstein）的德文本转译的《水浒传》（书名《强盗与士兵》Robbers and Soldiers）70 回本的英文节译本出版。美国女作家赛珍珠（Pearl Buck）翻译的《水浒传》（书名《四海之内皆兄弟》All Men Are Brothers）70 回全译本于 1933 年在纽约和伦敦出版，此本流传很广，影响也很大。《西游记》也同样被不断译成英文，受到西方读者的欢迎。1913 年，上海基督教文学会出版了英国传教士李提摩太的《西游记》（A Mission to Heaven）译本，此译本共 100 回，前 7 回为全译文，第 8 至 100 回为选译。英国翻译家阿瑟·韦利的节译本《猴》（Monkey：Folk Novel of China）于 1942 年出版并引起广泛的关注，《猴》选取了原书的第 1～15、18～19、22、37～39、44～49 和 90～100 回，总共只有 30 回，不到全书的三分之一。《红楼梦》的英译始于 1829 年德庇时发表于《皇家亚洲学会会报》的长文《汉文诗解》，其中以英汉对照的形式刊载《红楼梦》第 3 回中的两首《西江月》词。英国驻中国澳门副领事乔利（H. B. Joly）于 1927 年出版英译《红楼梦》（The Dream of the Red Chamber）单行本（第 1 至 56 回的节译本），王际真的《红楼梦》（Dream of the Red Chamber）编译本于 1929 年出版。克莱门特·伊杰顿（Clement Egerton）翻译的《金瓶梅》（书名为《金莲记》Golden Lotus）的全译本 1939 年由伦敦劳特利奇出版社（Routledge）出版，该译本共 4 卷，翻译中得到老舍先生的指导，译文较为准确，也未做过删节，以后又多次再版。

20 世纪前 30 年问世的诗歌译本主要有阿瑟·韦利的《汉诗 170 首》（1918）与《汉诗补集》（1919）、庞德的《华夏集》（1915）、爱诗客（Florence Ayscough）的《松花笺》（1921）等。中国古典诗歌的英译涵盖先秦至南北朝诗歌、唐代诗歌、五代至清代诗歌等，中国古典诗歌翻译及诗歌研究的深度和广度也同样空前盛名。

法国耶稣会传教士马若瑟的法译本《赵氏孤儿》被收入杜赫德主编的

《中华帝国全志》，该书于 1735 年出版，中国元代剧作家纪君祥的《赵氏孤儿》引发了欧洲 18 世纪持续的中国热。18 世纪后半叶在欧洲问世的《赵氏孤儿》英语、法语剧本均根据马若瑟法文译本改编而成，法国文豪伏尔泰（Voltaire，1694—1778）改编的法文版戏剧《赵氏孤儿》于 1755 年在巴黎上演，引起极大轰动，英国戏剧家阿瑟·墨菲（Arthur Murphy）改编的英语剧本《赵氏孤儿》于 1759 年在英国上演，也受到极大欢迎。到了 20 世纪，中国戏剧的英译十分活跃，《西厢记》《牡丹亭》等的英译本陆续问世。元代王实甫的《西厢记》第一个英译本由里奥（Leo T. Y.）翻译，题名《西厢记：中国八世纪的故事》(The Romance of the Western Pavilion: A Chinese Tale of the Eighth Century)，刊于 1920 年 5 月美国《亚洲》（Asia）杂志第 20 期，译者认为《西厢记》可与《天方夜谭》等世界名著媲美。美国戏剧及戏剧史学家祖克（A. E. Zucker）著《中国戏剧》(The Chinese Theatre) 中有元代关汉卿的《窦娥冤》第三折《斩窦娥》的英语节译文，该书于 1925 年在美国波士顿出版。哈罗德·艾克顿选译明代汤显祖《牡丹亭》的《春香闹学》(Ch'un Hsiang Nao Hsueh) 刊于《天下》月刊 1939 年 4 月第 8 卷。

20 世纪上半叶的中国古典小说、诗歌和戏剧等译本是西人了解中国人行为方式以及生活情趣等的重要文本，西人可通过对中国文学作品译本的阅读和分析发掘中国社会的各个方面，并以之构建中国社会图景。中国文学作品的英译本加深了西人对中国社会和文化的认知，为西方世界绘制了中国社会的百纳图，更为直观和生动地展现了多面化中国文化和中国社会，为中国形象在西方世界的建构和传播提供了丰富的资料来源。

第二节　近代上海英文期刊英译中国典籍

向海外传播中国古代传统文化构成了近代上海英文期刊的一个重要主题和内容，中国典籍的英译在期刊中占据了相当大的比例，近代上海英文期刊既是中国典籍英译单行本的重要补充，也成为中国典籍英译的重要载体。期刊所刊载的中国典籍英译文本一定程度上呈现了中国的历史文化形象，成为英语世界建构和传播中国形象的重要文本依据。

<<< 第二章 近代上海英文期刊英译中国典籍与孔子形象及中国孝文化的建构和传播

一、近代上海英文期刊英译中国典籍述略

联合国教科文组织 1964 年 11 月 19 日在巴黎举行的大会上通过的决议中对期刊的定义为"用同一标题连续不断（无期限）定期或不定期出版，每年至少出一期（次）以上，每期均有期次编号或注明期次的称为期刊"①。国家新闻出版总署 1988 年颁布的《期刊管理暂行规定》将期刊界定为"有固定名称，用卷、期或年、月顺序编号，成册的连续出版物"。近代上海英文期刊《皇家亚洲文会北华支会会刊》《教务杂志》《中国科学美术杂志》《新中国评论》《东亚杂志》《天下》月刊等作为深受海内外读者喜爱的纸质媒体定期出版，并在海内外刊行，不仅对中国的政治思想、历史文化、天文地理、民风习俗、建筑艺术、中外贸易、宗教哲学、民族信仰等方面进行介绍，而且运用丰富多样的形式对某一个专业领域的某一个选题进行深入分析和探讨，集综合性与探索性为一体，兼及普及性和欣赏性，在众多领域开创了现代学术方向。

以中国和亚洲为主题的近代上海英文期刊十分重视中国典籍对认知中国人思想及其行为的重要性，将中国典籍视为认知和了解中国的一个具体途径和手段，刊物因此刊载一定比例的中国典籍英译文，如《皇家亚洲文会北华支会会刊》刊载《般若波罗蜜多心经》，《中国科学美术杂志》刊载《易经》《书经》《礼记》《春秋》，《新中国评论》刊载《孟子》，《教务杂志》刊载《孝经》《曾子》《孔子家语》《二十四孝》，《天下》月刊刊载《道德经》等中国典籍的英译文，这些典籍英译文涉及儒学、佛学、道教以及中国文学、历史等方面的内容。近代上海期刊所译介的中国典籍约 40 篇，涵盖儒释佛、文史哲等方面的经典著作。

期刊因受其即时性和刊载量的影响，一方面要尽量刊载最大量的信息，另一方面受出版时间和篇幅的局限，难以刊载典籍的全译，于是多以节译的形式刊行。此种英译方式增加了中国典籍在西方译介的多样化形式，使中国典籍以各种多样化的形式走进西人的视野，客观上丰富、拓展并加深了西方世界对中国文化和中国形象的认知。近代上海英文期刊所刊中国典籍英译作品一览表详见附录一。

---

① 范军. 试论期刊刊名的虚与实 [J]. 出版科学，2001（04）：32-34.

二、英文期刊英译中国典籍的优势与特点

近代上海英文期刊通过遍及欧洲、北美洲、大洋洲以及亚洲的发行渠道，将刊物发行至世界各地，成为中国文化西传的重要载体和中西文化交流的重要场域，产生了深远的国际影响力。近代上海英文期刊对中国典籍的英译具有定期出版、受众广泛，连续刊载、专题性强、翻译与研究互动等特点。

1. 定期出版、受众广泛

《皇家亚洲文会北华支会会刊》《教务杂志》《中国科学美术杂志》《新中国评论》《东亚杂志》《天下》月刊等主要致力于研究中国和亚洲国家的英文期刊依托上海著名的出版机构，如别发洋行、美华书馆等，在相对稳定连续的时段大量出版刊印，或为月刊，或为双月刊，或为季刊，并有统一稳定的期刊版式。期刊发行至中国各大城市，也广及亚洲、欧洲、北美洲和大洋洲，如《教务杂志》发行的国家包括中国、日本、澳大利亚、印度、爪哇、菲律宾、泰国、新加坡、美国、英国、法国、德国、比利时等。上海发达的航运、邮政等运输系统可以较为快捷地将刊物发行至世界各地，刊物发行范围的扩大也增加了刊物的影响范围。刊载于这些英文刊物的中国典籍英译文也因此能够较为迅速地被海内外读者阅读和研究。英文期刊对中国典籍的英译不仅拓展了中国典籍在海内外的传播范围，也加深了海内外读者对中国文化和中国形象的认知度。有些典籍英译文在期刊上连载多期，有效地扩大了其在海外的知名度和影响力，如《教务杂志》连续刊载的《孔子家语》译文是迄今为止该典籍最早的英译文，这些英译文一方面激发了西人对孔子及儒学的兴趣，另一方面也对孔子形象及儒家文化在西方世界的传播和研究提供了资料来源和论证依据。

2. 连续刊载、专题性强

连续刊载是指英文期刊将某部中国典籍的译文依次分批连续在几期刊物上发表，主要原因是受该典籍篇幅的限制。如英国传教士赫真信（A. B. Hutchinson）英译的《孔子家语》自1878年第9卷至1880年第11卷连续分八部分刊发；花之安英译的《孝经》分两部分在1878年第9卷第5期、第6期刊发；花之安英译的《曾子》分四部分连载于1879年第10卷第

<<< 第二章 近代上海英文期刊英译中国典籍与孔子形象及中国孝文化的建构和传播

1~4期。英文期刊以连载的方式刊发中国典籍英译文，充分发挥了期刊的传播媒介作用，在学术传播与共享过程中发挥着极为重要的作用，弥补了单行本印刷出版周期长的缺憾，丰富了学术交流的模式。

专题性强是指近代上海英文期刊刊载的典籍英译文以及论及儒家思想的文章通常聚焦某个特定的主题，如《教务杂志》连载的赫真信英译《孔子家语》、花之安英译的《曾子》系列译文都具有一个明确的专题，旨在介绍孔子思想以及儒家文化等。同时，《教务杂志》就某一专题也展开了广泛深入的探讨，如对儒家思想中的"性善论"问题，《教务杂志》刊载多篇论及"性善论"的文章，就传教士对待"性善论"问题上的不同意见进行切磋和交流。《教务杂志》1878年第9卷第1期曾刊载谢卫楼（Davelle Z. Sheffield）的文章《论儒家的人性学说》，谢卫楼是《教务杂志》中第一位对儒家"性善论"的相关翻译进行评价的传教士，该文对理雅各《孟子》的翻译发表观点，认为理雅各是从基督教伦理角度来翻译《孟子》。①《教务杂志》1895年第26卷第6期刊载霍约瑟（Joseph Charles Hoare）的《中国古典文学中的神与人》一文，作者霍约瑟认为人所做之事要符合自己的本性，且要保持本性原有的纯洁性，并将其践行终身，这样才可以称之为性善。②《教务杂志》还在1898年第29卷第3期和第4期连载了约翰·麦金泰尔（John Macintyre）的《孟子的人性论》一文，该文在对《孟子·告子上》全面分析的基础上讨论并积极评价了孟子的"性善论"。③④ 期刊就某一专题的连续深入的探讨一定程度上开拓了研究者和读者的视野，拓展学术研究交流圈，形成了有相同研究旨趣人士组成的学术共同体，也由此发挥了期刊的学术传播和学术导向作用。

---

① SHEFFIELD D Z. A Discussion of the Confucian Doctrine Concerning Man's Nature at Birth [J]. The Chinese Recorder, 1878, 9 (1): 11-23.
② HOARE J C. God and Man in the Chinese Classics [J]. The Chinese Recorder, 1895, 26 (6): 260-270.
③ MACINTYRE J. Menciuson Human Nature [J]. The Chinese Recorder, 1898, 29 (3): 123-130.
④ MACINTYRE J. Menciuson Human Nature [J]. The Chinese Recorder, 1898, 29 (4): 169-174.

3. 翻译与研究的互动

新颖性是期刊的生命力和活力所在，新的研究内容、新的研究角度、新的研究方法等都会成为吸引读者的重要因素。翻译与研究的互动是近代上海英文期刊引人关注的一个重要特点，利用期刊连续刊载、专题性强的优势，在刊载典籍英译文的同时，通过译者前言、译文中的注释、译者的点评、相关主题论文的刊发、读者的切磋交流和争鸣等形式展开对中国典籍的深入研究。

近代上海英文期刊对中国典籍的译介为西方学者的相关研究提供了基本素材。《教务杂志》中国典籍的英译涉及孔子、老子、墨子、孟子、荀子和列子诸家的著作，因受到期刊篇幅的限制，这些著作的英译多为节译。同时，《教务杂志》在"书目"（Our Book Table）等栏目中也刊发了系列对中国典籍译作的评论文章，与典籍译本形成互动的研究态势，拓展并深化了中国典籍的英译实践及其研究。《教务杂志》1928年第59卷第5期"书评"栏目发表书评，评论德效骞（H. H. Dubs）翻译的《荀子》（The Works of Hsüntze, 1928）译文，该书评指出了荀子思想中的性恶论，并认为人的本性须受约束，要通过约束来控制人的欲望。荀子的目的是行仁爱，其手段是师法家，然而他也不主张使用过于严厉的法家手段。① 1932年第63卷第9期的《教务杂志》上发表了林辅华（Charles Wilfrid Allan）的评论文章，该文比较了赖发洛的《孟子》译本与理雅各的《孟子》译本，并认为理雅各的译本注解繁杂过多过长，但赖发洛译文过于呆板甚至让人难以理解，有时对孟子的思想阐述过于简单，并对两个译本中的"仁""礼""命""上帝"和"圣人"等词语的翻译进行比较和分析。② 除书评外，《教务杂志》还发表了大量儒学研究性的论文，《教务杂志》1870年第2卷第2期刊发耶士谟（William Ashmore）的论文《儒家解决的一个道德问题》，探讨孔子学说的伦理道德，其教育目标是培养学生的伦理道德观③。1928年第59卷第5期《教务杂志》发表汤金森（L. Tomkinson）的《墨子的社会教导》一文，该文

---

① EDITORIAL. Our Book Table: The Works of Hsüntze [J]. The Chinese Recorder, 1928, 59 (5): 382-383.
② ALLAN C W. Mencius [J]. The Chinese Recorder, 1932, 63 (9): 579-580.
③ ASHMORE W. A Moral Problem Solved by Confucianism [J]. The Chinese Recorder, 1870, 2 (2): 282-285.

是对墨子社会思想的译述。汤金森认为墨子思想中含有一种宗教情怀，兼爱思想是墨子思想的核心，并主张推行兼爱思想。① 《教务杂志》还刊发读者就某部典籍的翻译发表意见的来信，如该刊的 1879 年 3—4 月的第 2 期和 5—6 月的第 3 期"读者来信"栏目中刊发翟理斯的两封来信，探讨赫真信《孔子家语》的译文质量，翟理斯肯定了赫真信《孔子家语》英译本及其对儒学的贡献，他高度赞扬了赫真信在文本考证方面做出的努力，表示"从赫真信对《孔子家语》两篇序言的翻译可以看出他对原文翻译的忠实性"②，同时也指出该译本中的一些理解错误。值得关注的是，英国传教士艾约瑟在 1859 年第 1 卷第 2 期的《皇家亚洲文会北华支会会刊》发表《墨子人格及其作品介绍》一文，该文在英语世界中第一次介绍了墨子"兼爱"思想，开了墨子在西方译介和研究的先河。③

译文和评论以及专题论文的互哺互动，拓展了译文的外延，使典籍翻译与研究融为一体，促进了典籍翻译逐渐成为一个专门的研究领域，也吸引了一批西方学者致力于中国典籍的翻译和研究。翻译与研究的互动构成了近代上海英文期刊的一大特色，不仅推动了中国典籍翻译及其学术研究的进步，扩大了中国典籍和中国文化的影响力，有利于西方世界对中国形象客观全面的认知，也推进了中国形象在西方世界的建构和传播。

第三节 《教务杂志》英译《孔子家语》及其孔子形象的建构和传播

《教务杂志》自 1867 年创刊至 1941 年被侵华日军查封而停刊，在 74 年的办刊历史上共出版 75 卷、819 期，是中国近代史上办刊时间最长、体量最

---

① TOMKINSON L. The Social Teachings of Meh Tse [J]. The Chinese Recorder, 1928, 59 (5): 315-316.
② GILES H A. Correspondence: The Family Sayings of Confucius [J]. The Chinese Recorder, 1879, 10 (2): 149-150; GILES H A. Correspondence: The Family Sayings of Confucius [J]. The Chinese Recorder, 1879, 10 (3): 221-223.
③ EDKINS J. Notices of the Character and Writings of Meh Tsi [J]. Journal of the North China Branch of the Royal Asiatic Society, 1859, 1 (2): 165-169.

大的英文期刊。该刊创办的目的是为来华传教士及各差会交换传教信息,讨论传教工作,为在华传教士服务。创刊后的《教务杂志》传播地域不断扩大,影响范围也越来越广,"如果单从报刊的出版持续时间来看,十九世纪传教士在华出版的刊物中,无论是享有较高声誉的中文报刊《万国公报》(1889—1907)、《中西教会报》(1891—1917),抑或英文的《中国丛报》(1832—1851)均不及《教务杂志》"①。《教务杂志》对中国儒学十分关注,刊载相当数量的儒学研究论文以及儒学典籍英译文,其目的是深入全面了解儒家文化以便更好地在华传播基督教教义,正如费乐仁(Lauren Pfister)所言:"儒家和基督教共同关心的都是人的道德发展及其对社会秩序的稳定作用,也因为两者在神学与宇宙论的范畴上有许多并行不悖之处。"②《教务杂志》的儒学研究论文以及包括《孔子家语》在内的儒学典籍英译本向西方世界展示了儒家文化和孔子形象,对儒家文化和孔子形象的建构和传播具有独特的意义。

一、《教务杂志》的儒家文化述论及《孔子家语》英译

《教务杂志》英译儒家典籍涉及孔子、孟子、荀子等的著作,因受到期刊篇幅的限制,其英译多为节译。值得关注的是,赫真信(A. B. Hutchinson)英译的《孔子家语》是英语世界第一个英译本,虽然只是前十篇内容的翻译,但其在中国典籍英译史中仍具有筚路蓝缕之功绩。《教务杂志》还刊发46篇儒家历史文化研究论文③,涉及儒学的论文95篇④。《教务杂志》的儒家典籍翻译与研究融为一体,促进了对儒家思想的研究,也推进了儒家文化形象在西方世界的建构和传播。

---

① 陶飞亚. 传教运动的圈内"声音":Chinese Recorder (1867—1941) 初论 [M] // 张先清. 史料与视界:中文文献与中国基督教史研究. 上海:上海人民出版社,2007:247.
② 费乐仁. 现代中国文化中基督教与道教的相遇、论辩、相互探索 [M] // 罗秉祥,赵敦华,编. 王剑凡,译. 基督教与近代中西文化. 北京:北京大学出版社,2000:399.
③ 崔华杰. 传教士与中国历史研究:以《教务杂志》为中心的量化考察 [J]. 社会科学论坛,2011(03):53-55.
④ Li Jing. Protestant Missionaries' Translation and Interpretation of Chinese Confucianism:A Hermeneutic Study Based on The Chinese Recorder (1867—1941) [D]. Chengdu:Southwest Jiaotong University, Unpublished Master Degree Thesis. 2017:15.

<<< 第二章　近代上海英文期刊英译中国典籍与孔子形象及中国孝文化的建构和传播

1.《教务杂志》的儒家文化述论

近代来华传教士热衷学习研究以儒学为核心的中国文化，寻求其与以基督教为核心的西方文化的共性，以此调和中西文化，达到传教之目的，《教务杂志》成为传教士交流儒学研究成果的重要平台。耶士谟（William Ashmore）在1870年第3卷第4期刊文探讨孔子学说的伦理道德，认为其教育目标是培养学生的伦理道德观，耶士谟继续在第3卷第5期撰文阐述儒家仁人和君子的特点与品质①。阚裴迪（F. Galpin）在1881年第12卷第3期刊文比较儒家思想与《圣经》伦理思想的差异②，文书田（George Owen）在1886年第17卷第8、9期连续刊文对《圣经》新约与"四书"进行比较③。谢卫楼（D. Z. Sheffield）在1886年第17卷第10期撰文比较基督教和儒家伦理④，季理斐（D. MacGillivray）在1903年第34卷第7期撰文认为儒家思想具有良好的道德规范，具有法律的权威和维护社会秩序的功用⑤。休斯（E. R. Hughes）在1931年第62卷第7期上刊文，系统阐述儒学"礼"的历史渊源，并认为"礼"是教育的载体，儒学具有道德引领作用，强调儒学教育的功用⑥。这些系列论文提供了丰富而有分量的儒学研究资源，使西方读者得以尽窥儒学之奥，也为西方读者解读儒学及孔子思想做了铺垫。《教务杂志》"书目"栏目也刊发系列对儒家典籍译作的评论文，与典籍译本形成互动的研究态势。1928年第59卷第5期"书评"栏目发文评论德效骞（Homer. H. Dubs）翻译的《荀子》译文，该书评指出了荀子思想中的性恶论，

---

① ASHMORE W. The Ideal Man of Confucius [J]. The Chinese Recorder, 1870, 3 (4): 89-92; ASHMORE W. The Ideal Man of Confucius [J]. The Chinese Recorder, 1870, 3 (5): 129-132.
② GALPIN F. Notes on the Ethical and Christian Values of Chinese Religious Tracts and Books [J]. The Chinese Recorder, 1881, 12 (3): 202-217.
③ OWEN G. New Testamenty Parallels in the Four Books [J]. The Chinese Recorder, 1886, 17 (8): 285-293; OWEN G. New Testamenty Parallels in the Four Books [J]. The Chinese Recorder, 1886, 17 (9): 329-337.
④ SHEFFIELD D Z. The Ethics of Christianity and of Confucianism Compared [J]. The Chinese Recorder, 1886, 17 (10): 365-379.
⑤ MACGILLIVRAY D. Confucianism in Weighed English Balances [J]. The Chinese Recorder, 1903, 34 (7): 329-340.
⑥ HUGHES E R. Confucianist Sacrifice and Religious Education. [J]. The Chinese Recorder, 1931, 62 (7): 407-414.

并认为人的本性须受约束，要通过约束来控制人的欲望，并称赞荀子在儒家思想和伦理观形成中的作用①。1932年第63卷第9期发表林辅华（Charles Allan）的评论文章，该文比较了赖发洛（Leonard Lyall）的《孟子》译本与理雅各（James Legge）的《孟子》译本，并认为理雅各译本注解繁杂过多过长，但赖发洛译文过于呆板甚至让人难以理解，有时对孟子的思想阐述过于简单，并对两个译本中的"仁""礼""命""上帝""圣人"等词语的翻译进行比较和分析②。《教务杂志》还刊发读者就某部儒家典籍的翻译发表意见的来信，如1879年第10卷第2期和第10卷第3期"读者来信"栏目中刊发翟理斯的两封来信，探讨赫真信《孔子家语》的译文质量，翟理斯肯定了赫真信《孔子家语》英译本及其对儒学的贡献，高度赞扬了赫真信在文本考证方面做出的努力，表示从赫真信对《孔子家语》三篇序言的翻译可以看出对原文翻译的忠实性，同时也指出译文中的一些瑕疵③。

"在《教务杂志》中，儒家思想是西方认知中国的重中之重，是深层次认知并建构'中国形象'的重要介体"④，《教务杂志》所刊有关儒学的研究论文、译文和评论互哺互动，吸引了一批西方学者致力于儒家典籍的翻译和研究，不仅推动了儒家典籍翻译及其学术研究的进步，扩大了儒家文化的影响力，也有利于西方世界对儒家思想客观全面的认知。

2. 《孔子家语》首次英译

《孔子家语》又名《孔氏家语》，简称《家语》，今本10卷44篇，是儒家的一部重要典籍，记录了孔子及孔门弟子的思想言行。《孔子家语》与《论语》所反映的孔子思想倾向一脉相承，学术界在研究孔子及其儒家思想学说时，多以《论语》《左传》《史记》及大小戴《礼记》等为文本基础，尤以《论语》为主。《论语》是研究孔子和孔门弟子以及早期儒家学派的权

---

① EDITORIAL. Our Book Table: The Works of Hsüntze [J]. The Chinese Recorder, 1928, 59 (5): 382-383.
② ALLAN C W. Mencius [J]. The Chinese Recorder, 1932, 63 (9): 579-580.
③ GILES H A. Correspondence: The Family Sayings of Confucius [J]. The Chinese Recorder, 1879, 10 (2): 149-150; GILES H A. Correspondence: The Family Sayings of Confucius [J]. The Chinese Recorder, 1879, 10 (3): 221-223.
④ 钟晓文．"儒教"的跨文化认知与传播：语义变异与幻象建构——《教务杂志》（*The Chinese Recorder*）关键词之广义修辞学阐释 [J]. 福建师范大学学报（哲学社会科学版），2014（03）：40.

威典籍和主要依据，其文约义丰，言近旨远，但篇幅短小，语言简略，难以展示孔子等人思想言行的全貌和风采，《孔子家语》完全可作为对《论语》的有益补充、必要呼应和有力释证①。如果说《论语》是孔子"语录"的话，《孔子家语》则可称为孔子的"文集"；该书的价值绝非一面，如果深入细致探讨，早期儒学的研究一定会出现一个全新的局面，《孔子家语》可称为"孔子研究第一书"②，甚至是"儒学第一书"③。毋庸置疑，《孔子家语》在孔子与儒学研究中具有重要价值和地位。

近代来华西方传教士并未像重视其他中国典籍那样对《孔子家语》给予足够的关注，中国典籍英译的执牛耳者理雅各的 5 卷本《中国经典》中就唯独没有《孔子家语》的英译文。近代西方传教士在研究和翻译中国典籍时，未将《孔子家语》与其他中国典籍列入同等重要的地位，与该典籍在清代的研究状况和学术地位有关，清代学者对《孔子家语》的研究一直囿于考证与真伪辨别之间，对其学术思想探讨较为有限，中国学者对《孔子家语》真实性的怀疑态度自然影响到传教士对该典籍研究与译介的取舍。

《孔子家语》首个英译者是英国圣公会传教士赫真信，他于 1871 年 10 月来香港传教，1874 年下半年赴福州巡视教务并在该地皈依为信徒。《教务杂志》从 1879 年第 1 期至 1880 年第 1 期连续刊载赫真信翻译的《孔子家语》，共刊载该书的前十篇英译文，译本内容依次为：《相鲁第一》《始诛第二》《王言解第三》《大婚解第四》《儒行解第五》《问礼第六》《五仪解第七》《致思第八》《三恕第九》与《好生第十》。赫真信在 1880 年第 1 期刊载的《好生第十》篇的附后说明中称其由于离华而"暂停"该书的翻译，将已经翻译的十篇译文称为该书的"上卷"④，不知何故，赫真信未能继续翻译《孔子家语》的剩余篇目。除赫真信外，近代西方汉学研究者未对《孔子家语》进行翻译，赫氏译本虽非完整译本，但其内容丰富，在西方汉学史上

---

① 张涛. 孔子家语译注 [M]. 北京：人民出版社，2017：6-7.
② 刘续兵.《孔子家语》：从"典型伪书"到"孔子研究第一书" [N]. 社会科学报，2014-2-13 (5).
③ 杨朝明.《孔子家语》通解 [M]. 台北：万卷楼出版社，2005：3-7.
④ HUTCHINSON A B. End of the First Book of The Family Sayings of Confucius [J]. The Chinese Recorder, 1880, 11 (1)：23.

应占一席之地，应得到学术界的关注和重视①。

二、《孔子家语》英译文的儒家文化建构

赫真信《孔子家语》英译文通过学术性序言、阐释性注释和显性化译文等策略把其中隐含的儒家文化蕴意尽可能全面地展示给西方读者，为西方世界提供了全面客观认知儒家文化及孔子形象的具体翔实的文本材料和背景知识。

1. 儒家文化语境的建构：学术性序言

典籍与普通读物的差异在于其深厚的学术性及阐释空间的丰富性和多元性，译者在典籍翻译的过程中，必然要首先对典籍进行深入而透彻的学术研究，其研究成果和心得会直接或间接地体现在译文中，从而影响译文读者对典籍的认识和理解。由于译文本身的篇幅十分有限，译者在译文之外的空间补充阐述对典籍学术研究的理解和体悟，可以弥补译文读者所缺乏的共享信息或预设知识，从而提高译本可读性，帮助读者更有效地理解典籍文化内涵，译者在译本中所做的学术性序言就是实现该目的的一个重要步骤。学术性序言还同时为译本文化形象的建构提供历史文化背景，序言既是《孔子家语》英译文本的重要组成部分，又为儒家文化及孔子形象的建构和传播创设了一种互文语境。

《孔子家语》内容庞杂且艰深晦涩，容量要比《论语》厚重很多，字数比《论语》多出近四倍，对不谙中国文化的西方读者而言更是难以读懂。赫真信在《教务杂志》1878年第6期上发表关于《孔子家语》的长篇学术性序言，介绍了翻译《孔子家语》的重要性、理雅各和伟烈亚力对该书的评述以及其形成历史、版本和翻译目的等诸多学术问题，重点详细阐述了他对《孔子家语》的文献考证。赫真信用表格的形式，以年代为经，列举了从汉代至清代《孔子家语》九个版本的编者、卷册数等信息②。

---

① 崔华杰. 晚清英国传教士赫真信与《孔子家语》译介[J]. 齐鲁学刊, 2013 (02)：64.

② HUTCHINSON A B. The Preamble of The Family Sayings of Confucius [J]. The Chinese Recorder, 1878, 9 (6)：445–453.

赫真信在序言中强调理雅各较早注意到《孔子家语》的学术价值,他指出:"理雅各曾在其《中国经典》序言中反复提及《孔子家语》……认为《孔子家语》是十分有价值的古代典籍,与《论语》一书互为补充、相互参照阅读,才可体现此书价值。"① 赫真信翻译该典籍的目的在于:"该书可以启发我们理解伟大智者具有的中国人的思想。"② 译文之外的增量信息为西方英语读者阅读译本正文做了必要的铺垫和准备,通过在序言中构建的儒家文化语境,介绍翻译的动机缘由、底本的选择等,使译语读者能更好地理解原文的儒学思想,从而为读者全面理解《孔子家语》及孔子形象奠定基础。

2. 儒家文化的阐释:译文注释

中国典籍文本短小精炼,语言简洁凝练,思想博大精深,文化内涵深厚,解读空间大,长期以来中外语际翻译者从不同视角对中国典籍进行语内及语际间的诠释和翻译,由于译者受到所处历史时代语境的限制,其对典籍原文的理解和阐释具有一定的局限性,所译典籍的思想内涵难免受到遮蔽和缺损,其应有价值也难以得到全面完整的再现。译者只能借助先哲圣贤的阐释并依赖历代研究者的考证及注疏,通过对典籍原文本注释的思考、辨析、厘定和认同,从而形成译文引为理据的注释以有助于译语读者的理解,注释就成为翻译过程中一种必不可少的补偿手段。译文和注释一般可形成良性互动,构成互为补充的关系,注释具有多种价值和功能,注释具有阐释、弥补和重塑原语文化的功能,译本的注释可为中国文化经典外译的传播和接受提供切实有力的支撑。

译文注释是一种重要的翻译策略,注释对典籍的中国文化形象的建构和传播具有重要的阐释和启发意义,通过注释一方面可向译语读者解释儒家文化的核心元素和概念,另一方面也可达致建构和传播儒家文化的目的。脚注是最常见的一种注释形式,适当的脚注可拓展背景信息,填补译文中的文化或意义空白,与译文形成互文关系。通过文外注释手段,把翻译损失降低到最小限度。译者适当构筑脚注,使译文难以再现的原语文化要素在脚注中得

---

① HUTCHINSON A B. The Preamble of The Family Sayings of Confucius [J]. The Chinese Recorder, 1878, 9 (6): 445-453.
② HUTCHINSON A B. The Preamble of The Family Sayings of Confucius [J]. The Chinese Recorder, 1878, 9 (6): 445.

103

到拓展和延伸，具有积极的导读作用。如《相鲁第一》篇的第一句"孔子初仕，为中都宰"①的英译文为"Confucius first took office as the Chief magistrate of Chung Too"。西方读者对孔子时代及其从政的时间及背景并不十分了解，赫真信在脚注中引用理雅各《中国经典》中的注释"Confucius took office, B. C. 500. Legge's Ch. CI. Vol. I; proleg, p. 72."（孔子从政的时间应为公元前500年，理雅各《中国经典》第1卷，前言第72页）②。该脚注引用理雅各著述进行文献互证，具有明显的文化阐释功能，既向西方读者说明《孔子家语》的经典属性，重写了缺场的文化内涵，也向读者介绍孔子从政时间及其时代背景，为西方读者进行作品后续的研读奠定了文化背景知识。

中国典籍是特定的社会历史文化和作者个人经历及其思考的文化产品，以其高超的思想与艺术成就而成为历久弥新的经典之作。典籍中的有些词句蕴含着深刻的社会、文化、历史信息，读者若脱离当时的历史文化背景就难以理解典籍原文本的深意。译者难以确保在正文中完整、准确地传译出原文的信息，对于并非谙熟中国历史文化的西方读者来说，注释显得十分必要，注释是对译文正文中损失的原意进行一定程度的补偿。除脚注外，旁注是典籍翻译中常用的另一种注释手段，也是郝真信英译《孔子家语》的另一重要策略，发挥着历史文化背景知识的补充和阐释作用，并在译文中占据一定的比例。如首篇《相鲁第一》译文约三页半的篇幅，其中旁注有近15处之多，旁注给读者提供了相关儒家文化背景知识，使得前后句的逻辑及语义关系更加顺畅，读者也不再会感到前后句语义关系变化的突兀和跳跃，也有利于强化译文读者对原文本中文化形象的理解。

如首篇中"先时季氏葬昭公于墓道之南，孔子沟而合诸墓焉"③，郝真信将该句翻译为："The Chief of the Ke, had buried Duke Chaou, on the south side of the road to the grave, (Ke Ping-tszc, persecuted Duke Chaou, to death, in Kon Han; Ping-tsze altered the position of the spot in which he should have been buried, to show that he was not worthy to be buried by the side of the former

---

① 张涛. 孔子家语译注 [M]. 北京：人民出版社，2017：6.
② HUTCHINSON A B. The Family Sayings of Confucius [J]. The Chinese Recorder, 1879, 10 (1)：17.
③ 张涛. 孔子家语译注 [M]. 北京：人民出版社，2017：1.

<<< 第二章 近代上海英文期刊英译中国典籍与孔子形象及中国孝文化的建构和传播

Dukes). Confucius dug a ditch, and so included his grave with the others."①

译文增加了用括号标注的近三行文字的旁注,意思是说:"季平子将昭公迫害致死,而且变换了他本该埋葬的地方,表明他不值得埋葬在先前诸公之侧。"旁注陈述了孔子这样做的缘由,读者阅读该旁注后,可感知原文的历史背景,了解孔子挖墓坑让昭公墓葬和诸鲁公墓葬合并到一起的缘由。旁注将内文本意义延伸到外文本,使其跨越文本的藩篱,增加了译文的文化含量,既体现了孔子对先哲昭公的尊重,也展现了孔子处事的明智。译者的旁注是一种增值式的阐释,超越了原作的范畴,不仅为西方读者提供了历史文化语境,也有助于西方读者理解"他者"孔子形象,并有利于在读者集体意识中营构集智慧、博学和贤德于一体的孔子形象。

3. 异域文化障碍的消弭:显性化翻译

《孔子家语》凝练的言辞蕴涵丰富的儒家文化思想,原文本的文化因素在译语读者的认知环境中并不存在,这就造成了文化因素的空位缺省。显性化翻译为译语读者提供充分的语境效果,使他们能理解原文内涵,显性化译文对原文本进行跨文化重构并与原典籍正文的含义相契合,可加深译语读者对典籍深层思想的理解。如《好生第十》篇:

原文:
初,大王都豳,翟人侵之。事之以皮币,不得免焉;事之以珠玉,不得免焉。②

译文:
At the first, King T'ae had his city in Pin, and the barbarians of the North kept making raids on it; He presented them with skins and silk and still he suffered from them. He presented them with pearls and gems and still he suffered from them. ③

---

① HUTCHINSON A B. The Family Sayings of Confucius [J]. The Chinese Recorder, 1879, 10 (1): 17-18.
② 张涛. 孔子家语译注 [M]. 北京: 人民出版社, 2017: 112.
③ HUTCHINSON A B. The Family Sayings of Confucius [J]. The Chinese Recorder, 1880, 11 (1): 17.

原句中的"翟人"意为"北方翟国人",翟国是远古时黄帝后裔所建,后为周朝的诸侯国,春秋时期,翟国被晋国所灭。译文并未将"翟人"直译成"people from State of Zhai"(来自翟国的人),而是将其翻译成"the barbarians of the North"(北方蛮人),若直译该专有名词,会给缺乏相关历史文化背景知识的西方读者造成理解上的盲区,该显性化译文注重读者意识,从西方读者的需要出发,预估他们可能欠缺的知识背景,很大程度上减轻了读者的阅读障碍。此外,该显性化译文强化了读者对原文中翟国野蛮侵略行径的理解,消弭了异域读者阅读上的文化障碍,也昭示出孔子反对侵略、倡导和平的哲人形象。

学术性序言,脚注、旁注等阐释性注释以及显性化译文,都是对原文文化形象的一种强化、拓展或增加,也是对原文文化形象的一种塑形和跨文化传播。《孔子家语》英译文的学术性序言为读者理解《孔子家语》提供了儒家文化背景知识的前期铺垫,阐释性注释引导读者体悟其中的儒家文化内涵,显性化译文帮助读者跨越异域文化障碍并领悟文字背后的深层儒学含义。这些翻译策略各自倚重点有所不同,但彼此间的功能和作用并非完全割裂,而是互为一体,环环相扣,且相互渗透、相互补充,为异域读者提供了丰厚的中国历史文化图景,实现了译本的深度语境化,构筑了向西方世界传递儒家文化形象的桥梁,帮助读者达致对儒家文化全面深刻的认知,推进了孔子形象走进西方世界。

三、《孔子家语》英译的孔子形象建构和传播

随着传教士来华人数的增加,西方世界对中国的关注开始从中国物质财富转向中国文化,从器物层面拓展到思想和政治体制层面。西方知识阶层包括来华的传教士开始较为深入地考察和研究中国圣贤文化和贤明政治体制,孔子及其思想成为西人考察和研究的重点。《教务杂志》刊载的《孔子家语》译文与儒学思想的系列研究论文、译文评析以及书评交相互哺,不仅在西方英语世界传播了儒家文化,也为建构孔子形象提供互文语境。

1. 伦理道德的典范

《教务杂志》1881年第12卷第3期发表的《儒家思想对基督教在中国传播的影响》一文将儒学思想分为道德规范、教育体系和政治统治的基础三个

<<< 第二章 近代上海英文期刊英译中国典籍与孔子形象及中国孝文化的建构和传播

组成部分,认为孔子的道德观对民众和决策者具有导向作用①。《孔子家语》突出孔子自身修养的崇高,构筑孔子的儒家圣人、完人形象,通过孔子的正面直述、孔子对君子仁者的评说以及弟子对孔子本身言语的记述和回忆等手法将孔子塑造成道德圣人形象。英译文以直译为主,并辅以注释等形式,折射出孔子道德家、哲学家、教育家及政治家的多面镜像,呈现出以孔子为代表的道德中国形象。如《好生第十》篇:

原文:

孔子谓子路曰:"见长者而不尽其辞,虽有风雨,吾不能入其门矣。故君子以其所能敬人,小人反是。"孔子谓子路曰:"君子以心导耳目,立义以为勇;小人以耳目导心,不愻以为勇。故曰退之而不怨,先之斯可从已。"②

译文:

Confucius said to Tsze-loo, There are those who, when they see the venerable (i.e. their parents or teachers) do not say fully all they have to say; should there be wind and rain I would not enter the doors of such people. For the superior man uses all of which he is capable to show reverence to men, but the mean man is quite otherwise. Confucius, speaking to Tsze-loo said. The superior man lets his heart (mind) guide his ear and eye establishing his principles and so being brave; the mean man lets his ear and his eye lead his heart (mind) and takes his lack of modesty for courage, therefore it is said. Reject him yet he will not hate you, advance him and he will follow you. ③

原文采用对话体形式展现了孔子的道德观,孔子教导子路说君子和小人的区别在于君子能尊敬别人,君子坚守道义,把义作为自己的准则,小人重眼前之利,为利而舍弃其他,损利之事毫不退让。郝真信英译文重新建构的孔子他者形象是情感和思想的混合物,英译文充满了译者对孔子形象的重塑

---

① M. C. P. Confucianism in its Practical up on the Spread of Christianity in China [J]. The Chinese Recorder, 1881, 12 (3): 218-224.
② 张涛. 孔子家语译注 [M]. 北京: 人民出版社, 2017: 106.
③ HUTCHINSON A B. The Family Sayings of Confucius [J]. The Chinese Recorder, 1880, 11 (1): 21.

努力。译文通过语言形式的变通对异域孔子他者形象进行一定程度的重塑，如将原文的直接引语改为间接引语，以充分利用间接引语人称指代关系清晰、阅读流畅的优点，同时译文增补了夹注，如"长者"英译为"the venerable（i. e. their parents or teachers）"，增加的旁注使西方读者更易理解儒家文化中"长者"的含义，为读者体会并感知英译文本中坚守伦理道德的孔子形象提供了依据和例证。

2. 博学多才的智者

孔子是中国古代著名思想家、教育家、儒家学派创始人，被后世统治者尊为孔圣人、万世师表等，以孔子为代表的儒家思想对中国和世界的文明进程产生了深远的影响，孔子也成为道德中国形象的象征。《孔子家语》成功地塑造孔子才学纵横、洞悉人生的智者形象，如《三恕第九》篇通过生动的对话，刻画了孔子富有洞察力、远见力和教谕世人的智者形象。

原文：

孔子观于鲁桓公之庙，有欹器焉。夫子问于守庙者曰："此谓何器？"对曰："此盖为宥坐之器。"孔子曰："吾闻宥坐之器，虚则欹，中则正，满则覆，明君以为至诚，故常置之于坐侧。"顾谓弟子曰："试注水焉。"乃注之水，中则正，满则覆。夫子喟然叹曰："呜呼！夫物恶有满而不覆哉？"[1]

译文：

Confucius was looking round the ancestral temple of Duke Siang of Loo, (and saw) some vessels easily upset. Confucius asked of the temple keeper saying, What do you call these vessels? He replied, It is a vessel for offerings to the seated ancestor. Confucius said, I have heard, the right side sitting vessel, when empty stands uneven, when half-full stands firmly, when full turns over; the illustrious ruler regarded it as the best of warnings, therefore always placed it by his side when seated. Looking round he spoke to his disciples saying, Try it, put some water in it; so they put some water into it. When half full it stood firm; when full it turned over. Confucius gave vent to a sigh and said, Ah! In everything how shall

---

[1] 张涛. 孔子家语译注 [M]. 北京: 人民出版社, 2017: 88.

‹‹‹ 第二章 近代上海英文期刊英译中国典籍与孔子形象及中国孝文化的建构和传播

we be full yet without being overthrown?①

当代法国哲学家、汉学家弗朗索瓦·于连（Francois Jullien，1951—）认为，孔子的言论虽松散，但言简意赅，在孔子简单的回答中，可以发挥出无限的可能性意义，在孔子生平的具体事件和那些具体的论述中可以开启整体的意义，可以阐明道理。② 原文中孔子通过"宥坐之器"的故事，引申阐发了中则正、满则覆，凡事皆需有度，过犹不及的哲理，也展现了孔子哲学家的智慧和睿智。孔子从一件小事或一个器物中归纳和梳理人生的哲理，体现了智者形象。形象是在特定的语境中通过话语建构起来的，是一个社会文化对另一个相异的社会文化所做的阐释，而译文建构的形象往往打上译者和社会集体的双重烙印。译者带着自己对异域文化形象的期待建构理想中的孔子儒者形象，通过故事的重述将孔子超人的前瞻性眼光和准确判断事物能力的形象描述得十分细致，译文通过变换和重构原文的叙事形式，增强了译本的可读性，也有助于读者生成孔子智者形象的图式，更直观地体会孔子洞悉人生哲理的智者形象。

3. 循循善诱的师者

耶士谟在《教务杂志》发表的《儒家解决的一个道德问题》中这样阐述孔子的师表作用："孔子学说是中国教育的根基，……教育年轻人的目标就是遵循孔子学说，学习效仿孔子。"③ 孔子修己行仁，博施济众，用自身"学而不厌，诲人不倦"的精神态度为后世树立了典范，无愧于"万世师表"的称号。《孔子家语》中有不少表现孔子循循善诱师者形象的描述。如《好生第十》篇：

原文：

子路戎服见于孔子，拔剑而舞之，曰："古之君子，以剑自卫乎？"孔子

---

① HUTCHINSON A B. The Family Sayings of Confucius [J]. The Chinese Recorder，1880，11（1）：14-15.
② 弗朗索瓦·于连. 迂回与进入 [M]. 杜小真，译. 北京：生活·读书·新知三联书店，1998：3.
③ ASHMORE W. A Moral Problem Solved by Confucianism [J]. The Chinese Recorder，1870，2（2）：282-285.

109

曰:"古之君子,忠以为质,仁以为卫,不出环堵之室而知千里之外,有不善则以忠化之,侵暴则以仁固之,何持剑乎?"子路曰:"由乃今闻此言,请摄齐以受教。"①

译文:

Tsze-loo visited Confucius clad in a suit of armour, and drew his sword and flourished it saying, The superior men of old used swords to protect themselves, did they not? Confucius said, The superior men of old used sincerity as being essential, and benevolence (or virtue) as their safe-guard; they did not (need to) go out beyond the wall that encircled their dwelling, yet they knew all that took place within a thousand le (= 330 miles English). If there were unrighteous men they used sincerity to reform them; if violent and encroaching men they used virtue to restrain them; what need was there to trust to a sword? Tsze-loo said, I (Yew) have now heard your discourse, permit me "to hold up my robe with both my hands" and receive your instructions. [The tsze is a skirt not continuous; those who receive instruction ascend the dais holding up their skirts].②

孔子善于施教,告诫戎装好勇的子路,君子以忠义为人生追求的目标,用仁爱来保护自己。对于不良善的人,就用忠义来教化他;对于暴力凌虐的事,就用仁爱来制止。英译文通过重构话语表述的形式建构孔子师者形象,引语形式的变换使译文语义密度得到加强,且能凸显故事的主题意义以及孔子师者形象。译文还补充了旁注,说明子路不再身穿戎装,而是身着长袍,旁注折射了译者跨文化的阐释意识,注重西方读者的接受。巴柔认为:"形象是在文学化同时也是社会化的过程中得到的对异国认识的总和。"③ 他者形象需要在历史文化等领域中进行考察,译者建构的他者形象折射出译者对异域文化的期待和想象。译文中孔子和子路的对话对西方读者而言,是文化他者对自我认知的直接投射,既建构了文化他者孔子的师者形象,也有助于

---

① 张涛. 孔子家语译注 [M]. 北京: 人民出版社, 2017: 100.
② HUTCHINSON A B. The Family Sayings of Confucius [J]. The Chinese Recorder, 1880, 11 (1): 19.
③ 孟华. 比较文学形象学论文翻译、研究札记(代序)[M]// 孟华. 比较文学形象学. 北京: 北京大学出版社, 2001: 4.

强化西方人眼中孔子循循善诱的师者形象。

　　费正清（John Fairbank）等曾这样评价近代在华传教士："传教士竭力在中国传统文化中充当学者的角色，以此影响和改造中国文化。他们发现自己忙碌于双向通道上，在把中国形象传递给西方的同时，也在帮助中国人形成自我对外部世界的看法。"① 费正清的观点或多或少契合了《教务杂志》儒学论文及《孔子家语》等英译典籍在中西文化交流中的作用。形象构建是在不同的历史时空中通过不断地选择和利用各种文本和话语构建特定图景和印象的过程，翻译就是形象构建和传播的重要途径和手段之一②。郝真信英译《孔子家语》通过系列细节化、故事性的叙述以及学术性序言、阐释性注释和显性化译文不仅展现了儒家文化，也凸显了孔子的伦理道德典范、博学多才的智者以及循循善诱的师者形象，孔子智者、师者及道德典范的形象在西方读者的视野中逐渐立体生动。《孔子家语》英译本为西方世界读者认知儒家文化图景及孔子形象提供了资源和例证，也为英译典籍在英语世界建构和传播中国文化形象提供了学理支持。

第四节　《教务杂志》与《孝经》的英译及中国孝文化的建构和传播

　　《孝经》系中国古代儒家伦理著作，承载着儒家孝文化的精髓，被称为儒家十三经之一。《孝经》记载了孔子、孟子、曾子等儒家学者的孝道思想，其倡导的孝文化是中华文化精神的重要组成部分。《孝经》1800余言的篇幅，睿智简短，字字珠玑，既是儒家十三经之一，也是孩童蒙学之读物。《孝经》共分为十八章，主要分为四个主题，《开明宗义章第一》至《庶人章第六》从理论上对孝道进行概括，并阐述了各社会阶层人士孝的表现形式；《三才章第七》到《五刑章第十一》主要分析了孝道与治国的关系，论述孝在社会生活中的重要性；《广至德章第十三》至《广扬名章第十四》是对《开宗明

---

① BARNETT S, FAIRBANK J. Christianity in China: Early Protestant Missionary Writings [M]. Cambridge: Harvard University Press, 1985: 4.
② DOORSLAER L V, FLYNN P, LEERSSEN J. Interconnecting Translation Studies and Imagology [M]. Amsterdam: John Benjamins, 2016: 4.

义章》中的"至德""要道""扬名"的概念的引申和发挥。《谏诤章第十五》至《丧亲章第十八》各章之间的逻辑关系较为松散，大抵是对前三部分内容的补充和完善。《孝经》丰富的思想内涵吸引着中外译者不断对其进行翻译，译者不同的诠释、解读及翻译提升和拓展了《孝经》的经典价值和作用。

《孝经》作为中国儒家经典一直受到世界诸多学者的崇拜和关注，1711年比利时耶稣会士卫方济翻译的《孝经》拉丁语译本在布拉格出版，1779年法国来华耶稣会士韩国英（Pierre-Martial Cibot，1727—1780）的法文本《孝经》出版，裨治文的《孝经》英译文于1835年在《中国丛报》第4卷第8期上刊发。牛津大学东方学家麦克思·缪勒主编的《东方圣典》（The Sacred Books of the East）于1879年出版，其中收录了理雅各的《孝经》译本。此间，德国传教士花之安英译的《孝经》译文在1878年《教务杂志》第9卷的第5、6期连续刊发，已有学者对裨治文和理雅各的《孝经》英译文进行过研究①，但花之安发表在《教务杂志》的《孝经》英译文却被置之罔论，一直未被学界关注，其英译本对中国孝文化在海外的建构与传播的研究迄今鲜有涉及，其译本的独特价值和意义一直未被挖掘和充分展示。《孝经》阐述的孝文化是中国文化的重要部分，对西方读者而言，孝文化是异域文化中的他者形象，《孝经》英译文为西方读者提供了管窥中国孝文化的窗口，也成为中国孝文化域外建构和传播的一个典范。

一、花之安《孝经》直译加注疏的学术性翻译

花之安是德国新教传教士，青少年时期在德国完成科学和神学教育，曾在礼贤会传教神学院修完四年课程，后又到巴塞尔和图宾根大学学习两年，同时还修过植物学和地理学，1888年被德国耶拿大学神学系授予名誉博士称号。花之安25岁参加德国基督教礼贤会，受该会派遣于1865年来华，同年

---

① 参见孙杨杨. 西方汉学定位问题：以《孝经》翻译为例 [J]. 解放军外国语学院学报，2017，40（06）：70-77；段彦艳，张虹. 深度翻译：《孝经》误读的历史性纠正与重构 [J]. 河北学刊，2016，36（05）：207-211；李玉良，祝婷婷. 理雅各《孝经》翻译研究——以训诂学为视角 [J]. 青岛科技大学学报（社会科学版），2015，31（02）：92-95；曾春莲. 罗思文、安乐哲对《孝经》的诠释和翻译 [J]. 学术研究，2013（03）：37-40.

<<< 第二章　近代上海英文期刊英译中国典籍与孔子形象及中国孝文化的建构和传播

4月抵达香港，随后到广东等地传教。1880年由于教会内部的纷争而脱离礼贤会。1885年又加入德国另一基督教组织同善会，赴上海从事传教和著述活动。1898年德国租借强占胶州湾后，他移居青岛，次年病逝。花之安在中国生活了34年，出于传教的需要，他专心了解中国的各方面情况，潜心研读中国儒家经典作品，将自己对中国的认识介绍到西方社会。他笔耕不辍，著述甚丰，用中文撰写了《德国学校略论》（1874）、《教化议》（1875）、《马可讲义》（1877）、《明心图》（1879）、《自西徂东》（1884）、《玩索圣史》（1892）、《路加衍义》（1894）、《性海渊源》（1893）等著作。同时他用德文写作并出版了一系列关于中国古代哲学的著述，如《孔子的学说》（1872）、《关于孔子和儒家学说的史料》（1873）、《一种以伦理为基础的国家学说或中国哲学家孟子的思想》（1877）、《古代中国社会主义的基本思想或哲学家墨子的学说》（1877）、《古代中国人的泛神论和感觉论自然主义或哲学家列子著作译释》（1877）、《从历史的角度看中国》（1895）。此外，他还用英文撰写了《妇女在中国的地位》（1889）、《中国著名女子名录》（1890）、《欧洲使徒保罗——亚洲传教工作指南》（1891）和《儒家学说》（1896）等著作。花之安还连续在《教务杂志》和《中国评论》上发表论文和译文，他"用笔确立了自己在近代来华外国传教士中的突出地位"①，并被加拿大新教传教士季理斐称为"19世纪造诣最深的汉学学者"②。

　　花之安的《孝经》英译文由前言、译文、注疏和后记构成，其《孝经》英译文的前言首先强调孝道的重要性，因为在花之安看来，孝道是中国人思想的中心，西方人若要与中国人顺利交往首先应该对中国的孝文化有较为深入的了解，孝道的理论体系以及基本框架理应在《孝经》英译文中得到厘定和阐扬。花之安也指出，尽管《孝经》的英译文已经发表在《中国丛报》1835年第4期，但还是决定在《教务杂志》上再次发表本译文，并附上译者

---

① 肖朗. 花之安《德国学校论略》初探 [J]. 华东师范大学学报（教育科学版），2000（02）：88.
② MACGILLIVRAY D. A Century of Missions in China (1807—1907): Being the Centenary Conference Historical Volume [M]. Shanghai: American Presbyterian Mission Press, 1907: 498.

的注疏评论。① 花之安《孝经》英译文的一个显著特点是直译加注疏的学术性翻译，即《孝经》每章的原文及英译文后都附上译者对该章的学术性注疏和评论，表明花之安的英译文不仅是文本翻译，也是对《孝经》的跨文化研究。如下例是《开明宗义章第一》前半部分的原文、译文及译者的注疏：

原文：
仲尼居，曾子侍。子曰："先王有至德要道，以顺天下，民用和睦，上下无怨。汝知之乎？"曾子避席曰："参不敏，何足以知之？"子曰："夫孝，德之本也，教之所由生也。复坐，吾语汝。"②

译文：
When Confucius lived privately and Tsang Tsa attended upon him, the Master said: "Do you know that the former King possessed the highest virtue, and the most important method whereby to make the Empire submissive, that the subjects became peaceful and harmonious and no ill feeling existed between superiors and inferiors?" Tsang Tsz rising from the mat replied: "How is Sin, (name of Tsang Tsz) not being brisk, prepared to know that?" "Filial piety," said the Master, "is the root of virtue, wherefrom education springs forth. Sit down again, I shall explain it to you."③

《开明宗义章第一》展示了《孝经》的宗旨和中心意思，提出孝道的纲领，表明孝道的义理。《开明宗义章第一》的标题英译为"Chapter I. Exposition of the origin and illustration of the Principles"，译者花之安在该章的英译文之后，又补充了近一页的注疏，注疏通常是对本章中的若干重点儒家文化术语进行解读，译者的注疏或基于古人的注释，或基于译者本人的理解。《开明宗义章第一》评注对 Principles（义）做如下中英文互释的注疏评论："The

---

① FABER E. A Critique of the Chinese Notions and Practice of Filial Piety [J]. The Chinese Recorder, 1878, 9 (5): 329-330.
② FABER E. A Critique of the Chinese Notions and Practice of Filial Piety [J]. The Chinese Recorder, 1878, 9 (5): 330.
③ FABER E. A Critique of the Chinese Notions and Practice of Filial Piety [J]. The Chinese Recorder, 1878, 9 (5): 330.

<<< 第二章 近代上海英文期刊英译中国典籍与孔子形象及中国孝文化的建构和传播

Shu-king mentions 五教, five doctrines or maxims, which the Commentary explains as 教父以义, 母以慈, 兄以友, 弟以恭, 子以孝 teach fathers to be righteous, mothers to be compassionate, elder brothers to be friendly, younger brothers to be reverent, sons to be filial. It is added here, if these points are taken up, all remaining doctrines tending to harmonize men, may be known 举此则共余顺人之教皆可知也。"①

中国孝文化对西方世界而言是一种他者文化，中国孝文化形象如何在译语文化准确地再现，并达到与中国人头脑中对孝文化对等的认知程度？为此译者花之安通过注疏来重构译文，其注疏通常采用中英文互释并列组合的形式，既有相关中文，也有相关英文的解释。注疏主要对重点字义、义理、典故及典章制度等做注解，通过注疏来补充和完善译文内容，为译文读者理解原文提供有力支撑和保障。如上段对 Principles（义）的注疏就引用《书经》的注解，向读者进一步解释了儒家文化的"五教"（five doctrines）之说（教父以义，教母以慈，教兄以友，教弟以恭，教子以孝）的深层含义。译者做此注疏的目的是补充儒家文化中相关的"义"的义理背景知识，明示未充分表达的有关"义"的儒家文化信息，以便拓展并深化西方英语读者对儒家文化中"义"（principle）含义的全面透彻的理解，从而让西方读者在学术层面对《孝经》以及中国孝文化有更深刻的认知。又如《圣治章第九》中一例：

原文：

曾子曰："敢问圣人之德无以加于孝乎？"子曰："天地之性，人为贵。人之行，莫大于孝。孝莫大于严父。严父莫大于配天，则周公其人也。昔者周公郊祀后稷以配天，宗祀文王于明堂，以配上帝。"②

译文：

Tsang Tsz said, "I venture to ask whether the virtue of saints has not something additional to filial piety?" The Master answered, "of heaven and earth's nature man is the noblest, of the actions of man none is greater than filial piety. In

---

① FABER E. A Critique of the Chinese Notions and Practice of Filial Piety [J]. The Chinese Recorder, 1878, 9 (5): 331.

② FABER E. A Critique of the Chinese Notions and Practice of Filial Piety [J]. The Chinese Recorder, 1878, 9 (6): 401.

filial piety nothing is greater than to dignify (exalt) one's father. The dignity of the father cannot be greater than to make him the equal of heaven. Duke Chou was then was such a man. Formerly duke Chou sacrificed on the round hill to Hen Tsieh (his remotest ancestor) to make him equal to heaven; he sacrificed in the state-hall to King Wen to make him equal to Shang-ti."①

《圣治章第九》篇"周公郊祀后稷以配天",这句话论及周公是孝行的典范,将周公的祖先后稷、父亲文公的地位等同于"天"和"上帝",从而一同祭礼。周公通过配"天"和"帝"来祭父和祖,表达了他对父、祖极尽孝敬之心,堪为圣人之德的最好诠释。花之安把"周公"译为"duke Chou",把"后稷"译为"Hen Tsieh",若仅这样翻译,该译文表达的信息量显然还是不够完整全面,因为英语读者并不知道这几个历史人物的身份及其相互之间的关系。为使读者明白其中的人物关系,花之安又附上夹注,并说明后稷是周公的先祖,在译文后的注疏中又再次补充说明后稷大约生活在公元前2350年(Hen Tsieh. He lived about 2350 B. C.),周公和父亲文王生活在公元前1200年,他们相隔1150年(the father of Wen, Wu and duke Chow lived about 1200 B. C., there is an interval of 1150 years between them.)②。译者通过增加注疏,以便译文能传达的信息更全面,读者对《孝经》中的历史人物等文化知识也会有更深刻的认识和理解,译文文本外的注疏构建了历史文化语境,有助于译文读者达到理解《孝经》中的经学义理以及洞察圣贤智慧的目的。

花之安的《孝经》英译本中的注疏不仅是重要的翻译策略,而且也是中国孝文化形象建构和传播的重要途径之一,《孝经》英译本借助注疏既解释中国孝文化的核心术语及其价值,凸显注疏的历史考据意义,也通过注疏加深了西方读者对中国孝文化形象的接受,推进了中国孝文化形象的海外建构和传播。

---

① FABER E. A Critique of the Chinese Notions and Practice of Filial Piety [J]. The Chinese Recorder, 1878, 9 (6): 401.
② FABER E. A Critique of the Chinese Notions and Practice of Filial Piety [J]. The Chinese Recorder, 1878, 9 (6): 402-403.

二、花之安《孝经》英译的基督教文化阐释与中国孝文化的建构和传播

裨治文、花之安、理雅各的《孝经》英译文分别问世于19世纪的1835年、1878年和1879年,到了20世纪以后又先后问世了华裔汉学家程艾凡(Ivan Chen)的《孝经》英译本(1908)①、国内学者刘瑞祥和林之鹤的《孝经》英译本(1993)②、美国汉学家罗思文和安乐哲《孝经》英译本(2009)③。西方译者所译《孝经》的各个英译本构成了中国孝文化形象建构和传播的互文关系,是西方社会对另一国家、民族的文化观照,集中体现了西方社会群体的认知特点。它们同时是西方文化对中国孝文化的集体言说,体现了西方文化对中国孝文化的阐释,这些英译本建构的中国孝文化成为西方文化的一种"社会集体想象物"。

相较而言,罗思文、安乐哲翻译的《孝经》和前几个译本有很大的差别。罗思文、安乐哲《孝经》英译本的一个显著特点是在翻译过程中尽量避免使用太多的西方哲学或宗教的术语和概念,在他们看来,西方译者在翻译中国典籍时,通常用西方宗教或哲学的概念术语来替代中国传统文化的某些表述,中国典籍的英译本中充斥着许多源于西方文化的词语表述。

罗思文、安乐哲英译的《孝经》极力建构一套中国传统孝文化的概念术语,规避用西方哲学或宗教的概念术语套用中国传统文化表述的做法。如罗思文、安乐哲认为19世纪的西方译者将"孝"译为"filial piety"就不太妥当,因为"piety"通常指亚伯拉罕传统中人们对超越宗教形象的虔诚敬意,而中国儒家文化传统的"孝"是指对此岸世界健在或逝去亲人的"敬",他们认为应该翻译成"family responsibility""family deference""family feeling"或"family reverence"以突出中国儒学传统中家庭的重要性。④ 罗思文、安乐哲还认为西方学者将"天"译为"Heaven",将"道"译为"Way",遮

---

① CHEN I. The Book of Filial Piety [M]. London:John Murray,1908.
② 儒学经典译丛·孝经(汉英对照本)[M]. 傅根清,今译. 刘瑞祥,林之鹤,英译. 济南:山东友谊出版社,1993.
③ ROSEMONT H J, AMES R T. The Chinese Classic of Family Reverence:A Philosophical Translation of the Xiaojing [M]. Honolulu:University of Hawaii Press,2009.
④ ROSEMONT H J, AMES R T. The Chinese Classic of Family Reverence:A Philosophical Translation of the Xiaojing [M]. Honolulu:University of Hawaii Press,2009:1.

蔽了"天""道"等核心概念在中国儒家哲学中的原本含义，并给这些词汇增添了与其无关的西方文化假设，附加上了其本身没有的超越性内涵。① 因此，他们选择用相对于西方哲学来说较陌生的词语来翻译中国哲学概念，这样不仅可以避免给《孝经》文本置入太多西方哲学或宗教意味的概念，避免西方概念预设的影响，而且可以丰富西方读者的语言，使他们能够像理解古希腊哲学中的"logos"等一样理解中国文化中的"道""天""德""孝"等概念的丰富内涵。毫无疑问，罗思文、安乐哲对《孝经》的诠释和翻译有利于凸显中国独特的孝文化，有利于中国传统文化价值观在海外的建构和传播。

花之安的英译《孝经》在翻译过程中添加了不少基督教文化的元素，整个翻译过程充满了对孝文化形象的重塑努力。他首先对中国传统文化的关键概念术语的意义进行阐发，并尽可能置入基督教文化的框架与类同的概念做类比，挖掘中西文化的互文性，再进一步上升到基督教文化的评价体系中，进而为实践其"孔子加耶稣"的传教理念奠定基础。如《诸侯章第三》中的"社稷"一词的英译：

原文：
富贵不离其身，然后能保其社稷，而和其民人，盖诸侯之孝也。②

花之安译文：
Of the princes of states. If nobility and riches are not separated from their persons, they will then be able to protect their tutelary altars (gods) and give peace to their subjects. Such is the filial piety of princes. ③

理雅各译文：
When their riches and nobility do not leave their persons, then they are able to preservethe altars of their land and grain, and to secure the harmony of their people

---

① ROSEMONT H J, AMES R T. The Chinese Classic of Family Reverence: A Philosophical Translation of the Xiaojing [M]. Honolulu: University of Hawaii Press, 2009: 67-85.
② FABER E. A Critique of the Chinese Notions and Practice of Filial Piety [J]. The Chinese Recorder, 1878, 9 (5): 334.
③ FABER E. A Critique of the Chinese Notions and Practice of Filial Piety [J]. The Chinese Recorder, 1878, 9 (5): 334.

and men in office.①

裨治文译文：

Thus preserving their nobility and riches, they will be able to protect their ancestral possessions with the produce of their lands, and keep their subjects and people in peace and quietude.②

罗思文、安乐哲译文：

With nobility and wealth secure in their persons, they are able to protect their altars to their lands and crops and bring harmony (he) to their people. Such, then, is the family reverence of the hereditary lords.③

"社稷"是特殊的中国文化负载词，是土神和谷神的总称。古时的君主为了祈求国事太平，五谷丰登，每年都要到郊外祭祀土神和谷神，即祭社稷，后来"社稷"逐步演变为指称国家。"社稷"从字面来看是说土谷之神。裨治文没有意识到"社稷"这个重要的文化负载词，将其译为"the produce of their lands"④，意思是"土地的物产"，其中国传统文化的含义显然未能充分解释清晰。理雅各采取了释义性的翻译方法，将其译为"the altars of their land and grain"，意为"土地和谷物的祭坛"，将社稷代表的意义表达了出来，而且在注释中补充说明了"社稷"的含义及其重要性："只要一个家族统治一个诸侯国，其族长就要祭祀土神和谷神。通常来说，祭祀的停止也就意味着这个家族统治的终结。"(So long as a family ruled in a state, so long its chief offered those sacrifices; and the extinction of the sacrifices was an emphatic way of describing the ruin and extinction of the ruling house.)⑤ 罗思文、安乐哲将"社稷"翻译为"altars to their lands and crops"（土地和谷物的祭坛），该

---

① LEGGE J. The Sacred Books of the East: The Texts of Confucianism [M]. Oxford: Clarendon Press, 1899: 469.
② BRIDGMAN E C. Filial Duty [J]. The Chinese Repository, 1835, 4 (8): 348.
③ ROSEMONT H J, AMES R T. The Chinese Classic of Family Reverence: A Philosophical Translation of the Xiaojing [M]. Honolulu: University of Hawaii Press, 2009: 106.
④ BRIDGMAN E C. Filial Duty [J]. The Chinese Repository, 1835, 4 (8): 348; 345-353.
⑤ LEGGE J. The Sacred Books of the East: The Texts of Confucianism [M]. Oxford: Clarendon Press, 1899: 469.

译法与理雅各的译文较类似。

花之安将"社稷"译为"守护神祭坛（众神）"[tutelary altars（gods）]，同时译文中特意附上夹注"众神"（gods）。花之安译文中的"gods"意指"神"，与《圣经》"十戒"第一戒中"Thou shalt have no other gods before me.（除了我以外，你不可能有别的神）"中的"gods"用法及含义有异曲同工之妙。中国文化中的"神"的观念始于原始社会后期，最初由物神观念演化而来，其含义和形象随着不同历史时期的社会结构和文化形式的发展变化而不断发生变异。传教士因奎若（Inquirer）在《教务杂志》上刊发的文章《"神"字的含义》专门论述"神"作为god和gods的意义在中国语言中有着非常确定和权威的用法。因奎若通过引证词典和各种权威的说法，并在相互比照中确立了中国人称作"神"的敬拜对象就是异教意义上的"god"和"gods"的观点。① 他还特别考察了中国的封神习俗，认为那些被封为神的对象以前就已经是"spirit"（神灵）了，"神"在中国人的心目中应该是"god"而不是"spirit"，中国人的"神"指的是异教意义上的"god"。② 传教士因奎若对中国人的"神"的观点与花之安的观点及译法相契合，花之安在翻译中以基督教文化的视角来理解和阐释中国祭祀文化，把中国传统文化的宗教仪式与基督教的众神相互关联融合，躬行实践其"孔子加耶稣"的传教理念，使中国文化与"耶稣之道"相互勾连和互文，给中国传统文化注入基督教的元素。

除了翻译整理中国典籍外，花之安的《自西徂东》等著作也体现了其试图用基督教改造、补充儒家学说的观点，花之安主张"把基督教在基督教国家社会生活中产生的实际结果与异教国家，特别是中国，相应的社会状况加以对比"③，以此表明基督教的优越性。花之安英译《孝经》显示出其严谨的治学风范以及他对于中国孝文化的独特评析，花之安深入研读中国文化，并积极译介中国儒家典籍，其《孝经》英译本融入了基督教文化的一些元

---

① INQUIRER. The Meaning of the Word "Shin" [J]. The Chinese Recorder, 1877, 8(8): 65-70.
② INQUIRER. The Meaning of the Word "Shin" [J]. The Chinese Recorder, 1877, 8(8): 70-71.
③ 孙立新. 评德国新教传教士花之安的中国研究 [J]. 史学月刊, 2003（02）: 47-49.

素，并与中国传统文化达成了某种程度上的契合和互文，花之安英译《孝经》践行了其儒学与基督教文化融合的宗教文化思想。花之安基于先天的西方传教士身份，长期浸淫的基督教文化背景，对中国孝文化的丰富内涵在译文和注疏中的表述有可能被简化、弱化和西化，对中国孝文化形象的建构必然有一定的局限。尽管如此，花之安的《孝经》英译把中国孝文化的精神延伸至西方文化，对中国传统孝文化在西方的建构和传播具有积极的开拓性意义。

第三章

近代上海英文期刊英译中国古典小说与道德中国形象的建构和传播

中国古典小说是由中国人自己创作的，中国作家根据现实生活场景、风土人情，安排小说的架构，运用一定的叙事技巧，通过文字的书写，勾勒和反映中国人的个性和中国社会风貌，使小说成为中国形象的真实写照。中国古典小说的早期译者多为来华传教士、外交官和汉学家等西方人，西方译者在翻译中国古典小说时往往受到自身视野的影响，包括自身的学识和文化修养、学术眼界，翻译过程中不可避免地以他者的标准和眼光来评判作品，并在翻译过程中对译文进行一定程度的文化调适，以达到为译文读者接受的目的。中国古典小说是中国及中国人真实生活的"自我投影"，被西人视为了解中国和中国人最有效的媒介和最直接的窗口。而西人译者由于自身的思维习惯和文化积淀，往往以"他者审视"的态度翻译中国小说，正是在"自我投影"和"他者审视"的双重制约下，翻译作品成为构筑西方人眼中中国形象的重要文本依据。[1] 中国古典小说英译本是中国作家"自我书写"和西方译者"他者观照"合力的结果，中国古典小说英译本在"自我书写"和"他者观照"的双向合力作用下成为西方世界认知中国现实社会和生活图景的重要途径之一。

---

[1] 宋丽娟，孙逊．"中学西传"与中国古典小说的早期翻译（1735—1911）——以英语世界为中心 [J]．中国社会科学，2009（06）：198.

<<< 第三章　近代上海英文期刊英译中国古典小说与道德中国形象的建构和传播

第一节　近代上海英文期刊英译中国古典
小说的特点与优势

  1590 年前后，西班牙多明我会传教士高母羡（Juan Cobo，1546—1592）将明朝初刊行的劝善启蒙书《明心宝鉴》翻译成西班牙语 *Beng Sim Po Cam*，这是现存最早翻译成西文的中国典籍，主要收录了孔子、孟子、荀子、老子、庄子等先圣前贤有关个人品德修养、修身养性、安身立命的言论，开启了西人翻译中国典籍之滥觞。此后，"四书""五经"等儒家典籍陆续被翻译成拉丁语、法语、英语等，引发了西方世界翻译中国典籍的热潮。西方传教士希望通过典籍的翻译，达到其传教的目的。中国典籍的翻译促进了中国思想文化在西方的传播，随着中西交往的发展，中国典籍的翻译逐步拓展至经、史、子、集等领域。与此同时，描述中国人思想行为以及中国风俗人情的古典小说也逐渐受到西人的青睐。首次被西人翻译的中国古典小说是法国耶稣会士殷弘绪从《今古奇观》中选译的三篇古典小说《吕大郎还金完骨肉》《庄子休鼓盆成大道》和《怀私怨狠仆告主》，这三篇小说的法文译本收录于 1735 年在巴黎出版、由法国籍耶稣会士杜赫德编著的《中华帝国全志》第 3 卷。[①] 中国古典小说开始引起西人的关注，西人重视中国典籍而忽视中国古典小说的倾向逐步得到改观。18 世纪的中国正处于康乾盛世之时，而此时的欧洲正处于启蒙时期。当时前往中国的传教士与商人将一幅幅美好的中国图景呈现在欧洲人面前，传入欧洲的中国工艺品、园林艺术等以其浓郁的异域情调在欧洲掀起了强劲的"中国热"，引发了 17 世纪末至 18 世纪末欧洲前所未有的热衷于模仿中国艺术风格和生活习俗的"中国时尚"，这种时尚渗透到了欧洲人生活的各个层面。这一时期的文学特点便是追求异域情调，正如法国著名汉学家儒莲（Stanislas Julien，1797—1873）所言，在西方人渴望对中国的异国情调猎奇的同时，"外商、传教士没有办法深入中国社会的内部。只有通过小说去窥探中国人家庭生活的内幕和私密。了解文人

[①] 宋丽娟．"中学西传"与中国古典小说的早期翻译（1735—1911）——以英语世界为中心［M］．上海：上海古籍出版社，2017：30．

学士苦斗和苦读的情形，贵夫人、小姐的活动、言行。何处去探访这么珍贵的细节呢？难道不是只有从小说中去发现吗？"① 英国学者托马斯·帕西说道："要知道一个国家的风土人情，最好看它的小说。比如要知道一点英国的情况，看一两页菲尔丁的小说比读几大本枯燥无味的《英国现状》或法国人写的《英国通讯》要好得多。《好逑传》就是这种小说。"② 英国殉道会传教士高葆真（W. A. Cornaby）在《教务杂志》所撰《中国小说中的神学观和末世论》一文中指出："小说是研究中国普通阅读大众的神学观和末世观的最佳途径。"③ 美国北长老会传教士甘路德（J. C. Garritt）认为："《封神演义》这类中国小说揭示了中国人的思想，让我们了解中国人的愚昧无知，同时也让我们去与这些愚昧和迷信做斗争。"④ 斯登特（G. C. Stent）也指出："西方人阅读中国小说后对中国人生活和中国社会习俗的了解，比他们在中国生活一辈子而获得的材料还要多。"⑤ 西方译者特别是传教士译者，出于传教的目的，将翻译中国小说看作了解中国人生活和思维方式以及中国人道德观念的途径，进而企图达到改变中国人异教信仰的目的。与此同时，中国古典小说也成为西方人了解中国社会的重要途径和窗口，通过中国作者对中国社会多角度的书写来观察和审视中国社会的风貌，由此构筑西方人眼中的中国形象。

19世纪，中国古典小说的翻译兴起，翻译小说的数量和种类增加，如白话小说《白蛇精记》、历史演义小说《三国演义》等都有了节选译本。到了20世纪，西方翻译的中国古典小说在数量和种类上更是得到极大的改观，特别是中国古典小说的名著以及小说种类的英译数目明显增多，《红楼梦》《西游记》《水浒传》等陆续被翻译成英语，翻译小说的种类包括志怪小说、历

---

① 儒莲. 平山冷燕（Les deux jeunes filles lettées）[M]. Paris: Librairic Académique, 1860: 92.
② 范存忠. 中国文化在启蒙时期的英国[M]. 上海: 上海外语教育出版社, 1991: 152.
③ CORNABY W A. Theology and Eschatology of the Chinese Novel [J]. The Chinese Recorder, 1920, 51 (3): 168.
④ GARRITT J C. Popular Account of the Canonization of the Gods, Illustrated [J]. The Chinese Recorder, 1899, 30 (4): 174.
⑤ STENT G C. Chinese Lyrics [J]. Journal of the North-China Branch of the Royal Asiatic Society, 1871—1872, 7: 94.

<<< 第三章 近代上海英文期刊英译中国古典小说与道德中国形象的建构和传播

史演义小说、才子佳人小说、话本小说等。

一、近代上海英文期刊英译中国古典小说述略

近代印刷技术的发展以及上海城市的国际化进程推进了近代上海新闻报刊的蓬勃发展，诸如《皇家亚洲文会北华支会会刊》《中国科学美术杂志》《新中国评论》《东亚杂志》《教务杂志》以及《天下》月刊等众多英文期刊陆续在上海创刊，这些英文期刊主要以在华的西方传教士、商人、汉学家、外交官为撰稿人和读者，刊载的文章涉及中国及其邻国的政治、经济、文化、地理、历史等方面的内容，是西人认知中国的重要窗口。刊物对中国文学的译介是其重要内容之一，而中国古典小说的英译又占一定的比例，中国古典小说的英译也在一定程度上折射了西人眼中的中国形象。

中国古典小说英译文主要通过单行本、译文选集以及期刊报纸等载体发行传播，单行本指单独刊印并出版发行的译本，译文选集是选录一人或多人的翻译作品编辑而成的文集，中国古典小说的译文也通过在英文期刊报纸上刊载的形式向海外传播，这三种传播形式成为中国古典小说英译文域外传播的主要文本形态。

近代上海英文期刊《皇家亚洲文会北华支会会刊》《中国科学美术杂志》《新中国评论》《东亚杂志》《教务杂志》以及《天下》月刊等约刊载 70 余篇中国古典小说译文及评论文，译文或全译或节译，或以章回为依据，选译小说中的某个章回；或以人物为中心，选译某个主要人物的内容来翻译；或以情节为主，选译某个故事情节来翻译，并多以连载的形式刊登。所译中国古典小说包括志怪小说、历史演义小说、才子佳人小说、话本小说、公案小说等，其中有些小说是首次翻译并被传播到西方世界。近代上海英文期刊所刊中国古典小说与现代小说英译作品一览表详见附录二。

近代上海英文期刊中的英译中国文学作品为西方世界了解和认知中国社会习俗以及中国人思想行为提供了重要的原始素材，被视为西方世界了解中国国民性格以及建构中国形象的重要途径之一。通过考察近代上海英文期刊所刊载的中国古典小说译文，可有利于对近代英译中国古典小说折射的中国形象作整体关照和具体的个案研究，梳理总结中国形象在中国古典小说英译过程中的建构及其演进特征。

二、近代上海英文期刊英译中国古典小说的特点与优势

中国古典小说译文的刊载形式主要有单行本、译文选集以及期刊等，由于刊载形式的不同，译本又展现出不同的特点和优势。期刊刊载的英译中国古典小说的特点和优势除了篇幅长短灵活、形式多样、传播速度快、发行面广外，还表现为译作节译本的流行、译文体裁的改变以及译作评论与争鸣的互动等方面。

1. 译作节译本的流行

英文期刊因受其即时性和刊载量的影响，一方面要尽量刊载最大量的信息，另一方面受出版时间和篇幅的局限，难以刊载古典长篇巨著的全译，于是仅从原作品中选择部分内容予以翻译，以节译的形式刊行。此种英译中国古典长篇小说的方式虽不利于西方世界对中国古典长篇小说全貌的了解，但也极大地促进了中国古典长篇小说在西方的最初译介，使中国古典长篇小说较早地走进西人的视野，客观上丰富和拓展了西方世界对中国文化和中国社会的多方面了解和认知。如《皇家亚洲文会北华支会会刊》1885 年第 20 卷刊载邓罗（C. B. T.）英译《镜花缘》（第 4 回），该卷也刊载了翟理斯节译的《红楼梦》中贾宝玉的若干情节。《中国科学美术杂志》1924 年第 2 卷第 1 期刊载哈德逊（Elfrida Hudson）英译《平山冷燕》的第 1 至第 8 回，《东亚杂志》1902 年第 1 卷刊载卜舫济（Hawks Pott）选译《三国演义》中诸葛亮草船借箭、赵云单骑救主以及小霸王怒斩于吉三个故事。英文期刊中节译的译文专题性强，节译文多围绕一个情节或一个主要人物展开，趣味性强，富有浓郁的异域情调，期刊充分利用古典小说节译简短、引人入胜的特点，推进了中国古典小说在西方世界的传播。

2. 译文体裁的改变

译者或出于发表的需要，或出于期刊读者接受的考量，对原作的体裁进行一定程度的改变，丰富了中国古典小说英译的文本形态。如《皇家亚洲文会北华支会会刊》1923 年第 54 卷所刊载的古典小说《三国演义》中的"草

<<< 第三章 近代上海英文期刊英译中国古典小说与道德中国形象的建构和传播

船借箭"被译者陈国将（C. A. Jamieson）改译成戏剧《诸葛亮与箭》①。《新中国评论》1919 年第 1 卷第 6 期和 1920 年第 2 卷第 6 期分别刊载恭思道（T. Gaunt）所译《中国传说》，其中的《桃花源记》《续幽怪录·定婚店》《西湖佳话》卷一"葛岭仙迹"、卷十二"钱塘霸迹"等 1 篇散文和 3 篇小说被译者改写为英文诗歌②③。《中国科学美术杂志》1925 年第 3 卷第 2 期中吴金鼎所译小说《不幸的一对》由诗歌《孔雀东南飞》改译而成④，《中国科学美术杂志》1926 年第 5 卷第 3 期、第 5 期和第 6 期连载的《琵琶记》被译者哈德逊由诗歌改译成小说⑤。《皇家亚洲文会北华支会会刊》1919 年第 50 卷中的《桃花源记》也被译者葛林瑞从散文改译成了小说⑥。近代上海英文期刊的英语译文与中文原文体裁的差异构成了中国古典小说英译过程中不同文体界限的跨越，改变体裁后的译文是原文本在译语文化中的重生，并由此获得了新的生命力。

3. 译作评论与争鸣的互动

除刊载英译古典小说外，期刊同时刊印大量中国古典小说英译的评论文，评论文从评论者的角度对英译古典小说进行相对客观的审视和解读，评论文或是介绍小说的作者和内容，或是分析小说中的人物，或是阐述小说的审美旨趣，或就同一部小说或其译本中的某个具体问题发表不同的观点和看法。小说英译的评论文有利于不同观点的争鸣和讨论，译文和评论形成良性互动，有效地拓展了西人对中国古典小说的理解和鉴赏，推进了西方世界对中国古典小说的理解，也有利于中国古典小说译文在西方的接受以及中国古典小说对中国形象的建构。

---

① JAMIESON C A. Chu-goh Leang and the Arrows [J]. Journal of the North-China Branch of the Royal Asiatic Society, 1923, 54: 3-12.
② GAUNT T. Chinese Legends [J]. The New China Review, 1919, 1 (6): 604-620.
③ GAUNT T. A Chinese Legend, The Kay Hong Pass [J]. The New China Review, 1920, 2 (6): 544-550.
④ WU Ginding. The Bitter-Fated Young Couple [J]. The China Journal of Science and Arts, 1925, 3 (2): 64-70.
⑤ HUDSON E. The Old Guitar [J]. The China Journal of Science and Arts, 1926, 5 (3); 1926, 5 (5); 1926, 5 (6).
⑥ KLIENE C. The Land of Peach Bloom [J]. Journal of the North-China Branch of the Royal Asiatic Society, 1919, 50: 108-121.

《教务杂志》除刊载古典小说的节译外，还刊载多篇中国古典小说的评论文，如 1899 年第 30 卷的《论〈封神演义〉》、1903 年第 34 卷的《见证》、1905 年第 36 卷的《论〈好逑传〉》、1917 年第 48 卷的《儿女英雄传》、1918 年第 49 卷的《中国小说随览》、1920 年第 51 卷的《中国小说中的神学观和末世论》等。评论者多为来华传教士，表达了传教士对中国古典小说的大致看法和观点，也从一个侧面为西人建构了中国形象的概貌。

《教务杂志》刊载的中国古典小说的评论特别关注中国人的伦理道德，和古典小说英译合力构筑了一幅道德中国形象的轮廓。《教务杂志》曾就《好逑传》一书的道德教化意义展开讨论。英国传教士鲍康宁（F. W. Baller, 1852—1922）编纂的汉语读本《好逑传》（*The Fortunate Union*）于 1904 年由上海美华书馆出版，该书正文为中文原文，出版时增加了一些难解词语和句子的英译注释，共 260 页。《教务杂志》的编辑窦乐安（J. Darroch, 1865—1941）就《好逑传》一书能给西方人什么样的教诲致信询问鲍康宁。鲍康宁复信指出《好逑传》的道德教化意义："《好逑传》的道德教化作用是不信教的中国人坚信：恶有恶报，善有善报。追求正义的不屈精神会遇到各种挫折。虽然在中国社会传统看来女性的地位低下，但女性的美德终究还是能够被认识。正如小说中铁公的父亲一样，官员清廉的思想强化了古代中国的道德观。"①

窦乐安也持同样的看法，并强调中国女性的美德在中国社会发展中的突出作用。他指出："《好逑传》中的女主人公美丽纯洁，充满智慧，男主人公能成为'完人'，原因在于每到危急时刻都采纳了女主人公的劝告。"② 此外，窦乐安在该文的开始部分还介绍了《好逑传》最早由威尔金森翻译成英文，英文版的《好逑传》后经托马斯·帕西主教编辑整理于 1761 年在伦敦出版。窦乐安十分欣赏该书中帕西致萨塞克斯伯爵夫人的一段献词，该献词精辟地概括了小说《好逑传》的道德教化作用："正当海淫海盗小说在我们国内泛滥盛行之际，这本具有道德教化意义，倡导恪守伦理道德的中国小说

---

① DARROCH J. The Fortunate Union [J]. The Chinese Recorder, 1905, 36 (7): 341-342.

② DARROCH J. The Fortunate Union [J]. The Chinese Recorder, 1905, 36 (7): 342-343.

值得阅读。"①

  传教士对中国道德问题的关注由来已久，早在17世纪起，西方来华传教士对孔子道德哲学推崇之至，到了18世纪欧洲社会转型之际，中国小说和戏剧中道德因素受到欧洲启蒙思想家的重视，因为中国文学作品中的道德资源可以"用来讽谏欧洲社会道德凋敝的现状"②，中国道德的非宗教特征可以帮助欧洲摆脱以神权为基础的道德体系，因而"中国道德的非宗教性特征及其实际效果在反映社会生活的文学作品中得到生动展现，比教条式的儒学经典更通俗明白和富有感染力，就这样，有限的几个中国文学故事便被欧洲作家们发掘出无尽的道德价值"③。他们通过对中国古典小说的评论，分析小说的审美旨趣，褒扬主人公的道德品质，展现道德中国形象。

  译作的评论与争鸣涉及原作的主题、译者的翻译策略和标准等诸多问题，评论和争鸣有利于中国古典小说翻译实践的不断完善，拓展和提升中国古典小说的翻译研究，促进评论及相关研究的互动，推进了中国古典小说在西方世界的进一步传播。

  近代上海英文期刊刊载的中国古典小说英译文通过遍及海内外的期刊发行渠道，在英语世界广为传播中国古典小说，既为西人研究中国古典小说提供了便利，也为西方世界了解和认知中国社会习俗、中国人的思维习性、中国人的审美旨趣等提供了生动鲜活的画面。

第二节　英译中国古典小说与道德中国形象的建构与传播

  14世纪以来，西人通过不同类型的文本，建立起一套言说中国形象的知识话语体系，该体系构筑起西人想象、思考中国的模式和框架。受该框架和模式的影响，西人又生产出大量关于中国形象的文本，这些文本混杂着真实

---

① DARROCH J. The Fortunate Union [J]. The Chinese Recorder, 1905, 36 (7): 339-340.
② 王立新. 美国传教士与晚清中国近代化 [M]. 天津：天津人民出版社, 2008: 212.
③ 王立新. 美国传教士与晚清中国近代化 [M]. 天津：天津人民出版社, 2008: 215.

与虚构的内容，相互参照，共同构建起中国形象话语谱系。西人在言说中国时的主观预设使得中国形象成为现实和想象的组合体。

在跨文化交流中，文学的译介在国家形象的建构和传播中起着不可忽视的作用。中国古典小说是构建和叙述中华民族历史的艺术形式之一，以独特叙事策略和艺术手法表达着中华民族的特质及其形象。中国古典小说借助生动的情节、巧妙的构思以及鲜活的人物更容易引发他者的关注，通过英译本的传播和推介，建构、塑造和传播了形态各异的中国文化和历史形象，突破西方世界对中国固有的认识。明清之际，中西文化交流的际遇促使中国古典小说脱颖而出，因其具体形象的摹写和展现社会的内涵和功用，成为受到西人关注和重视的文学体裁。因此，对中国小说的介绍和论述构成了西人关于中国文学著述的重要内容。中国古典小说的英译是讲述中国故事、塑造建构和传播道德中国形象的重要路径。

一、《今古奇观》英译与真善美德

《今古奇观》是明末崇祯年间编选、刊行的一部中国话本小说选本，共40卷40篇，被誉为中国八大小说之一，在中国短篇小说领域具有独特的功用。这些话本小说以其丰富多彩的题材、风格迥异的文风、栩栩如生的人物刻画，成为中国读者喜爱的作品，也引起了中外学者和译者的极大兴趣，是最早传入西方的中国文学作品，在欧洲具有广泛的影响。

1735年巴黎勒梅尔西埃出版社出版的《中华帝国全志》最早将《今古奇观》中的《庄子休鼓盆成大道》《怀私怨狠仆告主》和《吕大郎还金完骨肉》翻译成法语。约翰·沃茨（John Watts）组织人员将其翻译成英文《中华帝国全志》（A Description of the Empire of China and Chinese Tartary）于1736年在伦敦出版，1741年再版，其中包括《庄子休鼓盆成大道》《怀私怨狠仆告主》《吕大郎还金完骨肉》三篇[①]。随后，俄国、德国、意大利等均有《今古奇观》中的小说译本面世。《今古奇观》翻译作品成为最早为西方读者接受的中国文学读物。一些著名的汉学家，如伯希和、青木正儿、韩南等对《今古奇观》中的作品进行了深入的研究，其研究涉及小说的主题、人物特点、语言修辞等。

---

① 王丽娜. 中国古典小说戏剧名著在国外 [M]. 上海：学林出版社，1988：170.

<<< 第三章 近代上海英文期刊英译中国古典小说与道德中国形象的建构和传播

期刊是一种新兴的传播方式，成为单行本之外文学传播的主要渠道，英文期刊中的英译中国小说通过刊物的发行和传播便捷地进入西方文化圈，与西方社会及普通读者发生接触。《中国科学美术杂志》于 1927 年第 6 卷第 2 期和第 3 期刊发了《今古奇观》第 12 卷《羊角哀舍命全交》(The Sacrifice of Yang Chiao-ai) 的英译文，1924 年第 2 卷第 5、6 期，1925 年第 3 卷第 1 期等刊发了《今古奇观》第 13 卷《沈小霞相会出师表》(The Persecution of ShenLien)，译者是爱德华·巴兹·好威乐 (Edward Butts Howell)。另一位译者亨宁豪斯神父 (Father Henninghaus) 所译的《金玉女棒打薄情郎》(The Heartless Husband) 刊登在《东亚杂志》1902 年第 1 卷第 2 期。

《今古奇观》第 12 卷《羊角哀舍命全交》、第 13 卷《沈小霞相会出师表》的英译者爱德华·巴兹·好威乐就职于大清帝国海关，他也是一位植物学家。好威乐编译了《今古奇观：不忠贞的庄夫人及其他故事》(Chin Ku Ch'I Kuan. The Inconstancy of Madame Chuang and Other Stories from the Chinese, 1924) 以及《归还新娘及其他中国故事》(The Restitution of Bride and Other Stories from Chinese, 1926)。《今古奇观》第 12 卷《羊角哀舍命全交》出自《喻世明言》第 7 卷，是晚明冯梦龙改编的话本小说，描写的是春秋时期羊角哀与左伯桃生死之交的故事。古典话本小说的结构一般由题目、篇首（诗词）、入话（议论）、头回（小故事）、正话和篇尾六个部分组成。篇首或篇尾多为诗词，起到点名大意、烘托气氛，或者概括主旨、总结全篇的作用。入话是话本小说的开端部分，在入话之后插入一段与正话相关的故事，称为"头回"，然后过渡到正话即主要故事。

《羊角哀舍命全交》的正话部分讲述了羊角哀与左伯桃的友情以及羊角哀以死报答朋友的知遇之恩。正话部分故事性强，情节曲折生动，连贯叙述，符合普通读者的阅读习惯，通过人物及其对话的描述来塑造人物的真善道德。

原文：

行不十里，伯桃曰："风雪越紧，如何去得？且于道旁寻个歇处。"见一株枯桑，颇可避雪，那桑下止容得一人，角哀遂扶伯桃入去坐下。伯桃命角哀敲石取火，蓺些枯枝，以御寒气。比及角哀取了柴火到来，只见伯桃脱得赤条条的，浑身衣服，都做一堆放着。角哀大惊曰："吾兄何为如此？"伯桃曰："吾寻思无计，贤弟勿自误了，速穿此衣服，负粮前去，我只在此守死。"角哀抱持大哭曰:"吾二人死生同处,安可分离?"伯桃曰:"若皆饿死,白骨谁埋?"角哀曰:"若如此,弟情愿解衣与兄穿了,兄可赍粮去,弟宁死于此。"①

译文:

After another ten li, Po-tao said, "The snow-storm is more severe than ever; I am unable to move further. Let us find a resting place by the wayside."

They say, hand by, an old hollowmulberry tree which afforded some slight shelter from the storm; but within the hollow there was room only for one man. Chiao-ai helped Po-tao inside, and Po-tao begged him to strike a spark with his flint and steel and kindle a fire of dry sticks to warm them somewhat. This he did, but when he returned after his quest for fuel, he found Po-tao stripped naked and all his clothes lying in a heap on the ground.

"What is this, my brother?" asked Chiao-ai in alarm.

"There is no other course," was the answer. "Do not spoil your own chance, but put on my clothes cover your own, and go forward with the food. As for me, I will wait here for death."

"No, no!" cried Chiao-ai, embracing his friend and weeping bitterly. "Let us rather both die together, for how can we be parted?"

"If we both die here of cold and hunger," replied Po-tao, "our bones will bleach, and who will bury them?"

"True," answered Chiao-ai, "but if only one is to go on, let me be the one to remain. Put on my clothes; do you take the food and walk on, and I will die here."②

该段是正话部分的核心,通过对话刻画了羊角哀与左伯桃的生死之交,勾勒两人真与善的美德。羊角哀与左伯桃一同前往楚国,由于风雪交加、衣食俱缺,左伯桃将自己的粮食和衣物让与羊角哀,舍弃自己的生命,让羊角

---

① 抱瓮老人. 今古奇观 [M]. 上海:上海古籍出版社,2005:128.
② HOWELL E B. The Sacrifice of Yang Chiao-ai [J]. The Journal of China, 1927, 6 (2):64.

132

哀前往楚国。原文语言质朴，情真意切，其中的四个疑问句更是强化了两人的生死友情。译者在建构他者形象时，往往将自己的情感因素也投射到异域他者形象上，带着自己的文化想象和期待建构中国传统的真善美德形象。译作是原作生命的延续，但译作与原作并不完全等值，译作跨越时代和地域进入另一种文化，要想让原文本的文化形象被译语文化的读者理解和接受，译者往往要对原作中的文化形象进行重塑处理，才能更好地延续原作的文化形象。好威乐的英译文在基本遵循原文语言结构的基础上，灵活地进行了以变通和调整为主的重塑处理。译者并未受缚于原文，而是采取了重塑的方式，十分灵活地进行翻译，如将疑问句"风雪越紧，如何去得？"译为陈述句的形式"The snow-storm is more severe than ever; I am unable to move further."该译法通过否定词语的运用，凸显了自然环境的恶劣，为后续对话埋下了伏笔。疑问句"吾二人死生同处，安可分离？"英译过程中遵循原文的结构，同样译为疑问句"Let us rather both die together, for how can we be parted?"疑问句"若皆饿死，白骨谁埋？"亦遵循原文的结构，也译为疑问句"If we both die here of cold and hunger, our bones will bleach, and who will bury them?"上述译文根据英语重形合的特点，增加了表示条件关系的连接词"if"，表示因果关系的"for"等，从而使得译文的结构和其折射的他者形象能够有机地衔接，语言的逻辑关系和语义的含义能更好地相互呼应。此外，译者将"白骨谁埋？"拆译为"our bones will bleach, and who will bury them?"该句没有依据原文的词语做一一对应的翻译，而是采用了解释性的翻译，原文中的"白骨"的意象虽未译出，但译文对羊角哀与左伯桃的友情描述还是十分生动细致的，忠实地再现了羊角哀与左伯桃真与善的美德。

形象学关注跨文化语境下文化身份、文化形象以及民族特性的重构，这与翻译文学研究中注重民族特性及文化形象的重塑是一致的。通过考察《羊角哀舍命全交》英译文本人物形象的建构不难发现，译者叙事话语的适当调适是积极构建一个能为西方读者所接受的真善美德形象的尝试，也为道德中国形象在西方的传播提供了一个有价值的启示。

二、《双凤奇缘》英译与褒善贬恶的道德观

《东亚杂志》1905年第5卷第1期、第2期、第3期、第4期连续刊载了章回体小说《双凤奇缘》（又名《昭君传》）前19回的英译文。《双凤奇缘》共80回，系清代雪樵主人所著的章回体小说，成书于清代嘉庆初年，这是首次被译为英语并公开出版发行，成为早期走进西方读者的中国古典小说之一。《双凤奇缘》描述汉元帝因梦选妃，派太师毛延寿选昭君入宫，但毛延寿出于私利，陷害昭君，另以鲁姓女代之，后毛延寿阴谋败露，投奔番邦，献美人图与番王，番王发兵攻汉，汉元帝忍痛割爱，昭君和番，入番后杀死奸贼毛延寿。16年后，昭君自投白洋河，以死保全节操。死后托梦汉王，望汉王与其妹赛昭君续姻缘，后昭君之妹赛昭君被召入宫并被册封为皇后。番王再次兴兵攻汉，赛昭君大破番兵，最终以赛昭君喜生太子的大团圆结局结束全书。

《双凤奇缘》前19回主要叙述汉元帝梦见昭君，应许选入西宫，随派毛延寿前往越州选昭君入宫，但毛延寿贪图钱财，因索贿不成，便使奸计，在每张昭君图眼下各点一粒黑痣，名曰伤夫滴泪痣，并另选鲁氏女，索取千金，抵换昭君，并将昭君打入冷宫，又假传圣旨，将昭君父母王忠夫妇发配辽东充军。昭君在冷宫受苦，夜夜以泪洗面，便弹琵琶解闷，正宫林皇后偶然之间闻其琵琶声而见之，知其冤情，把事情原委告诉汉帝。毛延寿诡计被揭穿，汉帝遂废鲁氏而立昭君为西宫，并立即派兵抄毛延寿全家，毛延寿闻讯逃至番邦。

该小说在晚清之际由哈登（R. H. Haden）译成英文并传入西方，《东亚杂志》1905年第5卷第1期刊载《双凤奇缘》第1至第3回的英译文，第2期刊载第4至第6回的英译文，第3期刊载第7至第12的英译文，第4期刊载第15至第17回的英译文。《双凤奇缘》通过善行得善果、恶行得恶果的故事叙述，塑造了中国人褒善贬恶、伸张正义的道德信念，具有道德教化的作用。如下段：

原文：

且言金钟一响，汉王临轩。满朝文武参拜已毕，早有李总兵进朝缴旨，俯伏金阶，口称万岁。汉王便问："奸相可曾捉得否？"吓得李陵口称："主上，臣奉旨带领官兵围住奸党府第，臣到里面细细搜寻，不知何人走漏消息，单走了毛延寿一人，只将他满门家眷：男人五百十四口，妇人二百三十三口，一齐绑在午门外候旨。外有逆贼簿子一本，毛府已封，请旨定夺。"汉王先将他家产一看。一面看着，一面只是摇头吐舌道："好大胆奸贼，富

<<< 第三章 近代上海英文期刊英译中国古典小说与道德中国形象的建构和传播

堪敌国,狼藉赃银,犯禁之物不少,谋逆之意已显,今日露出奸谋,逃走毛延寿一人不打紧要,只怕纵虎归山,孤的江山从此不太平矣!"连叹几声,便吩咐:"逆党家眷七百余口,押赴东教场,一概斩首。就命李卿临斩。"李陵谢恩,退出午门,即刻上马,吩咐众家将,把毛贼家属不论男女,俱上绑绳,押赴教场,男东女西,纷纷跪下。只等午时三刻,先是红旗三展,后是黑旗三展,当空三个狼烟大炮,一声呐喊,那些剑子手好似凶神,手执钢刀,一齐动手,好不怕人,可怜那些:

红粉佳人刀下死,多情美女也亡身。
三岁孩童饶不过,白头老汉命难存。
孀妇虽是多贞节,大数难逃命必倾。
男男女女怎脱命,老老少少俱倾生。
斩了七百几十口,尸首推入乱葬坑。
杀得天昏并地暗,走了漏网首恶人。①

译文:

At the end of the next morning audience General Li made his report to the throne. "Have you taken that traitor?" enquired the Emperor.

"In compliance with the Imperial will your slave took soldiers and surrounded the Mao Palace. Word must have been carried to Mao Yian-shou, for after every effort Mao was not found. But the whole of his household, 514 males and 233 females, were taken, and are under guard awaiting the Imperial will. The account books of the traitor are handed up to the throne for inspection. His palace has also been put under seal awaiting the Imperial decree."

Emperor Han took the books and examined them. His surprise was great. This was manifested by his shaking head and thrust-out tongue, "The bold thief! Wealth rivalling that of the Emperor. Again, there are not a few articles restricted to the Imperial use. It is evident he had larger schemes for which he was preparing. Good for us that he has been found out. The escape of Mao Yien-shou is in itself of little importance, but the trouble he may bring to the Empire by throwing it into rebellion may be very great." It was then commanded that the members of

---

① 雪樵主人. 双凤奇缘 [M]. 南昌: 江西美术出版社, 2018: 73-74.

Mao's family, over seven hundred, should be taken to execution grounds and beheaded. This duty was committed to General Li.①

译者是自我与他者形象研究中的重要"观测者",译者在翻译过程中对相关形象进行改写和重构的重要考量之一是翻译活动发生时的社会历史文化背景。形象学强调形象的一个本质特征是社会文化构建,即形象的建构要基于文本内部描写与外部语境相互参照的全面分析。上述段落是第17回的开头部分,叙述了汉王得知毛延寿的阴谋后大怒,并派兵将毛延寿家眷满门抄斩的情景。原文中的"逃走毛延寿一人不打紧要,只怕纵虎归山,孤的江山从此不太平矣!"译为"The escape of Mao Yien-shou is in itself of little importance, but the trouble he may bring to the Empire by throwing it into rebellion may be very great."(毛延寿逃走本身并不十分要紧,麻烦的是会给国家招来灾难。)译文并未直译原文中的成语典故"纵虎归山",而是采用意译的手法表达了该含义。同时,译文将原文中的段落"李陵谢恩,退出午门……杀得天昏并地暗,走了漏网首恶人"省略未译,因该段对毛贼家属遭斩的场面描写过于血腥。上述译文基于译文的社会历史文化语境,传达和塑造的文本形象虽然偏离了原作中的传统中国文化的形象特征,但译文也能完整地表达了原文的含义,从而构建并传递了从善弃恶的中国文化形象。又如:

原文:

毛相闻报,只急得魂飞天外,魄散巫山,连忙除去冠带,也不顾三妻四妾,也不问金银财宝,也不爱殿阁楼台,就是相位也做不成了,只为心中贪财爱宝,要害昭君,到今日事到临头,难免杀身之祸。想定主意,三十六计,走为上策。急急改换衣妆,带了人图,不敢径出前门,悄悄溜到后花园内;又不敢开后花园门,只怕撞见官兵,不是当玩的,胆胆怯怯四处张望,见西边有个狗洞,可以容身出去,到了此刻,人急计生,毛相也顾不得洞内腌臜,将身趴在地下,慢慢钻这狗洞出去,要想逃生。引得洞内一群狗子汪汪乱叫,急得奸相冷汗长流,又不敢作声,怕的后面有人追赶。钻了半天,方出洞门。用泥一把将脸搽了一搽,成一个泥人,为的路上怕人认得,改头

---

① HADEN R A. Chao Chuin [J]. The East of Asia Magazine, 1906, 5 (4): 316-317.

<<< 第三章 近代上海英文期刊英译中国古典小说与道德中国形象的建构和传播

换面急急前行。①

译文：

Hearing this Mao was so frightened that his soul was ready to fly to the havens and his spirits to the Wu mountains. He took no thought of his three wives and four concubines as he threw his hat in a corner; no question of his great wealth; no more love for his regal palace, as he doffed his robes. He knew that his power as Minister was at an end. All gone because of inordinate greed and a desire to be avenged of a supposed rebuff, and a wish therefore to injure Chao Chuin. It is all out now and death will be difficult to escape. This last thought kept ringing in his ears like claps of thunder. One desire and purpose seized him. Any way, anything to escape. The scheming, confident Minister of State was now a trembling, crouching animal. His robes flew in every direction as he pulled off garment after garment, and put on the coarse dress of a day labourer. Snatching the portraits, the cause of all this trouble—but why he knew not—he slipped place would escape search in the vast pile of building, and he heard the search for him growing in excitement, as room after room failed to give up the one they were hunting. Not darling to open a door, he cast a rapid glance around the beautiful grounds and his eye fell on a dog passage in the wall. Life was precious, apparently more so then ever, and there was no time to think of filth. Like a hunted fox driven to lair he crept in, frightening the bevy of dogs that had taken refuge there. His temporary sense of security was put to flight by the yelping of these curs, for they might attract the attention of the searchers. Mortal terror seized him and for a time he was unable to move, while profuse perspiration rushed from every pore of his corpulent body. Catching his breath as he heard voices in the grounds, he began again to struggle, worming his way out to possible liberty. Just before he got out he had a happy thought. He smeared his face with mud. Taking a rapid glance and seeing that he had not been observed he rushed away, going north, with all possible speed. ②

---

① 雪樵主人. 双凤奇缘 [M]. 南昌：江西美术出版社，2018：69-70.
② HADEN R A. Chao Chuin [J]. The East of Asia Magazine, 1906, 5（4）：313-314.

该段来自第16回，主要描述了毛延寿阴谋败露后，汉王派兵抓捕、毛逃跑时的情景。译文做了一定的改动，添加了一些细节的描写，通过增添一些形象化的比喻和人物心理活动的分析，将毛逃命时的狼狈情景描述得十分生动逼真，表现了中华民族褒善贬恶的美德。如原文"想定主意，三十六计，走为上策"被拆译为三个独立的句子"This last thought kept ringing in his ears like claps of thunder. One desire and purpose seized him. Any way, anything to escape."原文"想定主意"翻译为"This last thought kept ringing in his ears like claps of thunder. One desire and purpose seized him."（这个想法一直在他耳边响起，如同雷声，他只有一个想法。）译文增加了原文没有的比喻手法，烘托了小说人物狼狈出逃的急切心情。该句中的"三十六计，走为上策"意译为"Any way, anything to escape."而不是翻译成"Among the 36 ways, the best way is to go away."该译文虽丢失了特有的原语文化特色，但该意译也能较为准确地传递原文的含义。译文还增加了原文中没有的句子，如"The scheming, confident Minister of State was now a trembling, crouching animal."（这个诡计多端、得意自信的丞相现在变成了一只蜷伏着瑟瑟发抖的动物。）该句采用比喻修辞手法，将毛延寿的丑态描述得惟妙惟肖，颇为吸引人。又如原文中的"可以容身出去，到了此刻，人急计生，毛相也顾不得洞内腌臜，将身趴在地下，慢慢钻这狗洞出去，要想逃生"十分逼真形象地描述了毛延寿为逃命而不顾恶臭钻进狗洞的心理活动，译文"Life was precious, apparently more so then ever, and there was no time to think of filth. Like a hunted fox driven to lair he crept in, frightening the bevy of dogs that had taken refuge there."并未亦步亦趋地直译该句，而是适当地增加了一些烘托气氛的比喻性描述，如译文中的"Life was precious, apparently more so then ever, ……Like a hunted fox driven to lair he crept in."（生命如此珍贵，比什么都重要，……如同被追捕的狐狸找到了自己的窝。）译文中的"like a hunted fox"（如同被追捕的狐狸）等都是原文所没有的描述，译者刻意在译文中增加了这些比喻，将毛延寿狼狈逃窜的场景刻画地很生动，应验了恶人有恶报的道德信条。

形象学认为"形象是按照注视者文化中的模式、程序而重组、重写的，这些模式和程式均先存于形象"①。译者作为注视者,要将原文中的他者形象传递给译文读者,译者建构原文中的他者形象时会按照译语文化中的模式重组译文,因此在传递过程中他者形象会或多或少地发生偏离。中国古典小说英译本所构建的他者形象不一定完全等同于原小说文本所呈现的形象,但是其英译作品往往通过在译语文化空间的不断传播,使得该译作所呈现的形象对译语文化社会产生潜移默化的影响。中国传统社会一直倡导积善有德、作恶遭殃的道德信念,正如《周易坤》中所言:"积善之家,必有余庆。积不善之家,必有余殃。"② 这一观念已融入百姓日常生活,在我国民间社会根深蒂固,具有道德劝化、惩恶扬善的作用,维持着社会的道德。这种观念在小说里得到继承,最主要的原因是对大众具有教化功能。《双凤奇缘》的英译本通过引人入胜的传奇故事以及译者在翻译过程中的文化调适,建构和传播了积善有德、作恶遭殃的中国传统道德信念。

第三节 英译中国古典小说对中国文化的利用与想象

中国古典小说的翻译在促进中国文学西传的同时,还担负着构建和传播中国形象的重要使命。译者在翻译中国古典小说的过程中,也同时在异域文化中建构和传播着中国形象,中国古典小说的译本常被视为展示中国形象的一扇窗口。如果说原作者是原语国家形象的塑造者,那么译者就是原语国家形象的重塑者和传播者。译文是译者在原语国家形象重塑和传播过程中的"自我"与"他者"之间互动的产物,西方译者往往以"自我"的视角对异质他者文化进行解读和形象建构,因此不可避免地会对异质他者文化进行一定程度上的利用和想象。

一、中国古典小说的改写与中国形象的建构和传播

有学者指出:"外来文化在接受国有固有的形象,一个外国作品如果不

---

① 达尼埃尔-亨利·巴柔. 从文化形象到集体想象物 [M] //孟华. 比较文学形象学. 北京:北京大学出版社,2001:157.
② 阮元. 十三经注疏 [M]. 北京:中华书局,1980:17.

符合这个形象就难以进入新的竞技舞台；进而，如果它对当地的需求也无所用处，这种困难就愈发巨大。"① 文学作品的翻译，不仅是语言层面的符号转换，同时也是原语文化在异域文化中的再创造，这种文化的再创造可通过文化改写和文化阐释等途径完成。近代上海英文期刊所载中国古典小说的英译文在忠实再现原文的基础上，也对原文进行了一定程度的改写。

文化改写是指译者考虑到译语读者的阅读需要和译语文化的价值观，在翻译过程中对原文进行一定程度的改写、删减和调整。如《东亚杂志》第5卷连载小说《双凤奇缘》的译文为使故事的完整性不受到破坏，译者根据小说情节安排的需要调整了回目。英译文共有17回，只翻译原文的前19回，译文重新整合了原文的第7、8、9、12、13、16、17和19回，将原文第8回开头"昭君冷宫惊恶梦"的片段调整到译文第7回的结尾，将原文第9回开头部分"鲁妃家眷入京觐见"的片段前移至译文第8回的结尾处，原文的第12回变成译文的第11回，原文的第13回变成译文的第12回，原文的第16回变成译文的第15回，原文的第17回变成译文的第16回，将原文的第19回"召王忠总兵趋炎附势，造相府太守进爵加官"改编成了译文的第17回。

同时，译文根据小说的故事叙述及其情节发展，需要删减原文的部分内容。因小说在描述昭君汉帝的爱情故事的同时，也大力宣扬褒善贬恶的道德信条。译文将原文中与主题关系不甚密切且烦琐的细节描写删去或是重新凝练概括，如原文中有千余字描述昭君的出世，译文用寥寥数语概述为"在这个夜晚，在贫困潦倒中，他们的女儿出生了"。译文忽略不译原文的第10回，因第10回主要是关于新科状元刘文龙的故事，在译者看来，该人物与小说所宣扬褒善贬恶的道德信条关联不大。

《东亚杂志》第1卷第2期选译的《金玉奴棒打薄情郎》选自《今古奇观》，标题被翻译成"*The Heartless Husband*"（《无情的丈夫》）。译文省略了小说的开头部分"朱买臣休妻"，并将小说的结尾做了改写，译者改写的目的是突出恶果恶报的哲理，并强调提倡与人为善的高尚品性。

《东亚杂志》发行于1902—1906年，正值晚清衰败之际，西方列强的坚船利炮打开了中国的大门，西方人对中国形象的认知已由崇敬变为贬斥，封

---

① 大卫·丹穆若什. 什么是世界文学［M］. 查明建，宋明炜等，译. 北京：北京大学出版社，2014：131.

闭、僵化、腐朽、邪恶成为中国的代名词。此阶段问世的中国古典小说的英译文对原语文化的改写一定程度上希望修正译语读者对中国的"套话"式想象，消弭读者对中国文化的隔阂，重构西方的中国形象。

二、前言和注释的添加与中国形象的重塑

由于原文文化与译语文化存在差异，译者需要对原文文化中特定的概念、习俗等做出阐释，在前言和注释中加入相关的背景文化知识，可以以此消除译语读者理解方面的障碍。此外，译者也可以在前言和注释中阐发自己对某一问题的理解，译本的前言、注释成为异质文化交流、碰撞与互鉴的场域，译者的注引和评论便成为读者和作品沟通的桥梁，也为译者以"自我"的视角构建文化他者形象提供了机会，发挥着拓展及重塑原语文化的功能。

《东亚杂志》第4卷刊载《西游记》节译，译者詹姆斯·威尔（James Ware）在千余字的译文前言中指出《西游记》寓意深刻，唯有博学之人方可知其精髓，通过玄奘、孙悟空等人西天取经途中斗妖降魔的故事，揭示追求理想和真理的精神。《东亚杂志》第5卷第33页至37页中由阿德谢尔（Ardsheal）翻译的《审虎》（*The Trial of the Tiger*）选自《聊斋志异》（原名为《赵城虎》）。除了标题改译为"The Trial of the Tiger"（《审虎》）外，译者还在故事的开始增加了虎患猖獗、县丞祈祷、神仙显灵等情节，然后叙述年轻樵夫死于虎口，老妇悲伤欲绝，众官兵捕虎，虎被神仙降伏，老虎公堂受审，老虎赡养老妇的情节。译者在故事中增加若干情节，主要是为了表现了县丞为民除害的品德。

文学作品中的异国形象及其形象变异多受研究者的关注，但对文学作品译本中的异国形象的研究则关注甚少。本文化中的文学作品被译介到异文化中，译作成为本文化的象征和代表，译语文化的读者据此形成对原语文化、原语社会和原语国家的总体印象，文学翻译也是本国文化的自我形象在异文化中塑造和建构的过程。英译中国文学作品的主要目的在于主动向西方世界传播和宣传中国文化，英译中国文学作品以英语文化的读者为主要对象，是中国文化在西方世界有意识的渗透和融入，可在英语文化中塑造出中国形象。

141

第四章

近代上海英文期刊英译中国古典诗歌和戏剧与中国历史形象及从善远恶道德观的建构和传播

　　文学作品如小说、诗歌以及戏剧等在域外的翻译和传播对于该国形象的建构或重塑具有积极的推进作用。中国文学中的诗歌、戏剧在英语世界传播的同时，也在建构和传播着中国形象，异域读者可以通过阅读中国诗歌和戏剧等文学作品的译本获得对中国的印象。如果说中国典籍及古典小说的英译文展示了中华民族的品格，那么中国古典诗歌及戏剧的翻译不仅再现了中国人的德行操守，而且也描绘了中国人的情感世界以及中国的历史图景。

第一节　近代上海英文期刊英译中国古典诗歌

　　中国古典诗歌是中华文明的瑰宝，不仅是中国人民生活的生动写照，也是中华民族精神的真情流露。中国古典诗歌的风格自成体系，富有浓郁的中华民族文化特色。英译中国古典诗歌不仅是传播中国文化精华的重要途径，也是展示中华民族情感世界的重要窗口，在英译中国古典小说、散文、诗歌、戏剧等文学体裁中，古典诗歌的译介不仅数量居多，而且所译诗歌的历史跨度也最大。英文期刊是单行本之外英译中国古典诗歌的重要载体，近代上海英文期刊充分利用其发行周期短、发行范围广、传播速度快以及读者范围广的特点，在中国古典诗歌的译介和传播方面发挥了重要作用，也在西方世界建构和传播中华民族形象方面起到了积极的作用。

142

<<< 第四章　近代上海英文期刊英译中国古典诗歌和戏剧与中国历史形象及从善远恶
　　　　道德观的建构和传播

一、英文期刊英译中国古典诗歌

　　1736年法国耶稣会传教士马若瑟将《诗经》中的《天作》《皇矣》《抑》等八首诗翻译成法文，刊登在杜赫德主编的法文版《中华帝国全志》1736年第2卷，开启了中国古诗的西译。英国学者于1736年将《中华帝国全志》翻译成英文，打开了中国古诗进入英语世界之门。19世纪著名汉学家理雅各翻译出版的《诗经》（The She King, or The Book of Poetry, 1871）以及翟理斯翻译出版的《古今诗选》（Chinese Poetry in English Verse, 1898）进一步推进了中国古诗在西方的译介和传播。在此之前，其他西方学者也对中国古诗展开了深入研究，如英国外交官汉学家德庇时在1829年发表于《皇家亚洲学会会报》第2卷第1期的长文《汉文诗解》（On the Poetry of the Chinese）是第一篇全面、系统地介绍中国古典诗歌的著述，介绍了中国古诗的韵律、语调和重音的变化特点等，该文流传甚广，影响巨大，是西方中国诗歌研究的奠基之作。该长篇论文同年在伦敦出版单行本，澳门东印度公司出版社于1834年、伦敦阿谢尔出版公司于1870年又分别再次出版此书。到了20世纪前30年，中国古诗在英语世界的翻译达到了兴盛时期，庞德、韦利运用创新的中国古诗翻译方法，推动了中国古典诗歌在西方的传播，其中国古典诗歌的翻译为沉闷的英语诗坛带来了一股清风，也向西方世界进一步展现了中国人的情感世界和独特的中国历史文化形象。

　　晚清民初创办于上海的英文期刊《皇家亚洲文会北华支会会刊》《中国科学美术杂志》《新中国评论》《东亚杂志》《教务杂志》及《天下》月刊等刊载了数量较多的中国古典诗歌的英译文，这些英译中国古典诗歌在一定程度上建构和传播了中国人的情感世界以及中国独特的历史文化，在英语世界构塑了中华民族形象。近代上海英文期刊所刊载的英译中国古典诗歌年代跨度大，包括上古时期的《诗经》、战国时期《楚辞》、汉代的乐府诗、魏晋南北朝的五言诗、唐诗、宋词以及清代诗词等，刊载了共计近300首中国古典诗歌的英译文。所刊载的英译中国古典诗歌涉及三种翻译模式，即西方译者独译、中国译者独译和中西译者合译。此外，还有体裁的变化，如从小说改为诗歌，《新中国评论》1919年第1卷第6期刊载恭思道（T. Gaunt）所译诗歌《月下老人》（The Ancient Beneath the Moon）、《江河的主人》（The River's Master）分别由唐代传奇小说《续幽怪录·定婚店》和清代白话小说《西湖

143

佳话》卷十二"钱塘霸迹"改译而成。从译文风格来看，自由体译诗居主导，直译、意译和改译等策略均在译诗中有所体现。这些中国古典诗歌的英译文为西方了解和认知中国人的情感世界以及中国历史文化提供了丰富的文本资源，也同时担负了构建中国形象的重要使命，一定程度上发挥了重塑中国形象的功效。近代上海英文期刊所刊中国古典诗歌与现代诗歌英译作品一览表详见附录三。

二、英文期刊中国古典诗歌英译与研究的互动

近代上海英文期刊《皇家亚洲文会北华支会会刊》《中国科学美术杂志》《新中国评论》《东亚杂志》《教务杂志》及《天下》月刊除发表了一定数量的中国古典诗歌的英译文外，还刊载了一些有影响力的中国古典诗歌研究以及中西诗歌比较研究方面的专论文章，这些研究论文注重分析中国古典诗歌创作中所表现的中国人的情感世界和中国的历史文化，有利于中国古典诗歌在异域文化语境中的理解和接受。如《天下》月刊曾刊发两篇《诗经》的研究论文，分别是1936年1月第2卷第1期吴经熊的《〈诗经〉随笔》、1936年10月第3卷第3期韦利的《月蚀诗及其同类作品》，《天下》月刊还连续五期刊发了吴经熊的系列诗歌研究论文《唐诗四季》。

《诗经》在西方世界广受关注，被认为是中国诗歌的源头，对中国后世的诗歌产生深远影响，近代上海英文期刊也成为中外学者阐释《诗经》、探讨其翻译的重要平台。《诗经》早在1733年左右就由法国耶稣会士孙璋（Le P. Lacharme, 1695—1767）全部译成拉丁语，19世纪以后，各种文字版本的《诗经》相继出版。19世纪60年代，英国传教士理雅各将整部《诗经》译成散体英文，1871年他出版了《诗经》305篇的韵体译本，理雅各的译本不仅包括原诗及其翻译，还增加了详尽丰富的解释和评注。吴经熊的《〈诗经〉随笔》力图消弭西方对中国古典诗歌理解方面的种种偏差，认为中西诗歌都是各民族心智的表现，不同民族的情感在诗歌表达方面具有同一性，吴经熊认为："探讨民族的灵魂也就是触及人类的集体无意识，不同民族的语言和生活方式虽存在差异，但心的跳动是一样的"，"诗歌是文化的核心，是心灵的再现，也是民族文化的灵魂，诗歌可以表达人类的渴望和信念。中国诗歌与中华民族的情感密切相关。研究中国诗歌就是走入中国人的心灵中去，只

<<< 第四章 近代上海英文期刊英译中国古典诗歌和戏剧与中国历史形象及从善远恶
          道德观的建构和传播

有处在诗歌激情的状态中,其内心深处的信念和情感才会表露出来"①。在吴经熊看来,"《诗经》作为中国第一部诗集,表达了最纯洁的诗性,是强烈情感的自然流露。这些情感强烈、炽热,如同从最纯洁源头流出的清水,从人的内心深处流向读者"②。阿瑟·韦利是另一位对《诗经》译介卓有贡献的西方学者,他早在 1913 年就开始研究《诗经》,1937 年韦利用"无韵体"翻译的《诗经》英译本出版。韦利翻译中国古诗,注重诗歌的韵律和意象,为传达中国诗歌的节奏感,尝试以英语的重音对应汉语的单字,形成了所谓的"弹性节奏",韦利的译诗保留了诗中的意象,使许多新鲜的中国诗歌意象进入了西人的视野。韦利于 1936 年在《天下》月刊发表的《月蚀诗及其同类作品》一文,通过对《诗经》小雅的《节南山》、大雅中的《桑柔》《云汉》《民劳》中月蚀诗的研究,进而考证《诗经》作品的创作年代。中西方译者通过《天下》月刊对《诗经》的深入剖析,阐发了中西方诗歌承载、再现人的情感和精神世界的通约性,有助于西方读者通过对英译中国古典诗歌的阅读和欣赏深入了解中华民族的情感世界。

西方译者也以英文期刊为阵地,就中国古典诗歌译诗的文体和原则展开了激烈的论战。1918 年至 1922 年,汉学家翟理斯和韦利在《新中国评论》等期刊连续发表多篇文章,围绕中国古典诗歌英译的文体和原则阐述自己的观点,并就对方的译诗提出异议。翟理斯曾翻译《古今诗选》(*Chinese Poetry in English Verse*, 1898),他恪守维多利亚诗风传统,采用"以诗译诗"的翻译方法,他的译诗讲究韵律和修辞。韦利认为翟理斯的翻译让西方读者误以为中国古典诗歌具有和英诗一样的韵律。

两位著名翻译家的争论起因于韦利在 1918 年出版的《170 首中国诗》,韦利在前言中阐述了自己的译诗原则,并将自己的译诗与翟理斯翻译得很押韵的六首诗歌同时刊出,以便让读者对比。③ 翟理斯随即在 1918 年 11 月 22 日的《剑桥评论》(*The Cambridge Review*) 上发表书评反驳韦利的观点,批

---

① WU J C H. Some Random Notes on The Shih Ching (The Book of Poetry) [J]. Tien Hsia Monthly, 1936, 2 (1): 9.
② WU J C H. Some Random Notes on The Shih Ching (The Book of Poetry) [J]. Tien Hsia Monthly, 1936, 2 (1): 10.
③ WALEY A. A Hundred and Seventy Chinese Poems [M]. London: George Allen & Unwin Ltd, 1918.

145

评韦利翻译的《青青陵上柏》曲解原诗，并列举了韦利翻译该诗中的错误。① 韦利随后对翟理斯的评论予以反驳，他以读者来信的方式在1918年12月6日的《剑桥评论》发文，为自己的译诗辩护，并质疑翟理斯的《中国文学史》。②

翟理斯在1920年《新中国评论》第2卷第1期上撰文《公元前二世纪的一位诗人》，认为英译中国古典诗歌就应该将诗歌的韵律再现出来，而韦利将韵律诗翻译成了无韵诗。翟理斯在该文中将韦利和自己的九首枚乘的译诗并列，并说明韦利的译诗在韵律上并未忠实于原文。③ 翟理斯随后又在1920年第4期的《新中国评论》上撰文《一个重译》，对韦利发表在《政治家》(The Statement)上的《大招》译文提出质疑。翟理斯批评《大招》译文充满了随意的解释，是没有根据的去韵化的翻译。④ 韦利在1920年第6期《新中国评论》上撰文《〈琵琶行〉译注》对翟理斯的批评予以回应，该文指出翟理斯未能将白居易《琵琶行》的"诗序"翻译过来，因为"诗序"是诗人介绍创作背景的重要资料，对理解诗歌非常重要，因此需要译出。韦利还指出该译诗中主、客身份的错误。⑤ 翟理斯随后在1921年第4期的《新中国评论》发文《韦利先生与〈琵琶行〉》，就韦利提出的问题予以反驳。⑥

两个月以后，韦利在1921年第5期《新中国评论》上发表《〈琵琶行〉：韦利先生答翟理斯》，韦利认为："这种争论是场闹剧，假若我是翟理斯教授，会因这场闹剧而羞耻，他有绝对优势，因为他名望全球，而我是无名小辈。"⑦ 一年以后，翟理斯又在1922年第5期《新中国评论》上发表《冠

---

① GILES H A. Review of A Hundred and Seventy Chinese Poems, Translated by Author Waley [J]. The Cambridge Review, 1918, Nov. 22: 131.
② WALEY A. To the Editor of The Cambridge Review [J]. The Cambridge Review, 1918, Dec. 6: 162.
③ GILES H A. A Poet of the 2nd Cent. B. C. [J]. The New China Review, 1920, 2 (1): 25-36.
④ GILES H A. A Re-Translation [J]. The New China Review, 1920, 2 (4): 320-321.
⑤ WALEY A. Notes on the Lute Girl's Song [J]. The New China Review, 1920, 2 (6): 591-597.
⑥ GILES H A. Mr. Waley and "The Lute Girl's Song" [J]. The New China Review, 1921, 3 (4): 281-288.
⑦ WALEY A. "The Lute Girl's Song": Mr. Waley's Reply to Prof. Giles [J]. The New China Review, 1921, 3 (5): 377.

带》一文，一方面对《青青陵上柏》中的"冠带自相索"的含义做了阐释，另一方面对韦利有关《诗品》的观点和言论表示不满。① 由于《新中国评论》的停刊，两人的论战没能持续下去。

翟理斯和韦利之间关于中国古典诗歌英译的论战实质上反映了20世纪初英语文学的诗学观念的变化，翟理斯的中国古典诗歌译诗韵律工整，符合传统英诗读者的欣赏情趣，韦利反对翟理斯过分讲究韵律的译法，并不是说他完全排斥在英译中国古典诗歌中再现原诗歌的韵律。为了避免做作而精雕细琢的译诗，韦利创造性地将英国诗人霍普金斯的"跳跃韵"用于中国古典诗歌的英译中，韦利"巧妙灵活地把握并体现原诗的节奏，并不强求押韵，形式活泼，令人耳目一新，其充满诗意和东方神韵美的优美译笔，更令人信服地展示了东方古典诗歌的独特魅力，获得了专家和一般读者的共同青睐。"② 中西译者将中国古典诗歌这颗璀璨夺目的东方宝石带入西方，一股清新的中国诗风也由此吹进了英语世界，通过中西诗歌翻译家孜孜不倦、卓有成效的努力，中国古典诗歌在西方熠熠发光，中国古典诗歌英译成为西方了解和欣赏中国人情感世界和中国历史文化的重要参照资源。

第二节　近代上海英文期刊英译中国古典诗歌与中国形象的建构和传播

近代上海英文期刊所刊英译中国古典诗歌给西方诗坛带来的不仅是新的诗歌形式的开拓，也是西方视野中认知中国人情感世界和中国历史的重要窗口。《皇家亚洲文会北华支会会刊》所刊汉乐府古诗《孔雀东南飞》的英译文生动再现了中国人的情感，在英语读者中营造了浪漫情感的遐想。《教务杂志》刊载翟理斯的《阿房宫赋》英译文凸显了秦始皇一统天下的豪迈气概，绘制了中国历史上帝王奢侈荒淫的生活画面。

---

① GILES H A. The Caps and Bells [J]. The New China Review, 1922, 4 (5): 395-400.
② 程章灿. 东方古典与西方经典——魏理英译汉诗在欧美的传播及其经典化 [J]. 中国比较文学, 2007 (01): 32.

一、《孔雀东南飞》英译与中国人的情感

中国古典诗歌通过独特的语言艺术再现诗人对世界的感知和认知。汉乐府古诗《孔雀东南飞》是中国文学史上第一部长篇叙事诗，全诗350余句，1780余字，在乐府古诗以及古典诗歌史上独具风格。《孔雀东南飞》原题为《古诗无名人为焦仲卿妻作》，该诗叙述了兰芝请归、焦母逼儿、夫妻离别、阿兄逼嫁直至双双殉情等故事情节，书写了一出流传千古的爱情悲剧，生动再现了中华民族的情感世界。全诗结构缜密，人物形象鲜明，达到了乐府诗创作的艺术高峰。

《孔雀东南飞》的英译已有多个版本，有学者认为《孔雀东南飞》的英译文最早可追溯到1946年英国阿瑟·韦利的译本。[①] 实际上，《孔雀东南飞》的最早英译文刊载于上海出版的英文期刊《皇家亚洲文会北华支会会刊》1922年第53卷第2期[②]，译者为艾尔弗丽达·哈德逊（Elfrida Hudson）。随后有其他英美学者如阿瑟·韦利（《中国诗》，1946）、伯顿·华兹生（Burton Watson）（《哥伦比亚中国诗集》，1984）、安娜·比莱尔（Anne Birrel）（《中国汉代民歌与歌谣》，1988）以及中国译者如许渊冲（1996）、汪榕培（1998）、杨宪益（2001）、黄福海（2010）、李正栓（2013）等翻译的《孔雀东南飞》英译本也陆续问世。

《皇家亚洲文会北华支会会刊》是亚洲文会于1858年在上海创办的汉学英文期刊，该刊由别发印书馆（Kelly & Walsh, Ltd.）发行，通过别发印书馆遍及全世界的发行机构，《皇家亚洲文会北华支会会刊》发行至北美、欧洲、大洋洲以及亚洲各国。别发印书馆，又名别发洋行、别发书店，以引进英美等西方国家出版的书籍为主，后又致力于出版中国文化经典的英译本、相关工具书和专著，还发行《皇家亚洲文会北华支会会刊》《新中国评论》《天下》月刊等英文期刊，是近代致力于中西文化交流的重要出版发行机构。《孔雀东南飞》最早的英译文于1922年刊载在《皇家亚洲文会北华支会会刊》，通过该刊遍及世界各地的发行机构，汉乐府古诗《孔雀东南飞》开始

[①] 贾晓英，李正栓．国内译者古诗英译中的归化倾向与韵体选择——以《孔雀东南飞》英译为例 [J]．外国语文，2016，32（02）：137-141．

[②] HUDSON E. Lan-tsih [J]. Journal of the North-China Branch of the Royal Asiatic Society, 1922, 53 (2): 85-92.

<<< 第四章　近代上海英文期刊英译中国古典诗歌和戏剧与中国历史形象及从善远恶
　　　　道德观的建构和传播

走进英语世界。

《孔雀东南飞》属民歌体，语言简明质朴，口语特色鲜明，韵律、声律比较自由，句子结构灵活，自然流畅，再现了中国人日常生活中的平凡事，书写了普通人的情感世界。诗歌通过鲜明的人物形象表现了刘兰芝与焦仲卿坚贞不渝的爱情。值得注意的是，原文中意象的创设对诗歌主题的达意传情起到了非常重要的作用。焦仲卿和刘兰芝在离别之际誓言"君当作磐石，妾当作蒲苇，蒲苇纫如丝，磐石无转移"①，通过对话言语中的意象，表达了夫妻长相厮守白头终老的情谊，在读者心目中产生共鸣和移情。哈德逊的英译文再现诗情的方法不是说教直陈，而是通过浅化处理，使其译文明白易懂，朗朗上口，直接呼应了原诗简明质朴的诗风。哈德逊将该句英译为"If my husband like a rock be, Like Nan Mountains, strong, unshaken, I'll be like the Typha rushes, Which together bound, break never."②（我丈夫如同南山一样坚实，我就像香蒲属一样永不折断。）该译文对原诗句的顺序进行重新调整和组合，译文将"磐石无转移"调换至前，译诗的空间顺序调整后，强化了"磐石""蒲苇"等意象的视觉性以及诗作的空间层次感和画面感，从而使译诗再现的情感更加鲜活生动。译文通过"Like Nan Mountains（像南山一样），like the Typha rushes（像香蒲属一样）"等明喻手法浅化了原文意象的语义内涵，给英语读者带来浪漫情感的遐想。

原诗的第 75 至 82 行"妾有绣腰襦，葳蕤自生光；红罗复斗帐，四角垂香囊；箱帘六七十，绿碧青丝绳，物物各自异，种种在其中"③。八句诗通过意象并置再现了刘兰芝辛勤劳动的成果，物件质地精妙，数量繁多，离别时的所留物象征了兰芝对仲卿纯真深厚的感情，通过一系列的意象并置勾画了兰芝内心的痛苦和悲切。意象是诗歌情感表达的重要载体，意象及其组合构成了原文的情感表达的基本要素，而翻译过程中对原文意象的重新选择或者调整可以改变原诗的情感表达方式和效果。哈德逊将其英译为"Silken dresses richly broidered, Heavy gold-brocaded curtains, Scent bags sewn into the corners; Sixty, seventy trunks and boxes. Wound around with green silk cording;

---

① 朱剑心. 乐府诗选［M］. 北京：人民文学出版社，2018：136.
② HUDSON E. Lan-tsih［J］. Journal of the North-China Branch of the Royal Asiatic Society, 1922, 53（2）：87.
③ 朱剑心. 乐府诗选［M］. 北京：人民文学出版社，2018：135.

Diverse things of all descriptions, When a wife is good for nothing, Her belongings can't have value."① 译文中将意象"silken dresses（绣腰襦）""heavy gold-brocaded curtains（斗帐）""scent bags（香囊）"以及"green silk cording（青丝绳）"并置，以物托情，以物言志，寄托兰芝对仲卿的深情厚谊。该句原文中的"物物各自异，种种在其中"翻译成"Diverse things of all descriptions, When a wife is good for nothing, Her belongings can't have value"。译文增加了"When a wife is good for nothing, Her belongings can't have value"（妻子被休，她的物品也毫无价值），一方面明示了原文的隐含意义，另一方面也改变了原文的意象空间。此外，译者还对原诗叙事话语层面含有贬损意味的女性性别标记词语进行了调适，如将原文的第一人称"妾"省去不译，因为称谓是最简单直接的人物刻画手段之一，译文通过对故事层面的人物称谓方面的改写来提升原诗中女性的形象。

诗中最后部分"东西植松柏，左右种梧桐。枝枝相覆盖，叶叶相交通。中有双飞鸟，自名为鸳鸯。仰头相向鸣，夜夜达五更"② 被译为"Pines and cypresses were planted, At the corners of the grave mound. And the Wu-tung tree grew luscious. Grew upon the mound luxuriant. And its branches twined together. Till they formed a leafy cover. Yung-yang birds beneath it nestle. Every night they sit together, Calling each the other, cooing. Eves when the fifth watch soundeth."③ 原文中"松柏、梧桐、鸳鸯"等多种色彩的意象营构了浓厚的情感氛围，给读者一种肃穆的视觉感，曲达其情，强化了该诗刘焦夫妇爱情永恒不朽的主题。译者与作者心灵相契，译文通过一系列的意象并置，成功地再现了原作的情感主调，传译出原文的整体意蕴氛围。比读原文和译文，译文中的系列意象"pines（松）""cypresses（柏）""Wu-tung tree（梧桐）""Yung-yang birds（鸳鸯）"增强了译文的画面感，无不令人强烈地感受到诗歌凄美悲怆的情调，渲染和强化了主题。

哈德逊《孔雀东南飞》英译文从叙事话语到人物称谓层面对原文进行一

---

① HUDSON E. Lan-tsih [J]. Journal of the North-China Branch of the Royal Asiatic Society, 1922, 53 (2): 87.
② 朱剑心. 乐府诗选 [M]. 北京：人民文学出版社，2018：140.
③ HUDSON E. Lan-tsih [J]. Journal of the North-China Branch of the Royal Asiatic Society, 1922, 53 (2): 92.

<<< 第四章　近代上海英文期刊英译中国古典诗歌和戏剧与中国历史形象及从善远恶道德观的建构和传播

定程度的调整和改写，原文本所表现的中国封建礼教甚至仇视女性的思想在英译文中得到一定程度上的消弭。译本重构了鲜明的追求忠贞爱情的人物形象，再现了中国普通百姓的情感世界以及对爱情婚姻自由的热烈向往，为中国普通百姓情感生活形象在西方的建构和传播提供了一个鲜活的范例。

二、《阿房宫赋》英译与中国历史形象

《教务杂志》1886年第17卷第11期刊载了翟理斯（H. A. Giles）英译的《阿房宫赋》。《阿房宫赋》是唐代著名诗人杜牧（803-852）创作的一篇赋体文章，赋兼具诗歌和散文性质，类似现在的散文诗。《阿房宫赋》全文骈散结合，通过夸张、想象、比喻等修辞手法生动形象地描述了阿房宫的兴建及其毁灭，再现了秦始皇一统天下的豪迈气概，刻画了中国历史上统治者的形象，同时也告诫世人骄奢必亡的历史教训。文章风格豪放，气势雄健，语言精练工整。

英译者翟理斯是英国著名翻译家，西方汉学的现代奠基人之一，发表了大量汉学著作和中国文学的译作。翟理斯在中国古典诗歌英译实践中形成了自己独特的译诗观，他认为汉诗英译应采用意译的方法，翻译首要要确定意义，然后再确定译诗体是散体还是韵体，翟理斯在《中国文学珍选：诗歌卷》的序言中说："相对散体译诗，用韵体诗译文表达原文意义要更加困难，译者需要付出更大的努力。原作品的意义是可以传递的，但无论是散体译诗还是韵体译诗，原作品的神韵无法传递。因此为了保留原诗的意义，译者只能牺牲原诗的风格和神韵，因为它们无法在译入语中传达出来。"[①] 在翟理斯看来，诗歌的意义十分重要，译者不一定要拘泥原诗的形式，传递原诗的意义是诗歌翻译的首要任务。

翟理斯的《阿房宫赋》英译文以翻译意义为主，并兼顾原文的韵律和节奏。《阿房宫赋》原文首段描述了阿房宫的雄伟壮观、丰姿盛态，再现了秦王朝开国皇帝秦始皇铁腕政治人物的形象。原诗用"六王毕，四海一，蜀山兀，阿房出"[②] 四个三字短句开篇，语言简练，富有节奏感，营造了一种不

[①] GILES H A. Gems of Chinese Literature：Verse [M]. Shanghai：Kelly & Walsh, Ltd., 1923：preface.
[②] 吴鸥. 杜牧诗文选译 [M]. 南京：凤凰传媒集团凤凰出版社，2011：142.

151

凡的气势，彰显了秦始皇一统天下的豪迈气概，也展现了阿房宫的富丽堂皇与建造的巨大耗资。翟理斯将"六王毕，四海一，蜀山兀，阿房出"英译为"When the Six Princes were reduced, all between the four seas became one empire. When the mountains of Szechuen were cleared, the Pleasance of O-Fang arose."① 译文采用了排比句的结构，根据传统英诗的写作规范以及英语重形合的特点，将原文的三字短句拓展为同一时间状语从句结构，译文节奏明快，朗朗上口，其中的"Six Princes（六王）""four seas（四海）""mountains of Szechuen（蜀山）""O-Fang（阿房）"等意象词构成一股磅礴的雄伟气势，再现了一代帝王的王者形象，会让英语读者联想起英国著名诗人柯勒律治（Samuel Taylor Coleridge, 1772—1834）著名诗篇《忽必烈汗》中的帝王忽必烈威武的形象。

《阿房宫赋》原文构筑了一幅气势宏大的画面，如"覆压三百余里，隔离天日。骊山北构而西折，直走咸阳。二川溶溶，流入宫墙"② 勾勒出阿房宫地域广阔、凌云蔽日的宏大气势，再现了阿房宫巧夺天工的高超建筑技巧。翟理斯将此句译为"It covered three hundred li and more. It reached upwards to the sky. From the north of the Li Hill it passed, westwards, to Hsien-yang. Two flowing rivers threaded its outer walls."③ 翟理斯的英译文遵循英语诗歌的诗学规范，译句逻辑关系清晰，并采用了创造性的译法，如将"隔离天日"译为"It reached upwards to the sky"而不是"It covered the sun in the sky"，译文绘制了一幅阿房宫直通天际的图像，秦王朝的繁荣和辉煌生动逼真地显现于译语读者眼前。

原文实虚交错，精描细绘，用夸张的手法实写了重楼叠阁、长廊高檐，虚写了长桥如龙、复道似虹，映衬阿房宫之大气宏伟。翟理斯将"长桥卧波，未云何龙？覆道行空，不霁何虹？高低冥迷，不知西东"④ 英译为"Long bridges lay over the waves; — dragons but for want of clouds. Covered bridges spanned each gap; —rainbows but for lack of rain. There, height and depth,

---

① GILES H A. Pleasance of O-Fang [J]. The Chinese Recorder, 1886, 17 (11): 416.
② 吴鸥. 杜牧诗文选译 [M]. 南京：凤凰传媒集团凤凰出版社，2011: 142.
③ GILES H A. Pleasance of O-Fang [J]. The Chinese Recorder, 1886, 17 (11): 416.
④ 吴鸥. 杜牧诗文选译 [M]. 南京：凤凰传媒集团凤凰出版社，2011: 142.

and east and west, were equally lost to view."① 英译文中的"long bridges（长桥）""waves（波浪）""dragons（龙）""clouds（云）"等意象构成了一幅奇异瑰丽的阿房宫宏大图景，给异域读者展现了昔日秦王朝的辉煌。

译文也将原文对秦朝统治者奢侈生活的描写传译得十分生动逼真，如"燕、赵之收藏，韩、魏之经营，齐、楚之精英，几世几年，摽掠其人，倚叠如山。一旦不能有，输来其间。鼎铛玉石，金块珠砾，弃掷逦迤，秦人视之，亦不甚惜。"② 翟理斯英译为"All that was precious, all that was beautiful, all that was rare, stolen from the people and piled up for years, one day to be no longer kept, was brought together here, were bronzes and jade and gold and pearls counted no better than pots and stone and clay and tiles, amid an abundance pushed to excess. But to the people of Ch'in what mattered this."③ 译者翟理斯考虑到英语读者对中国地名的熟知状况以及传播效果，在其英译文中改写了原文中的情景细节，如并未将"燕、赵、韩、魏、齐、楚"等中国地名词语逐一译出，而是进行了泛化处理，将其译为"All that was precious, all that was beautiful, all that was rare"。原文中的"鼎铛玉石，金块珠砾"拓展译为英语句子"were bronzes and jade and gold and pearls counted no better than pots and stone and clay and tiles"，译文中的"bronzes（鼎）""jade（玉）""gold（金）""pearls（珠）""pots（罐）""stone（砾）""clay（陶）""tiles（瓦）"等多个意象并置，各种意象呈现出不同的色彩，构成色彩各异、明暗对比的图案。英译文通俗易懂，节奏韵律感十足，十分逼真地记录描述了秦始皇骄奢淫逸的宫廷生活，译文读者可通过这些形象的文字描述构筑一幅中国历史上帝王奢侈荒淫的生活画面。

原文的后半部分先发出"嗟乎"之感叹，并用了六组"使……多于……"的排比句，谴责秦始皇搜刮民脂、挥霍无度，揭露秦始皇的奢靡。翟理斯将六组排比句"使负栋之柱，多于南亩之农夫；架梁之椽，多于机上之工女；钉头磷磷，多于在庾之粟粒；瓦缝参差，多于周身之帛缕；直栏横

---

① GILES H A. Pleasance of O-Fang [J]. The Chinese Recorder, 1886, 17 (11): 416.
② 吴鸥. 杜牧诗文选译 [M]. 南京：凤凰传媒集团凤凰出版社，2011: 143.
③ GILES H A. Pleasance of O-Fang [J]. The Chinese Recorder, 1886, 17 (11): 416.

槛,多于九土之城郭;管弦呕哑,多于市人之言语"① 英译为 "Columns he set up, more than there are husbandmen in the furrow. Beams were laid across, more than there are girls plying the loom. Stones, more than there are grains in the Imperial granary. Tile designs, more numerous than the threads of a silken robe. Balusters, more numerous than the cities and towns of the empire, while the sounds of guitar and flute outnumbered the haggling words of the market place."② 英译文为六组排比句式,句子长短不拘,节奏鲜明,韵律缓急交错,音节铿锵,富于表现力,将秦始皇的奢靡给普通百姓带来的深重灾难描述得十分形象逼真,英译文再现的情感与原文的情感十分契合,也将一幅中国秦王朝的画面生动地展示在西方读者面前。"阿房宫"是中国历史文化形象的一种象征符号,原文中的"阿房宫"形象历经跨文化的语言转换,进入译入语文化后,便成为异域他者,象征着一个奇异的"异国之乡"。翟理斯的《阿房宫赋》英译本建构了一个与原文类似的他者形象,一定程度上满足西方人对于中国文化形象的想象。

乐府诗《孔雀东南飞》描述和记录了普通中国大众的情感世界,《阿房宫赋》书写了秦王朝的辉煌和秦始皇的奢靡,哈德逊英译的《孔雀东南飞》以及翟理斯英译的《阿房宫赋》为西方世界开启了认识和评价中国历史文化的窗口。西方译者独译的中国古典诗歌是一个从文化层面推进和深化西方世界对中华民族文化形象和历史形象认识和理解的途径,中国古典诗歌英译文中建构的中国文化形象往往有别于文学典籍、古典小说等类型文学作品译本建构的中国文化形象,中国古诗英译文为西方世界认识和想象中国提供了丰富的文本资源,进一步加深、强化、巩固了西方世界对中国形象的社会集体想象。

第三节 近代上海英文期刊英译中国古典戏剧

中国戏剧是中国传统文化宝库中的珍品,独树一帜,久负盛名,具有独特的艺术魅力,中国戏剧以其独特的风格和品味为西方世界所仰慕,也成为

---

① 吴鸥. 杜牧诗文选译 [M]. 南京:凤凰传媒集团凤凰出版社,2011:143-144.
② GILES H A. Pleasance of O-Fang [J]. The Chinese Recorder, 1886, 17 (11):417.

<<< 第四章　近代上海英文期刊英译中国古典诗歌和戏剧与中国历史形象及从善远恶
　　　　　道德观的建构和传播

西方文学家、艺术家顶礼膜拜的文化珍品，在中国文化的西渐和西方世界的中国形象建构和传播过程中发挥着独特的作用。近代上海英文期刊所刊中国戏剧翻译与小说或诗歌的翻译相比，数量相对较少，其原因之一与戏剧文本的特殊性有关。古尼拉·安德曼（Gunilla Anderman）认为，戏剧翻译面临的困难在于戏剧艺术固有的二重性，即语言与演出相结合，并通过视觉和听觉形象表现出来。① 值得关注的是，近代上海英文期刊，尤其是英文《天下》月刊以高度的文化自信，积极探索弘扬中国戏剧的海外传播路径，弥合西学东渐对中国传统戏剧的认知差异，《天下》月刊聚集众多致力于中国传统戏剧研究的优秀学者，积累汇聚了辐射海内外的中国戏剧研究成果。

中国戏剧走入西方文化始于法国耶稣会传教士马若瑟1731年节译、1735年发表的法译本《赵氏孤儿》。《赵氏孤儿》在当时西方的"中国热"中广受瞩目，这并非由于《赵氏孤儿》本身的艺术魅力，而是该剧的中国价值观、道德观契合了当时西方社会发展的需求。② 17、18世纪，西方社会处于启蒙阶段，西方思想家急于寻求治疗西方社会顽疾的良药，中国儒家文化的仁政理性思想，寄托着西方社会的希望，承载儒家思想的中国戏剧于是走进西方社会。伏尔泰以此为素材创作出《中国孤儿》这部颂扬中国道德、颂扬儒家文化的剧作，轰动了当时的法国剧坛，并在欧洲其他国家的文学界产生了较大的影响。英国、意大利及欧洲其他一些国家也先后出现类似的改写本，从而使它成为中西文化交流的最先使者，其意义十分深远。

20世纪以降，西方世界因自身的社会及文化危机而聚焦东方文化，希望从古老的东方文化中汲取复兴的力量。就戏剧艺术而论，欧美戏剧如何表现戏剧的本质、如何通过表演来反观生活本质，这已成为欧美戏剧界的焦虑。"中国戏剧的道德教谕给欧美人士带来了心灵的震撼和精神的依托，并因此受到广泛的推崇。"③ 近代上海英文期刊也是中国戏剧西传的重要载体之一，其中国戏剧英译具有较高的水准，得到西方戏剧界的广泛关注。

---

① ANDERMAN G. Drama Translation [M] // BAKER M, SALDANHA G. Routledge Encyclopedia of Translation Studies. Shanghai: Shanghai Foreign Language Education Press, 2010: 92-95.
② 朱姝.《赵氏孤儿》外译与"戏剧翻译"界定 [J]. 外语学刊, 2013 (05): 104.
③ 江棘. 穿过"巨龙之眼"——跨文化对话中的戏曲艺术（1919—1937）[M]. 北京：中国人民大学出版社, 2015: 45.

一、英文期刊中国戏剧英译及戏剧研究论文

近代上海英文期刊在译介中国典籍、中国古典小说以及诗歌的同时,也刊载一定数量的中国戏剧英译文以及中国戏剧研究的论文和书评,不仅涉及元杂剧、昆曲等古典戏剧,也包括京剧等近代戏剧。期刊中的此类中国戏剧译介与研究主体既有汉学家、专业学者,也有戏剧爱好者,形成了翻译与研究并进、专业性与普及性相结合的格局特点。

近代上海英文期刊共刊载戏剧译文、书评及戏剧研究文章约 40 余篇,这些戏剧译文既有全译,也有节译,其中《天下》月刊所刊载的中国戏剧研究论文和译文篇幅较多。如《天下》月刊从 1936 年第 3 卷第 3、4、5 期至 1937 年第 4 卷第 1、2 期分五期连载了姚莘农翻译的《雷雨》,这是《雷雨》的第一部完整的英译本;《中国科学美术杂志》1930 年 2 月第 12 卷第 1、2 期刊载阿灵顿英译的《黄鹤楼》(二幕历史剧)节译部分。期刊还刊载一定数量的中国戏剧研究论文,如《天下》月刊 1935 年 8 月第 1 卷第 1 期发表钟锺书的英文论文《中国古代戏曲中的悲剧》,1935 年 11 月第 1 卷第 4 期发表姚莘农的《元杂剧的主题与结构》,1936 年 1 月第 2 卷第 1 期发表姚莘农的《昆曲艺术的兴衰》,1936 年 9 月第 3 卷第 2 期发表陈受颐的《十八世纪欧洲文学里的〈赵氏孤儿〉》。此外,还刊载了若干篇书评文章,如林语堂评熊式一译《王宝川》、姚莘农评熊式一译《西厢记》、姚莘农评阿灵顿与艾克顿译《戏剧之精华》等。期刊所载的译文、书评以及研究论文是中国戏剧走进英语世界的重要部分,构成了考察中国戏剧海外传播及中国形象海外建构的一个重要维度。近代上海英文期刊所刊中国古典戏剧与现代戏剧英译作品一览表详见附录四。

二、英文期刊中国戏剧英译与研究的互动

近代上海英文期刊中,对中国戏剧的海外译介篇幅最多者是《天下》月刊,《天下》月刊在短短的六年办刊历史中,共刊载中国戏剧研究论文 4 篇、戏剧译文 11 篇以及书评 5 篇。研究论文、译本和书评搭建了近代上海英文期刊向西方世界译介中国戏剧的平台,形成了中国戏剧研究和译介的良性互动。

《天下》月刊自创刊起,就在刊物上刊载中国戏剧研究方面的论文,这

些用英文撰写的中国戏剧研究论文运用新的学术方法,表现出了国际视野,阐述了中国戏剧传统与外部世界的关系,既向西方世界介绍了中国戏剧的基本知识,又深化和拓宽了中国戏剧理论建设,在中国文化形象的海外传播方面发挥了积极推进作用。中国学者钱锺书、陈受颐、姚莘农等先后在《天下》月刊发表了有关中国戏剧方面的研究论文。

钱锺书(1910—1998)的《中国古代戏曲中的悲剧》一文刊登在1935年8月的《天下》月刊创刊号上。该文根据戏剧的内容、结构和冲突等因素,对莎士比亚的《安东尼与克利奥佩特拉》、德莱顿的《为爱牺牲》、白仆的《梧桐雨》、洪昇的《长生殿》以及《窦娥冤》《赵氏孤儿》等进行了较为深入的对比分析,认为中国古典悲剧并不符合西方古典悲剧的概念与范畴。他进而指出中国的戏剧艺术没有悲剧的最高形式:"戏剧艺术的最高形式当然是悲剧,然而正是在悲剧方面,我国古代并没有一位成功的剧作家。"① 钱锺书还认为悲剧在中国缺失的原因是等级制度下的特定道德秩序,中国剧作家常常以宿命论来解释悲剧,而不是将命运与悲剧相联系。

除了钱锺书先生外,著名学者陈受颐(1899—1978)也一直致力于研究中国文化在欧洲的传播与影响。在《天下》月刊上,陈受颐共发表了四篇与中外文化交流相关的论文,其中1936年9月第3卷第2期的《十八世纪欧洲文学里的〈赵氏孤儿〉》是其早年发表在《岭南学报》上论文的英译文,该文基于大量的原始资料,分析对比了《赵氏孤儿》的英、法、德译本,并认为这些译本都力图使该剧符合西方戏剧的三一律,表现了译者欧化中国戏剧的意图。

姚莘农(1905—1991)以《天下》月刊编辑的身份积极向西方世界传播中国戏剧文化,他充分利用其戏剧研究的专长,用英文撰写并发表中国戏剧方面的研究论文,主要有《元杂剧的主题与结构》与《昆曲艺术的兴衰》。《元杂剧的主题与结构》刊载于《天下》月刊1935年11月第1卷第4期,姚莘农认为:"元杂剧与唐诗宋词相比,其文化影响更深远,为之后的古典小说的诞生做了准备,也为之后的中国戏剧的发展奠定了基础。"② 在姚莘

---

① CH'IEN Chung-shu. Tragedy in Old Chinese Drama [J]. T'ien Hsia Monthly, 1935, 1 (1): 38.
② YAO Hsin-nung. The Theme and Structure of The Yuan Drama [J]. T'ien Hsia Monthly, 1935, 1 (4): 388.

农看来，元杂剧的主题较为单一，而且多以大团圆为结局，但元杂剧的结构多继承了前代戏剧的成果，并有所突破和发展。姚莘农的这篇论文向西方世界介绍了元杂剧的基本知识，也澄清了西方学者对元杂剧的模糊认识。

昆曲作为中国传统戏剧最古老的剧种之一，于20世纪30年代被介绍到西方，仅有的西文译本有法译本《昆曲：关于中国古典戏剧》。姚莘农较早开始向西方英语世界介绍昆曲，他的英文论文《昆曲艺术的兴衰》发表于《天下》月刊1936年1月第2卷第1期。该文通过对昆曲五个阶段的分析，梳理了昆曲三百多年的发展历史及其特点，分析了昆曲历经三个世纪的繁荣又走向衰败的原因。该研究论文在一定程度上弥补了西方戏剧界对昆曲知识了解的不足，深化西方戏剧界对昆曲的认识。

中国戏剧英译剧本为西方世界感知中国戏剧提供了第一手材料和具体直接的途径。《天下》月刊为中国戏剧英译本的发表和出版提供了渠道，刊发了中西译者翻译的若干部中国经典戏剧，其中有姚莘农翻译的京剧《奇双会》（又名《贩马记》，1935年12月第1卷5期）、京剧《庆顶珠》（原名《打渔杀家》，1936年5月第2卷第5期）、现代剧《雷雨》（连续五期连载于1936年10月第3卷第3期至1937年2月第4卷第2期），哈罗德·艾克顿翻译的昆剧《春香闹学》（《牡丹亭》节选，1939年4月第8卷第4期）、《狮吼记》（1939年8月第9卷第1期）和《林冲夜奔》（1939年9月第9卷第2期）。这些中国戏剧的剧本译文在整个期刊中所占比例虽然有限，但这些中国戏剧的英译剧本多是首次在英语世界发行，成为西方读者了解中国戏剧文化的原始素材。

姚莘农在30年代初积极向世界翻译和介绍中国文学，除翻译鲁迅的小说外，还致力于中国戏剧的英译。姚莘农以《天下》月刊编辑的身份，通过在该刊物刊载戏剧译本向西方介绍中国戏剧，并将中国戏剧的翻译紧密地与其戏剧思想相结合。《奇双会》（*Madame Cassia*）的翻译就是其戏剧论文《元杂剧的主题与结构》在戏剧实践中的验证，姚莘农通过该剧本的译文实例向西方介绍元杂剧的特点。姚莘农还专门撰写了剧本的"简介"，并说明了翻译该剧的缘由："《奇双会》既是目前中国京剧界最出色的剧目之一，也让我不时地想起发表在本刊11月期我那篇关于元杂剧的论文。《奇双会》再现了元杂剧的基本结构特点：一本四折，联套的使用（可参看原中文文本，该译文已将唱曲改译为念白），该剧还反映了中国戏剧的一些其他常见特征，如念白的介绍功能。"① 该刊半年之后又刊载了姚莘农翻译的京剧《庆顶珠》(*The Right to Kill*) 英译本,姚莘农在译文的前言中指出《庆顶珠》是取材于《水浒后传》的京剧故事,选译《庆顶珠》是因为其"反抗主题",这是京剧中少有的主题,其英文名之所以为"The Right to Kill",是由于原来的剧名《庆顶珠》《讨鱼税》《打渔杀家》都不能表现该剧的反抗精神。②

除了中国学者翻译中国戏剧外,一些西方学者也积极参与中国戏剧的英译。英国学者哈罗德·艾克顿对中国传统戏剧的翻译做出了卓有成效的贡献。他翻译的三部昆曲即《春香闹学》《狮吼记》和《林冲夜奔》先后在《天下》月刊上发表,艾克顿在译者前言中论及翻译《春香闹学》的缘由,因为"三出折子戏《春香闹学》《游园惊梦》《还魂》在全长55幕的《牡丹亭》中最流行于当前戏剧舞台"③。此外,他还认为"和现代京剧相比,昆曲《春香闹学》在舞台上更能表现一种现实主义的魅力……《春香闹学》通过天真的语言来表现调皮的小女孩捉弄教书先生。昆曲是现实主义的,而京剧则多依赖于道具服饰等"④。艾克顿认为昆曲的折子戏与西方的现实主义戏剧有更多的类似点,也容易被西方观众所接受。《狮吼记》中的《跪池》一折是在《天下》月刊发表的第二部昆曲翻译作品。在该译本前言中艾克顿提及选译昆曲中的这部喜剧的缘由,因为"妒妻是中西喜剧的常见主题之一"⑤。艾克顿还对比了《狮吼记》与莎士比亚的喜剧《错中错》,并认为两位主人公即使生活在不同的国度和不同的时代,但两人言论与行为都颇为相似,两部剧都表现了女性对男女地位平等的强烈呼唤。昆曲《林冲夜奔》是艾克顿发表在《天下》月刊的第三部译作,他认为:"昆曲《林冲夜奔》与《尼姑思凡》是中国戏剧舞台上最优美的戏。在西方戏剧看来,这两部戏都

---

① YAO Hsin-nung. An Introduction of Madame Cassia [J]. T'ien Hsia Monthly, 1935, 1 (5): 537.
② YAO Hsin-nung. An Introduction of the Right to Kill [J]. T'ien Hsia Monthly, 1936, 2 (5): 469.
③ ACTON H. Foreword by The Translator of Ch'un Hsiang Nao Hsueh [J]. T'ien Hsia Monthly, 1939, 8 (4): 357.
④ ACTON H. Foreword by The Translator of Ch'un Hsiang Nao Hsueh [J]. T'ien Hsia Monthly, 1939, 8 (4): 358-359.
⑤ ACTON H. Foreword of Scenes of Shih Hou Chi [J]. T'ien Hsia Monthly, 1939, 9 (1): 113-114.

堪称杰作，因为它们更能表现中国古典戏剧的艺术美。《尼姑思凡》既表现了女性的温柔美丽，也表现了女性的柔弱，《林冲夜奔》则表现了男性的强悍和力量。"① 艾克顿还在前言中介绍了昆曲的历史渊源以及昆曲乐器的特点，并认为"昆曲就是中国传统戏剧的代名词"②。艾克顿认为《林冲夜奔》完美地将昆曲唱和舞相结合，并指出该昆曲充分利用了简洁的服饰和道具强化林冲悲怆的形象。

从 1936 年 10 月到 1937 年 2 月，《天下》月刊连续五期连载姚莘农翻译的《雷雨》英译本。姚莘农在刊物"编辑的话"中对《雷雨》作了高度评价："《雷雨》是中国新文化运动结出的成熟果实。《雷雨》在中国的戏剧舞台上就像划过天空的彗星，发出耀眼的光辉。这是第一次世界大战后的中国现代戏剧运动中最成功最受欢迎的一部剧作。《雷雨》是复兴中国戏剧的强心剂，中国之前的戏剧一直处于低迷的状态，《雷雨》带给我们复兴的希望。"③ 姚莘农强调这也是《天下》月刊译介《雷雨》的缘由，因为"《雷雨》能让西方读者通过舞台更好地了解当今的中国。"④

刊物中的"书评"栏目也时刻关注中国戏剧在西方的译介进展和研究现状，刊发有关中国戏剧译本的书评。书评是专业学者通过分析书籍内容，评价其学术和艺术特色，起到在作者、读者和出版机构之间的沟通作用，并体现评论者对书籍思想内容的深度理解和观点。刊物的这些书评是对中国戏剧译介和研究的重要补充。《天下》月刊先后发表林语堂的《书评：熊式一译〈王宝川〉》、姚莘农的《书评：熊式一译〈西厢记〉》、姚莘农的《书评：阿灵顿与艾克顿译〈戏剧之精华〉》、于乐天的《书评：哈特（Hart）译〈西箱记〉》以及福开森的《书评：德国汉学家洪涛生（Q. Hunahausen）译〈牡丹亭〉》。

熊式一（1902—1991）是最早将中国京剧搬上西方舞台的戏剧翻译家，

---

① ACTON H. Foreword of Scenes of Lin Ch'ung Yeh Pen [J]. T'ien Hsia Monthly, 1939, 9 (2): 180.
② ACTON H. Foreword of Scenes of Lin Ch'ung Yeh Pen [J]. T'ien Hsia Monthly, 1939, 9 (2): 181.
③ YAO Hsin-nung. Editorial Commentary [J]. T'ien Hsia Monthly, 1936, 3 (3): 211-213.
④ YAO Hsin-nung. Editorial Commentary [J]. T'ien Hsia Monthly, 1936, 3 (3): 214.

<<< 第四章 近代上海英文期刊英译中国古典诗歌和戏剧与中国历史形象及从善远恶道德观的建构和传播

熊式一小学在美国人办的学校学习，1923年从北京高等师范学校英语部毕业后在京沪等地从事教学和翻译工作，1932年赴英国伦敦大学攻读戏剧文学博士学位。1934年7月，熊式一将讲述薛平贵与王宝川故事的传统京剧《红鬃烈马》改译为英文话剧 Lady Precious Stream（中文译名《王宝川》），并由英国伦敦麦勋书局（Menthuen）出版。1934年冬，该剧由熊式一亲自导演并搬上舞台，先在伦敦小剧场（Little Theatre）上演并获得巨大成功，随后在英国连演三年，演出九百余场，场场爆满，盛况空前。1936年1月《王宝川》开始在美国百老汇上演，共演出了一百零五场，引起轰动，《王宝川》成为登上美国百老汇舞台的第一部中国戏剧。《王宝川》之后又在荷兰、瑞士、比利时、匈牙利等国演出，引发了国际上的一股中国戏剧热潮，《泰晤士报》等媒体频繁地登出《王宝川》的剧评，西方观众青睐这个新鲜神话般的故事和这幅生动形象的中国家庭生活的风情画，这个思想朴实、风格清新的剧目，对身处现代大都市伦敦的观众而言，就"像一出欢乐、离奇美妙的哑剧猜谜游戏"①。《王宝川》英文剧在欧美的成功演出，不仅传播了中国文化和中国戏剧文学，也积极推进了海外中国形象的建构和传播。

熊式一改译的英文话剧《王宝川》在欧美舞台剧场广受欢迎，西方报刊对该剧也充满溢美之词，而在国内它却受到"辱国"指控。洪深于1936年7月发表《辱国的〈王宝川〉》一文，从译者态度、改译策略以及意图和导向等方面，全盘否定剧作《王宝川》。邵洵美以及张恨水等文化界人士也都谴责熊式一的《王宝川》是一部辱国作品。

《天下》月刊积极回应中西戏剧文化界对熊式一英译《王宝川》的反应。1935年8月第1卷第1期发表了林语堂对熊式一英译《王宝川》的书评，林语堂认为熊式一对原剧的改编是必要可行的，因为西方戏剧与中国戏剧存在着差别，如一部京剧包含多个折子戏，京剧不像西方戏剧那样具有逻辑性及高潮和结局等。林语堂对译者的翻译策略等给予积极的肯定，并指出："需要梳理《王宝川》的成功经验，该剧的成功是原剧的艺术魅力、译者流畅的译文以及译者戏剧艺术方面的造诣。"② 在20世纪30年代中西文化文学交流

---

① 江棘. 戏曲译介与"代言人"的合法性——20世纪30年代围绕熊式一《王宝川》的论争[J]. 汉语言文学研究，2013，4（02）：64.
② LIN Yutang. Book Reviews of Lady Precious Stream [J]. T'ien Hsia Monthly, 1935, 1(1): 106-107.

不平衡的状态下,《王宝川》的英译向西方世界呈现了中国戏剧的魅力,成功地进行了一次中西戏剧的互动对话。相对于《王宝川》的巨大成功,西方戏剧界对熊式一英译的戏剧《西厢记》的反应就十分寥落,该剧上演时,观众也寥寥无几。姚莘农在1936年第3期的《天下》月刊上也发表了有关《西厢记》译本的书评,认为:"熊式一的《西厢记》译文忠实原文,但没有'诗意',译文偏离原文的意义,丢失了原作的意境。"① 在姚莘农看来,因为译本采用不合宜的翻译策略,以高蹈派的诗歌翻译中国古典诗歌,译本显得神韵尽失、平淡无味。

姚莘农高度评价艾克顿和阿灵顿合译的中国戏剧。艾克顿是英国作家、诗人,出生于意大利贵族世家,1926年毕业于牛津大学。因不满欧洲文化,1932年他到中国,在北京大学教授英美文学。阿灵顿(L. C. Arlington,1859—1942)是美国人,1879年来华工作,在中国水师、海关和邮政局工作,在中国多年的工作和生活让他十分热爱中国古典戏剧。出于对中国戏曲文化的热爱,阿灵顿与艾克顿合译的《戏剧之精华》(Famous Chinese Plays)于1937年初出版。该书收录《战宛城》《长坂坡》《击鼓骂曹》《奇双会》等共计33部戏曲剧本的英译及故事梗概。姚莘农在同年5月的《天下》月刊上发表书评,盛赞他们对中国戏剧研究的贡献,姚莘农认为:"戏剧翻译需要艰辛的努力,需要译者具备中国戏剧舞台和表演技巧方面的专业知识,很少人能胜任该项工作。因此,译作《戏剧之精华》的出版对于研究中国戏剧的西方学者来说意义重大,况且该译本是阿灵顿与艾克顿高水平的合作成果。"②

这部中国戏剧译文集对改变自18世纪以来中国戏剧被西方忽略的局面发挥了积极的作用,为西方读者提供非常丰富的中国戏曲知识,让西方读者意识到中国戏剧是与西方戏剧完全不同的艺术形式,具有独特的审美价值,也标志着中国戏剧艺术逐步走进西方文化。

《天下》月刊通过刊载中国戏剧研究论文、戏剧英译本以及书评等形式,对中国戏剧展开了丰富而多层次的对外译介、传播和研究。刊物的戏剧研究

---

① YAO Hsin-nung. Book Review: The Romance of the Western Chamber, translated by S. I. Hsiung [J]. T'ien Hsia Monthly, 1936, 2(3): 300-302.
② YAO Hsin-nung. Book Review: Famous Chinese Plays, translated and edited by L. C. Arlington and Harold Acton [J]. T'ien Hsia Monthly, 1937, 4(5): 550.

论文对中国戏剧理论的框架和丰富内涵进行了多角度的深入阐释，提出了许多精辟见解和论断，引起国内外学者的普遍关注，也为西方学者进一步了解和研究中国戏剧提供了线索和方向，评论者中肯的评价又弥补了原作者某些观点的偏颇，为中西方研究者宏观整体把握和研究中国戏剧提供了有益的借鉴和参照。这些研究显示了刊物高度重视戏剧文学在传播中国文化文学方面的特殊作用，彰显了刊物在中西戏剧文学交流中敏锐公正的判断力。《天下》月刊等近代上海英文期刊以历久弥新的文化担当与全球性的文化高度和视野，对中国戏剧展开富有成效的研究和传播，在中国戏剧的海外传播方面打上了独特的烙印。

第四节　期刊英译中国古典戏剧与从善远恶道德观的建构和传播

《天下》月刊等近代上海英文期刊所载中国戏剧英译剧本、研究论文及书评带给西方戏剧界的不仅是新的戏剧形式的开拓，也是西方视野中认知东方的一个坐标。姚莘农翻译的《奇双会》通过善恶果报的故事教导人们从善远恶，遵守德行操守，该剧同时也表现了中国普通民众的乐观豁达的处世观；艾克顿英译《林冲夜奔》具体生动地再现了林冲忠诚刚毅的形象。

一、《奇双会》英译与从善远恶的德行操守

《奇双会》又名《贩马记》。明代陕西褒城李奇贩马为业，有女桂枝、子保童。妻死，续娶杨氏。李奇终年在外，杨氏私通田旺，桂枝与保童不堪后母虐待，二人离家出逃并失散。李奇贩马归来，不见子女，问杨氏子女下落，她与丫鬟说法不一，李奇拷问丫鬟，丫鬟上吊自缢。杨氏与奸夫田旺诬陷李奇，逼奸丫鬟致死，并买通知县胡敬，将李奇严刑逼招，押入死囚牢。新任褒城县令赵宠的夫人正是桂枝，桂枝夜闻监中哭声，开监提问，知己父蒙冤。待赵宠回后，哭诉前情，求赵写状。赵宠替她写下申冤状，并教桂枝乔装至新任巡按处申诉，巡按正是其弟保童，胡知县畏罪投井，冤情得以昭雪，一家团聚，以喜剧终场。该剧具有道德教化的作用，以善恶果报的道理警示人们弃恶从善，涵养德行操守。

《天下》月刊1935年12月第1卷第5期的《奇双会》的英译本翻译了原戏中最为精彩的第四本中的三、四、五、六出戏,即《哭监》《写状》《三拉》《团圆》四出戏。译者姚莘农将原剧剧本翻译得更近乎导演台本,而且其中的场景动作和人物提示等都一应俱全,让译文读者如临其境。阿灵顿与艾克顿合译的《戏剧之精华》(Famous Chinese Plays)于1937年初出版,该书也收录了两人翻译的《奇双会》,在该书的前言中,两位西方译者论及其翻译策略:"意在再现原剧的精神,而不拘泥逐字逐句的准确,因为字面逐字逐句的准确难免导致该剧的乏味抑或更为糟糕。"① 姚莘农在1937年第4卷第5期的书评中对两位西方译者的翻译方法表示认同:"中国戏剧剧本有很多重复多余的言语,在实际的舞台表演遮掩下,观众可能不会注意到这些。但剧本被写成文字后,特别是被翻译成另一种语言文字时,剧本的这些缺点就尤为凸显,让读者感到无趣乏味。两位译者的译文摆脱了字字对应,省略了重复的言语,译文从而更流畅,更具吸引力。"② 和两位西方译者的译本相比,姚莘农的英译融文学性与戏剧性为一体,除传递原剧剧情外,还再现和提升了剧本的主题思想。

在《奇双会》的《三拉》一折中,新任巡按保童提李奇复审,判李奇死刑的前任褒城县官胡敬见罪行败露,跳井自杀。巡按保童随当堂剖明冤情,为李奇平反冤狱,一家团聚。姚莘农的英译文对舞台上的场景描绘十分细致入微,增加了一些烘托背景的舞台提示语,同时对人物的内心世界进行深入的描摹,应验善有善报,恶有恶报,善恶果报的道理,也发出了劝人向善的警示。如下例:

原文:
保　童　这都是前任问官断定,日后查明此案,一齐问罪!
胡老爷　啊呀且住。大人言道,日后查明此案,一齐问罪。想我偌大年纪,还受这一刀之苦。这、这、这……(水声)有了!堂口有口井在此,不免投井而死,落个全尸。列位,就说胡老爷投井了!

---

① ARLINGTON L C, ACTON H. Famous Chinese Plays [M]. Peking: Henry Vetch, 1937: xi-xiiv.
② YAO Hsin-nung. Book Review: Famous Chinese Plays, translated and edited by L. C. Arlington and Harold Acton [J]. T'ien Hsia Monthly, 1937, 4 (5): 550.

李　奇　啊呀大人下！胡老爷投井而死，可见老犯人实是冤屈的了！①

译文：

L₁ P_{AO-TUNG}. Well, this is a case of suicide so far as the slave girl is concerned. L₁ C_{HI} was not responsible for it. How could the Paochen Magistrate sentence him to death? There must be something bad behind such a hideous injustice. This Court will make an investigation into this case and bring the real wrongdoers to book. (His sharp glance falls on HU CHING, who has turned pale with fear from his guilty conscience.)

H_U C_{HING}. (Aside) Alas! it's all up! The Lord High Inspector says that the Court will make an investigation into the case and bring the real wrongdoers to book. (Holds out his long gray beard, and looks at it regretfully) Having lived so many years, am I going to allow my venerable head to be severed from my body? (Looks around and sees a well in the courtyard. His face now turns hopeful and takes on a look of stern determination.) Ah! there is a well in the courtyard. Let me plunge into it and die without suffering mutilation. (He slips quickly out of the Court to the well and turns to call out to the Guards and policemen.) Hey! tell the Court that I am drowning myself in the well. (He jumps headlong into the well and stalks away from the bottom of it as a ghost. Exit.)

The guards and policemen are startled by this unexpected turn but are too late to prevent the suicide.

F_{IRST} P_{OLICEMEN}. (To L₁ P_{AO-TUNG}) Your Excellency. The former Lord Magistrate, Hu, has drowned himself in the well.

L₁ C_{HI}. (To L₁ P_{AO-TUNG}) Your Excellency. The doubt Lord Hu's guilty conscience and your humble prisoner's innocence. (Softly to himself, his eyes looking up into the blue sky, above the courtyard) The water that washed Magistrate Hu's soul away has washed off the blood that he stained my hand with. I shall burn a full bowl of incense to communicate my gratitude to Almighty Heaven. ②

---

① 俞振飞. 振飞曲谱 [M]. 上海：上海文艺出版社，1982：453.
② YAO Hsin-nung. Madame Cassia [J]. T'ien Hsia Monthly, 1935, 1 (5)：577-578.

戏剧不同于小说、诗歌等文学体裁，戏剧具有"立体表达"的特点，戏剧译本不仅要有文字的引导，也要辅之以非语言因素，从而在译文读者的头脑中尽可能形成与剧场环境相一致的舞台场景，这样的戏剧译本才具有更强的画面感和舞台现场感。姚莘农的英译主要体现在文本内容和舞台形式两个方面，其英译文通过增加语言之外的附加提示文字，缩短了文本阅读和舞台场景的距离。如该段李保童话语之后的括号内文字"His sharp glance falls on HU CHING, who has turned pale with fear from his guilty conscience."（巡按大人犀利的双眼盯着胡敬，因罪恶感带来的恐惧，他面色苍白。）译文中附加的该提示语生动细致地描摹了舞台人物的表情和动作变化，译文易引起读者的共鸣，在译者的心理图式中构建了恶人恐惧正义、终有恶报的画面。

在《写状》一折中，赵宠、桂枝得知父亲蒙冤入狱的真相后，为父写状申冤，夫妻两人写状过程中的对话充满了调笑的语气，表现了在困境中的乐观积极处世态度。与阿灵顿和艾克顿的译文相比，姚莘农译本将此对话翻译得惟妙惟肖，生动再现了桂枝身处逆境中豁达和乐观。如下例：

原文：

桂 枝　我想这张状纸，到底是无用的吓！
赵 宠　怎说又是无用了？
桂 枝　想我不会告状，岂不是无用？
赵 宠　喔，夫人连告状都不会？
桂 枝　不会吓。
赵 宠　来、来、来，待下官教导与你。
桂 枝　有劳相公教导与我。
赵 宠　啊呀呀！我家夫人，连告状都不会告。吓，夫人，明日见了按台大人，将这状纸，高高举起，你就抢前几步，要高声的喊叫。你说，啊呀爷爷冤枉吓！
桂 枝　来！带去收监，明日早堂听审！
赵 宠　岂有此理！吓呀呀，我倒被他作弄了。①

---

① 俞振飞. 振飞曲谱 [M]. 上海：上海文艺出版社，1982：444.

译文：

M_{ME} C_{ASSIA}. The petition is useless after all.

C_{HAO} C_{HUNG}. Why?

M_{ME} C_{ASSIA}. I do not know the proper way to file it with the Court. So what is the use?

C_{HAO} C_{HUNG}. Good heavens! （Takes the petition from his wife）My Lady doesn't even know how to file a petition. And a magistrate's wife! （Goes on in the manner of an old-fashioned schoolmaster.）Now, let me teach you how to do it. When you go forward to hand the petition to the Lord High Inspector, you must put it on the top of your head like this, （he illustrates the process by preforming it,）then fall on your knees, （he kneels,）and cry aloud, （cries,）"Oh, your Lordship, I am wronged!"

M_{ME} C_{ASSIA}. （Goes quickly to her kneeling husband and stands right in front of him. Then, without the least hesitation, she plays the Lord High Inspector, imitating a man's voice and manner as she speaks to the imaginary court-policemen.）Take this man to the house of detention to be tried on the third day. （She pokes a finger at his nose.）

C_{HAO} C_{HUNG}. （At his wit's end）Pooh! Pooh!! Pooh!!!

M_{ME} C_{ASSIA} skims off the stage like a kingfisher after a successful ducking for prey. Her husband gets up dejected and follows her. ①

该段戏文中的"来！带去收监，明日早堂听审！"是桂枝模仿巡按大人戏谑赵宠的场景，姚莘农根据戏剧表演的需要，不惜笔墨对人物动作与心理做了提示，十分巧妙恰当地增译了语言文字之外的舞台表演场景："（Goes quickly to her kneeling husband and stands right in front of him. Then, without the least hesitation, she plays the Lord High Inspector, imitating a man's voice and manner as she speaks to the imaginary court-policemen.）"（很快地走向跪地示范的丈夫并站在他前面。随后，毫不迟疑地模仿巡按大人的口气和神态，向衙役喊道。）该场景是桂枝佯装不会递状，让赵宠教她，在赵宠跪地演示时，

---

① YAO Hsin-nung. Madame Cassia [J]. T'ien Hsia Monthly, 1935, 1 (5): 565-566.

桂枝有意模仿巡按的口气和神情，戏弄赵宠。这段对话可谓是《奇双会》中的一个重要"戏眼"，具有浓厚的人情味和很强的场景感和画面感，具有较强的戏剧可演性，是还原戏剧的可视性不可或缺的场景。更为重要的是，该场景表现了桂枝的豁达和乐观，姚莘农译本将原文的对话翻译得生动有趣，赋予该剧阐释的空间性和灵活性，可引起读者共鸣，而阿灵顿和艾克顿的译文则将此对话略去不译①，丢失了原文的戏剧表演效果，弱化了人物性格的多彩特征。

中国戏剧能引起西方人的兴趣，首先缘于其奇异性，中国戏剧构建起了一个具有高度精神性和审美性的中国文化形象，其意义和价值在于彰显中国文化形象的传统特质。域外中国形象是一种跨文化的言语表述，译者姚莘农依照西方的视角来建构和传播戏剧中的中国形象。姚莘农翻译的《奇双会》注重语言文字与舞台表演的结合，通过在对话之外大量增加的人物动作、场景、心理的提示描写，凸显剧本的表演性和可视性，在读者的认知图式中展开与剧场环境尽可能一致的舞台场景，弥合译文读者的剧本阅读和舞台演出之间的空隙，将剧本的文本阅读体验与舞台表演有机地融为一体。姚莘农的《奇双会》英译本不仅再现了中国戏剧的独特艺术魅力，传达出了中国戏剧的精髓，也通过栩栩如生的故事教诲人们从善远恶，遵守德行操守，让西方人窥见中国传统文化的道德形象。

二、《林冲夜奔》英译与林冲的忠诚刚毅

李开先（1502—1568）的《宝剑记》是明代中期三大传奇之一，影响颇大，李开先是明代戏曲史上一位承前启后的作家，《宝剑记》是根据小说《水浒传》改编而成的一部戏曲，是明代戏曲由衰微走向繁兴的标志之作。作者的创作意图旨在贬恶扬善，寄托对美的追求。《宝剑记》全剧共有52出，主要取自《水浒传》第7回至第82回，内容和情节与《水浒传》有很多不同。其主要内容是讲述林冲被高俅父子陷害后投奔梁山的故事。《水浒传》和《宝剑记》中林冲的人物形象迥然有别，小说《水浒传》中的林冲是一个悲剧英雄，先是被当朝权奸高俅陷害误入白虎堂，被问成重罪，刺配

---

① ARLINGTON L C, ACTON H. Famous Chinese Plays [M]. Peking: Henry Vetch, 1937: 66.

<<< 第四章 近代上海英文期刊英译中国古典诗歌和戏剧与中国历史形象及从善远恶
　　　　　　道德观的建构和传播

沧州,在野猪林差点丢掉性命,又在草料场险些被烧死,而妻子也为高衙内所逼自尽,林冲被逼杀死奸臣,投奔梁山,最后落得家破人亡。《宝剑记》中的林冲不再是因为"家仇"而是因为"国难"促使其手刃仇人、报仇雪恨,而后加官晋爵、夫妻团圆,展现的是为国尽忠、忧国忧民的林冲形象。林冲由《水浒传》中的一身武艺、谨小慎微、逆来顺受的武夫演变为《宝剑记》中的嫉恶如仇、敢于直言切谏的忠臣义士形象。《宝剑记》继承了我国传统的戏曲模式,以大团圆为结局。

《宝剑记》在世代流传的过程中逐渐衰微,清代统治者曾把《水浒传》列为禁书,加之康熙十年京师内城不许开设戏馆。但《林冲夜奔》这一出戏十分精彩感人,细致入微地刻画了林冲"丈夫有泪不轻弹,只因未到伤心处"的忠诚刚毅的英雄情怀,因其较高的艺术成就被保留了下来。在这一出戏里,三十万禁军教头林冲要背弃君亲,连夜出奔,最能体现他此时忧国忧民复杂心情的曲文是这支〔新水令〕:"按龙泉血泪洒征袍。恨天涯一身流落。专心投水浒,回首望天朝。急走忙逃,顾不的忠和孝。"①

《林冲夜奔》的英译文发表于《天下》月刊1939年9月的第9卷第2期,译者哈罗德·艾克顿是一位英国诗人、作家,1932年来北京,受聘于北京大学,讲授文学、诗歌。艾克顿的英译文能准确地传达原文的含义和精神,注重对林冲忠诚刚毅形象的刻画,同时对人物动作、心理以及场景附加了大量的文字说明,十分注重英译本的舞台表演性。如唱词:

原文:
按龙泉血泪洒征袍,
恨天涯一身流落。
专心投水浒,
回首望天朝。
急走忙逃,
顾不的忠和孝。

译文:
I grasp my precious sword, my Dragon Fount,

---

① 李开先. 李开先全集(中)[M]. 北京:文化艺术出版社,2004:999.

And tears of blood flow down my martial cloak.

O cruel Fate, to drive me forth bereft

Into the world a hapless wanderer,

Compelling me to seek precarious refuge

Into Liang Shang lair! Again I turn and gaze

Towards the Celestial Court and Capital:

No time had I for thought of loyalty

Or filial duty in the speed of flight. ①

　　该段唱词描述林冲受到高俅迫害，形势所逼，欲前往梁山借兵，以铲除朝中奸臣，夜奔梁山途中的经历。整首唱词首先渲染林冲夜奔途中之景，登高千里却又愁云锁路，西山日暮孤影难熬，渲染了林冲内心悲凉的情感，写出了林冲逃离家国，弃了忠孝又还要流浪天涯的悲凉情感。林冲紧握腰中的龙泉宝剑，心血酿成的红泪洒在征袍，洒在这月下的山路上，依然忘不了为皇帝效忠。艾克顿将该段中的"专心投水浒，回首望天朝"英译为"Again I turn and gaze Towards the Celestial Court and Capital: No time had I for thought of loyalty Or filial duty in the speed of flight."（我不停地转身回望天子圣朝，路途匆忙，暂时顾不得家中的孝道与朝廷的忠义。）林冲夜奔途中，仍然忧朝廷，忧皇帝，忧天下，其忠义为国的形象刻画十分微妙，译文中的林冲颇具形象化，舞台上的动作展示了其内心冲突，人物形象栩栩如生，人物的性格和心理富有层次感。

　　《林冲夜奔》整出戏呈现出一幅形象鲜明的画面，画面的背景是愁云低锁的夜色，夜色中有条雾暗云迷的山径，林冲在山径上急走忙逃，林冲"一朝净谏触权豪，百战勋名做草茅"的慨叹，情境浑一，令人喷叹不已。译者为了生动再现中国戏剧的舞台表演性，达到语言文字与舞台表演相互衬托的效果，在译文中增加了原文中没有的场景、人物动作及心理的提示描写，其效果是还原戏剧的可视性，引起异域读者的视觉共鸣。如下例一段是译者增加的提示描写：

---

① ACTON H. Lin Ch'ung Yeh Pen [J]. T'ien Hsia Monthly, 1939, 9 (2): 185.

<<< 第四章 近代上海英文期刊英译中国古典诗歌和戏剧与中国历史形象及从善远恶
道德观的建构和传播

He performs a series of lightning evolutions, bounding and pirouetting through the air--known as hsuan-feng chiao, or "whirlwind feet" --to express the speed of his journey. Some actors in this role have performed as many as forty of these pirouettes in rapid succession. Abruptly he stops. ① (他表演了跳跃奔跑、来回旋转的动作——即"旋风脚"——表明路途中的速度。扮演该角色的演员有时连续表演这样的旋转动作达40遍。他突然停下。)

中国戏剧在跨文化译介和传播过程中,不可能完全照搬原戏剧文本逐字逐句地翻译,戏剧表演因其特殊性,戏剧译文文本语言外的场景以及人物动作和心理的描写不仅不可或缺,有时应当予以凸显。如此这样,译文读者可按照文字的引导和提示,在其脑海中预设与真实舞台相近似的场景,这样的戏剧译文文本就能达到更生动逼真的舞台现场感和画面感。艾克顿增加的该段舞台场景提示具体再现了林冲夜奔途中的图景以及林冲的刚毅和坚定,使得译文读者的文化经验得以参与到原文本的解读中,为译文读者走入中国戏剧舞台提供了文化心理基础。艾克顿英译的《林冲夜奔》让英语世界读者感受到一种压抑悲惨的情感基调,通过他独特的表现方式,将他所认知的中国戏剧传达给英语世界的读者,不仅带给西方读者新奇感和冲击力,也向英语世界传播了富有中国风味的忠诚刚毅的林冲形象,使得中国独特的戏剧艺术能够在异域获得更全面的展示和理解。

---

① ACTON H. Lin Ch'ung Yeh Pen [J]. T'ien Hsia Monthly, 1939, 9 (2): 184.

第五章

《天下》月刊英译中国现代文学与多面化中国形象的建构和传播

1917年胡适的《文学改良刍议》、陈独秀的《文学革命论》、1918年鲁迅的《狂人日记》先后在《新青年》发表，揭开了反对古文倡导白话文、反对旧文学倡导新文学的中国现代文学的序幕。在新文化运动的强力推动下，西方文学成为中国文学现代化的重要借鉴和参照，学者们从西方文学中汲取营养滋补新文学，从西方文学中寻求新的文学表达，寻找中国现代文学发展的途径，翻译西方文学成为救治中国传统文学的良药，正如胡适所言"我们如果真要研究文学的方法，不可不赶紧翻译西洋的文学名著，做我们的模范"①。在鲁迅看来，中国目前的文学模式不能适应历史的发展，向外寻求异质文学的要求使得翻译理所当然地在整个文化系统中成为首要，鲁迅希望对域外文学的翻译不仅能为沉寂、混乱的中国旧文坛带来一股新的活力，创造出一种全新的文学范式，还能借西方文化来修正中国文化的陈腐性。茅盾在20年代多次强调系统介绍和翻译西洋文学的重要性，认为翻译正是引进西洋文学的"手段"，创造新文艺的基础。②"翻译就像'手段'，由这手段可以达到我们的目的——自己的新文学。"③梁实秋同样认为"翻译一事在新文学运动里可以算得一个主要的柱石"④。阿英曾估计清末民初翻译小说占当时出版小说的三分之二，至少是58%，超过创作。⑤ 20世纪初，翻译已

---

① 胡适. 建设的文学革命论 [J]. 新青年，1918，4（4）：305.
② 茅盾. 茅盾选集（第十八卷）[M]. 北京：人民文学出版社，1997：7.
③ 沈雁冰. 一年来的感想与明年的计划 [J]. 小说月报，1921，12（12）：107.
④ 梁实秋. 梁实秋批评文集 [M]. 珠海：珠海出版社，1998：37.
⑤ 廖七一. 庞德与胡适：诗歌翻译的文化思考 [J]. 外国语（上海外国语大学学报），2003（06）：56.

经无可争议地逐步走出文学运动的边缘,正步入中国文化与文学的中心地位,翻译西方文学作品正成为引领中国现代文学运动的重要手段,也构成了中国现代文学运动的重要工作之一。

第一节 《天下》月刊与中国现代文学英译的肇始

新文化运动的蓬勃发展推出了一批具有国际影响力的中国现代文学作家群体,诞生了一批经典作品,鲁迅小说成为其中最具影响力、最受人关注的中国现代文学作品。随后的20世纪30年代是中国现代文学的丰收期、成熟期,涌现了许多堪与世界文学对话的优秀之作。① 此阶段的中国现代文学成果受到西方世界的关注,一批西方文化界人士陆续将中国现代文学的成果译介到西方,如米尔斯(E. Mills)编译的《阿Q的悲剧及其他现代中国短篇小说》(*The Tragedy of Ah Qui and Other Modern Chinese Stories*)于1930年由英国伦敦劳特利奇出版社出版,埃德加·斯诺(Edgar Snow)编译的《活的中国:现代中国短篇小说选》(*Living China: Modern Chinese Short Stories*)于1936年由英国伦敦乔治·哈拉普书局出版,其中选入多篇鲁迅小说英译本。在美国出版的《亚细亚》(*Asia*)、《远东杂志》(*Far Eastern Magazine*)、《今日中国》(*China Today*)以及上海出版的《中国论坛》(*China Forum*)、《大陆报》(*The China Press*)、《民众论坛》(*The People's Tribune*)等英文刊物,也陆续发表了埃德加·斯诺、哈罗德·伊罗生(Harold R. Isaacs)、金守拙(George A. Kennedy,1901—1960)② 等人英译的鲁迅、丁玲等中国作家的作品。其中,金守拙在20世纪30年代共翻译《狂人日记》《孔乙己》《药》《风波》《故乡》《伤逝》等六篇鲁迅小说。

与此同时,一批具有中西双重文化背景的中国学者积极参与中国现代文

---

① 郭志刚,李岫. 中国三十年代文学发展史[M]. 长沙:湖南教育出版社,1998:372.

② 金守拙(1901—1960)是乔治·肯尼迪(George A Kennedy)的中文名字,语言学家,懂德文、法文、希腊文、拉丁文等,出生在浙江莫干山,父母是来华传教士。金守拙在上海的一所美国学校完成高中学业后去美国伍斯特学院(College of Wooster)读大学,二战时期,在美国耶鲁大学教书,是中国语言文学系的负责人。

学的海外传播和译介，并希望中国现代文学的英译由中国译者来完成，以改变中国文学多由西方人翻译的局面。美籍华人梁社乾最早英译了鲁迅的《阿Q正传》(The True Story of Ah Q)，并由上海商务印书馆于1926年出版，林疑今1935年至1936年在《民众论坛》上连续发表了鲁迅作品的三篇译文《风波》《故乡》《祝福》，王际真翻译的鲁迅选集《阿Q及其他》1941年由美国哥伦比亚大学出版社出版，收录了鲁迅的11篇小说，王际真选编并翻译的《中国现代小说选》(Contemporary Chinese Stories) 于1943年由哥伦比亚大学出版社出版。但此阶段的中国现代文学英译还处于零散的状态，译作的出版和发行也处于零星和无序的局面。

19世纪下半叶，侨居上海的西方人士开始创办英文期刊，其中的《教务杂志》《皇家亚洲文会北华支会会刊》《中国科学美术杂志》《新中国评论》《东亚杂志》等西人主办的英文期刊设立了"翻译"栏目，并成为中国文学译介和研究的重要园地，也成为中国文学对外输出的重要媒介。

长久以来，中国古典文学特别是中国古典诗歌的翻译一直受到西方译者的青睐。新文学运动后，中国现代文学的英译尤其是小说的翻译开始受到重视。葛桂录在《中英文学关系编年史》中梳理了1900年至1935年的中国文学英译的状况，共有23本中国现代文学的英译作品出版，其中小说8例、戏剧5例、诗歌8例，特别值得关注的是，译者中有17位是英国译者，只有2位中国译者，23本译作中有16本在伦敦出版，有7本在上海出版，上海出版的7本译作分别由上海别发洋行、上海商务印书馆和上海广学会出版。① 由此可见，中国文学的英译者以西人居多，但中国学者和中国本土出版机构也逐步开始成为中国文学对外传播和输出的一支重要力量。

近代报刊的出版发行与中国现代文学的产生息息相关，正如陈平原所言："首先，从《新小说》开始，每批作家、每个文学团体都是通过筹办自己的刊物来实践其艺术主张；第二，不是出版商办杂志，而是作家亲自创办或编辑文学杂志；第三，这两代作家的绝大部分作品都是在报刊上发表后才结集出版的。可以毫不夸张地说，这是一个以刊物为中心的文学时代。"② 中文刊物担当起引领中国现代文学的重任，同时一些中国学者也开始通过创

---

① 葛桂录. 中英文学关系编年史 [M]. 上海：上海三联书店，2004：122-220.
② 陈平原. 中国小说叙事模式的转变 [M]. 上海：上海人民出版社，1988：279-280.

<<< 第五章 《天下》月刊英译中国现代文学与多面化中国形象的建构和传播

办和出版英文刊物致力于传播和介绍中国文化和中国现代文学。1935年创办的英文刊物《天下》月刊（T'ien Hsia Monthly，1935—1941）由中国学者主办，是中国第一次有组织、有目的的致力于向西方介绍中国文化的学术期刊。刊物旨在向西方诠释中国文化，其中的"翻译"栏目除发表中国典籍等古代文学作品译文外，还发表了以小说、诗歌和戏剧为主要体裁的现代文学作品的英译文，开创了中国学者英译和传播中国现代文学的先河，成为中国现代文学早期英译的重要园地之一。《天下》月刊刊载的英译文学作品有沈从文的《边城》（Green Jade and Green Jade）、巴金的《星》（Star）2部中篇小说，鲁迅的《怀旧》（Looking Back to the Past）、《孤独者》（A Hermit at Large）、《伤逝》（Remorse），沈从文的《萧萧》（Hsiao-hsiao）、《乡城》（Old Mrs. Wang's Chickens），老舍的《人同此心》（They Gather Heart Again）、《且说屋里》（Portrait of A Traitor），冰心的《第一次宴会》（The First Home Party），萧红的《手》（Hands），姚雪垠的《差半车麦秸》（ChabanchehMakai），凌淑华的《无聊》（What is the Point of It）、《疯了的诗人》（A Poet Goes Mad）、《写信》（Writing a Letter），俞平伯的《花匠》（Florist），谢文炳的《匹夫》（The Patriot），叶绍钧的《遗腹子》（A Man Must Have a Son），杨振声的《报复》（Revenge），鲁彦的《重逢》（Good Iron is not for Nails），田涛的《山窝里》（Hou Fumakou），吴岩的《离去》（Departure），王思玷的《偏枯》（Lieu Shih）等21篇短篇小说；邵洵美的《声音》（Voice）、《蛇》（Serpent）、《昨天的园子》（The Garden of Yesterday），卞之琳的《怀乡》（The Return of the Native）、《一个和尚》（The Monk），闻一多的《死水》（The Dead Water），戴望舒的《我底记忆》（My Memory）、《秋蝇》（Fly in Autumn），李广田的《旅途》（A Journey）、《流星》（The Shooting Star），徐志摩的《偶然》（Chance Encounter），梁宗岱的《回忆》（Souvenir）、《夜祷》（Vespers）等13首诗歌；曹禺的《雷雨》（Thunder and Rain），姚莘农的《出发之前》等（When the Girls Come Back）2部戏剧。

由中国学者主办的英文《天下》月刊通过其遍及欧洲、大洋洲、北美洲的发行营销机构，将《天下》月刊的声音传播到世界各地。《天下》月刊发表的大量英译中国现代文学作品，在一定程度上改变了西方学者在中学西传过程中占据主导地位的局面，中国译者只能充当西方译者翻译助手的状况开始改变，中国译者开始独立行使自己的译语权。《天下》月刊对中国现代文

175

学的英译推动了中国现代文学走向世界的进程，在中西文学交流史上具有开拓性的意义。

第二节 《天下》月刊与中国现代文学英译译者模式

　　传统的翻译观认为翻译都是由外语译成母语，而不是从母语译成外语。中国译者从事中国文学的英译往往遭到质疑，因为译作最终是用译入语（英语）来表达的，英译本的语言质量直接影响到阅读的流畅性和译文读者的阅读意愿，英译本的语言质量即译入语的精准、流畅和地道程度决定了译作的成功与否，英语是母语的西方译者更具译入语表达的优势。英国汉学家格雷厄姆（A. C. Garham）在其英译《晚唐诗选》的前言《论中国诗的翻译》中直言中译英的翻译不能依赖中国人："……在翻译上我们几乎不能放手给中国人，因为按照一般规律，翻译都是从外语译成母语，而不是从母语译成外语的，这一规律很少例外。"① 英国汉学家詹纳尔（W. J. F. Jenner）、瑞典汉学家马悦然（Goran Malmqvist, 1924—2019）等也持此观点。② 西方学者认为从译文读者的角度考虑，中国文学的英译应由母语是英语的译者来完成，他们主张由西方人翻译中国文学作品，因西方人拥有先天的语言优势，他们英译的中国文学作品，更加符合西方英语读者的阅读习惯。

　　翻译是对原文的理解和译文的表达，包含理解和表达两个过程。在中国文学英译过程中，西方译者具有对译入语（英语）表达的优势，但未必具有对译出语（汉语）理解的优势。此外，西方译者固有的文化偏见必然影响其对中国文学作品的英译，他们在翻译中国文学作品的过程中，往往受西方文化中心论思想的影响，以自我文化想象的方式理解和解读原作，并造成翻译中的文化误读和误译。

　　西方译者对翻译文本的选择，由于缺乏对中国文学的全面客观理解，也会出现偏颇。如果完全由西方译者来选择对中国文学及中国文化作品的英

---

① GRAHAM A C. Poems of the Late T'ang [M]. Harmondsworth, Middlesex, England/Baltimore: Penguin Books, 1965: 37.
② 马士奎. 中国当代文学翻译研究（1966—1976）[M]. 北京：中央民族大学出版社，2007: 229.

<<< 第五章 《天下》月刊英译中国现代文学与多面化中国形象的建构和传播

译,那么弘扬中国文学和文化的自主权就掌握在西方译者手中,中国文化和文学对外传播的话语权丧失,被西方人挑选并翻译的作品将成为西方认知中国文化和文学的参照和镜像。西方人对中国文化和文学的选择和翻译有他们的视角和标准,西方译者在选择作品翻译时有或多或少的随意性和译者个人的主观好恶,有些译者甚至带着猎奇的心态和有色眼镜来看中国文化和文学,其对中国文学作品的语言及其文化内涵的理解未必客观、公正和准确,势必造成中国文学和文化表达的缺失和偏颇,这样的译作往往会曲解中国文学和文化,如二三流的中国小说《好逑传》最早被西人译成英文,甚至还被西人视为中国的经典文学作品。英国译者李高洁(C. D. Le Gros Clark, 1894—1945)不知苏轼《前赤壁赋》"苏子与客泛舟游于赤壁之下"诗句中的"苏子"即苏轼,将其拆解译为"the son of Su",受中国学者诟病。①

西方译者在不熟知中国文化的背景下所译介的一些文学作品甚至成为丑化和扭曲中国形象的文本,西方译者还可能对原作的文化或原作文化的某一部分采取"不译"或"省译"的取向,以致于有可能将中国文化的形象片面化和丑化。在翻译中国文学作品的时候,对作家和作品的不同选择会影响英语读者对中国文学的整体形象。要完整、全面地介绍中国文化和中国文学,从事中国文学英译的译者应该既有西方译者也有中国译者,中国翻译家有充分的理由介入并参与其中。中国译者拥有对原语语言和原文文化理解和把握的优势,中国译者对原作文化理解上的优势在一定程度上可以避免西方译者对中国文学作品的误读和误译。此外,中国译者通常能够选择较为经典的、较具代表性的中国文学作品,并能较完整、客观地将中华民族的文化和文学经典介绍给西方世界,较为真实地向西方社会呈现中华民族的形象。

20世纪七八十年代开始,勒弗菲尔和巴斯内特提出了翻译研究的文化转向,翻译研究开始突破单一语言学的研究视角,而将目光投向了文本以外的社会、历史与文化。"这就是发生在翻译研究领域最激动人心的进展之一,即翻译研究的文化转向。"②"翻译研究也走出了没完没了的关于'对等'问

---

① DZIEN Tsoong-su. A Book Note [J]. Tsing Hua Weekly, 1932, 36 (11): 747-748.
② SIMON S. Gender in Translation: Cultural Identity and the Politics of Transmission [M]. Routledge: London and New York, 1996: 7.

题的辩论，转而讨论跨越语言界限的文本生产所涉及的诸多因素。"① 翻译中的文化影响因素越来越受到重视，翻译不仅是两种语言之间的符码转换，更是两种不同文化之间的相互阐释，翻译研究也要考虑到历史和文化等更大范围的诸多因素，需要考虑到影响翻译的各种文化制约问题。中国译者在翻译过程中，对影响翻译的各种文化制约因素有更好的理解和把握能力，勒弗菲尔和巴斯内特提出了翻译研究的文化转向也有力印证了中国译者从事中国文学英译的必要性。

晚清民初时期从事中国文学英译的中国译者还不多，但一些谙熟英文的中国译者开始积极地探索中国现代文学的英译。随着具有海外留学背景并精通英文的中国学者的增多，一批中国学者开始从事中国文学的英译工作，他们能够以流利熟练的英语将中国文学作品译成英语，打破了以西方译者英译中国文学为主的模式。《天下》月刊刊载中国译者的英译中国文学作品，也使长久以来固有的以西方译者为主的中国作品英译的译者模式发生了一定的变化。

《天下》月刊中国文学作品英译的译者模式既有中国译者独立翻译模式，也有中西译者合作翻译的模式。《天下》月刊的中国译者王际真、林语堂、吴经熊、姚莘农等能够以精准、地道、流畅的英语翻译中国文学作品，致力于将中国文学的经典作品和现代文学的最新成果译介给西方读者，他们是西方学界认可和肯定的中国文学的重要英译者。他们作为中国现代文学发展的亲历者和实践者，拥有较强针对性的翻译选材和翻译目的，能够从中国新文学发展的脉络和背景去选择经典的中国现代文学作品进行英译，在翻译过程中也能够准确地认知和阐释自我文化，积极推进中国文学的域外传播。另一种是由中西译者合作翻译中国文学作品的模式，如《天下》月刊中的邵洵美与项美丽（Emily Hahn）合作翻译沈从文的小说《边城》，陈世骧与哈罗德·艾克顿合作翻译中国现代诗歌，凌叔华与朱利安·贝尔（Julian Bell）合译凌叔华的小说《无聊》《疯了的诗人》等。中西译者合作翻译模式具有其特殊的优势和长处，能降低对原文语言和文化理解的偏差，达到译文语言和文化表达的准确性和可读性，最大程度地消除翻译中的文化误读与语言误

---

① BASSNETT S, LEFEVERE A. Constructing Cultures: Essays on Literary Translation [M]. Clevedon & London: Multilingual Matters Ltd, 1998: 133.

差。《天下》月刊中无论是中国译者的独译，还是中西译者的合译，都是对中国现代文学英译实践模式的有益尝试。

第三节 《天下》月刊的文学译介观

《天下》月刊自创刊以来，其中的"翻译"（Translation）栏目一直受到编辑和读者的极大关注，其篇幅在刊物中占据较大的比例。"翻译"栏目以介绍和传播中国文学为主，包括英译的古典小说、诗歌以及现代文学作品等，其中涉及中国现代文学的英译作品中有23篇小说、13首新诗、2部戏剧。刊物的文学观及对现代文学作品的选译标准在"文章"（Article）和"纪事"（Chronicle）等栏目所刊载的文章中有所体现。《天下》月刊每期的"文章"栏目刊载3~6篇有关中西文学、艺术、思想等方面的学术论文和文章，"纪事"栏目刊发一篇某一主题的专文，刊载文章的内容较为庞杂，既涉及自然科学和人文科学，也涉及文学。"文章"和"纪事"两个栏目有关中国现代文学的文章大抵反映了刊物的文学观，也是其文学译介观的呈现，与中国现代文学英译作品呼应互补，形成一个有机的整体，构成《天下》月刊中国现代文学英译的图景。

"文章"和"纪事"等栏目关于中国现代文学的文章是《天下》月刊文学观的体现，主要表现为文学审美观和文学的现实观。以邵洵美为代表的文学审美性论者坚持认为文学应该坚守对美的追求和建构，满足人类的审美需要；以姚莘农、陈大仁、凌岱等为代表的文学现实性论者认为文学作品应以写实的方式再现客观现实，并服务于现实。

邵洵美（1906—1968）集作家、诗人、编辑出版家、翻译家身份于一身，在中国现代文学史上具有重要的地位，邵洵美主张文学应以审美性为首要的原则。在英国剑桥大学攻读英国文学期间，邵洵美深受唯美主义、浪漫主义等的影响，开始诗歌创作，并在《天下》月刊1936年10月第3卷第3期和1937年11月第5卷第4期的"纪事"栏目上发表两篇诗歌纪事，在邵洵美看来，西方唯美派诗歌对于中国现代诗坛而言是一种有益的补充，对改进中国新诗干瘪无味的创作弊端提供了借鉴。邵洵美在诗歌纪事中回顾了中国诗歌近20年的发展历程，指出并肯定了胡适、徐志摩、卞之琳等在融合中西诗歌以及古典与现代诗歌及推动新诗运动过程中的功绩。邵洵美反对文学成为战争的宣传和服务工具的观点,邵洵美曾直言:"因战争而兴起的文学,有两种是我们最容易接触到的。一是国内报章杂志上的宣传文字,目的在鼓励民众的情感;一是用外国文字来著译的宣传文字,目的在提醒国际的注意与引起他们的同情。但是这类文字目的既在宣传,形容描写当然要过分地夸张;他们对于战争虽能给予一种有效的协助,却不是我主重的。"① 他认为:"战争诗读起来太不真实……"② 在抗战的大环境下,坚持文学的独立性和艺术性的观点表现出邵洵美的纯文学理论观。在邵洵美看来,"因为写文章的动机,完全是为了对文学本身的爱好;所以我们应当在文学本身的成就上努力,我们更不必去学拜金作家那样的粗制滥造。有的是时间,我们尽可以安心地去创造不朽的作品。同时,我们还得认清,我们的工作是文学,不是政治,也不是旁的一切东西,否则有一般人会用各种的威吓和利诱使你对于你的目标含糊起来"③。邵洵美尤为欣赏沈从文小说的写作风格,认为其小说建构了自然合乎人性的人生形式,"从文的文字,一向是那样的清新简洁,初学写作的人模仿了他会变得平淡枯燥:这是久炼的纯钢,不是打光的白铁。《八骏图》的内容形式都表示作者对于创作态度的认真,他是怎样地想把自己的技巧训练到最成熟。这种题材的发展,是他那不朽的中篇《边城》:这是中国近代文学第一篇纯粹的故事"④。邵洵美认为《边城》是一部纯粹的故事,也是一部伟大的作品,因为"伟大的作品一定是对人性深刻了解的表现,决不能归入某种主义,某种意识的旗帜之下,要在人类究竟还没有到变成机器人的地步,批评家应当明白这一层。读这种'对人类深刻了解的表现'的作品,才会读了一次再想读一次,读一次有一次的新发现"⑤。

邵洵美的文学理念和沈从文对文学创作的理解及其小说创作遥相呼应,如出一辙,正如沈从文在谈及《边城》时说的那样:"我要表现的本是一种'人生的形式',一种'优美、健康、自然',而又不悖乎人性的'人生形式'。""人生形式"也就是"用文字对生命的偶然所作的种种构图与设计",

---

① 邵洵美. 一个人的谈话 [M]. 邵绍红,编. 上海:上海书店出版社,2007:157.
② ZAO Sinmay. Poetry Chronicle [J]. T'ien Hsia Monthly, 1937, 5 (4):403.
③ 邵洵美. 洵美文存 [M]. 陈子善,编. 沈阳:辽宁教育出版社,2006:268.
④ 邵洵美. 洵美文存 [M]. 陈子善,编. 沈阳:辽宁教育出版社,2006:139-140.
⑤ 邵洵美. 一个人的谈话 [M]. 邵绍红,编. 上海:上海书店出版社,2007:151.

<<< 第五章 《天下》月刊英译中国现代文学与多面化中国形象的建构和传播

以及"为人类'爱'字作一度恰如其分的说明"的另一种表述方式。① 现代社会中人的精神世界和生命价值是沈从文小说创作所关注的,沈从文不回避现实社会、现实人生,但他要描写的是生命的美丽和对生命的明悟,希望文学作品反映人性、表现生命,用文学创作来提升人生,以此来改变人生。在沈从文看来,优美、健康、自然而又不悖乎人性的人生形式是生命的最高境界,人生和文学所追求的都应该是这一境界。他视文学为具有独立品质的对象、反对文学成为政治的点缀品,否则文学不可避免地会违背其艺术规律。

沈从文和邵洵美一致的文学创作理念也契合了邵洵美将沈从文小说翻译成英文介绍给西方世界的想法,由邵洵美和项美丽等人翻译的沈从文多篇小说的英译文陆续在《天下》月刊"翻译"栏目发表。邵洵美谙熟英文,并有丰富的英文写作及翻译经验。1935年《纽约客》杂志的美国女记者艾米莉·哈恩(Emily Hahn, 1905—1997,中文名为项美丽)到中国,经朋友介绍认识了邵洵美,邵洵美才华出众,又潇洒风流,深深吸引了这位美国女记者,两人很快发展成恋人的关系,并开始一起创办刊物,先后创办出版了中英文对照的《声色画报》、抗战宣传刊物《自由谭》月刊等,此外,两人还合作翻译《边城》。

邵洵美在《谈翻译》一文中阐述其翻译思想,认为翻译态度对翻译至关重要,翻译态度影响翻译目的和结果,一种翻译态度是客观并以满足他人为目的,译者选择的翻译文本及运用的翻译技巧是以一己的兴趣为目的,而另一种态度是以他人的眼光为标准,所选择的翻译材料也是满足一般的需求。② 邵洵美对《边城》的英译是基于第一种翻译态度,这与他"为艺术"的自由主义文艺思想有关。邵洵美始终坚持认为文学应保持艺术审美的特性,主张文学要摆脱政治与功利的约束,文学翻译同样如此,也应该脱离"直译"或"意译"的樊笼,坚守对原作的理解。"翻译是一种运用两国文字的文学工作,缺一不可。所以第一个条件应当是对于原作的文字要有彻底了解的修养;同时对于译文的文字要有充分运用的才能。知道了原作的一句话或是一个字的正确解释,力量与神韵;同时又知道了怎样用另一种文字去表现时,

---

① 沈从文. 沈从文全集(第九卷)[M]. 太原:北岳文艺出版社,2002:5.
② 邵洵美. 洵美文存[M]. 陈子善,编. 沈阳:辽宁教育出版社,2006:130.

什么'意译''直译''硬译'等问题根本不值得讨论了。"① 沈从文的小说《边城》充溢着浓厚的浪漫主义艺术气息，描绘了湘西地区纯朴、自然的民风，以新颖的题材和独特的风格流行于20世纪30年代的中国文坛。"为了向外国人介绍沈从文这部成功之作，淘美萌生将之译出来的念头。他知道自己的英文翻译水平还有一定的不足，所以跟项美丽合作，其实是他译好之后请她修改润色而已。"② 项美丽在《边城》译文前言中认为沈从文是中国现代小说家的另类，其小说就是一首完美的田园牧歌，文字简洁明晰，充满音乐般的抒情意味，六万字的小说呈现了一种不寻常的形式，巧妙地隐匿了他的艺术天才。③ 对沈从文小说的艺术性的欣赏和热爱是邵洵美、项美丽翻译《边城》的主要原因之一。

而姚莘农的文学观则表现为另一种图景，更符合20世纪30年代中国文坛主流的取向。1936年8月第3卷第1期的"纪事"栏目发表姚莘农的戏剧纪事，在该篇纪事中，作者除了对中国戏剧的表演水平、舞台技术以及剧团的发展进行总结外，重点论及现代戏剧作品的主题，强调戏剧应该走进生活，更多地关注当下的中华民族遭受外敌侵略的现实。姚莘农在1936年10月第3卷第3期的"编辑的话"栏目发表文章，认为《雷雨》将戏剧的影响范围扩大至各社会阶层，使其成为符合各个社会阶层品味的艺术形式，"《雷雨》是我们新文化运动的重要成果之一，对中国当今舞台而言，犹如一颗彗星，掠过天空，闪烁着耀眼的光芒"④。"《雷雨》将西方舞台与中国故事结合得非常完美，吸引了知识阶层和普通大众，有力推动了新式戏剧运动的复兴。"⑤ 姚莘农对《雷雨》的评价折射了《天下》月刊的文学主张，即文学作品以关注社会为其宗旨。1937年7月"七七事变"爆发后，姚莘农在1937年8月第5卷第1期的"纪事"栏目发表其另一篇戏剧纪事，认为戏剧审查制度限制了富有启发性和觉醒意味的剧本的上演，只能带来"无害的东

---

① 邵洵美. 洵美文存[M]. 陈子善，编. 沈阳：辽宁教育出版社，2006：130.
② 邵绡红. 我的爸爸邵洵美[M]. 上海：上海书店出版社，2005：149.
③ HAHN E, SHING Mo-lei. Green Jade and Green Jade [J]. T'ien Hsia Monthly, 1936, 2 (1)：87.
④ YAO Hsin-nung. Editorial Commentary [J]. T'ien Hsia Monthly, 1936, 3 (3)：212.
⑤ YAO Hsin-nung. Editorial Commentary [J]. T'ien Hsia Monthly, 1936, 3 (3)：213.

西"。① 姚莘农一如既往地强调戏剧的大众化和社会性功能，希望戏剧作品能回应时代和当下现实，深入地探讨社会问题。在此期间，姚莘农翻译的《雷雨》英译本在《天下》月刊陆续发表，"刊印作者授权的《雷雨》的英译本，以期使我们的读者不仅对新的中国戏剧有一个具体了解，同时通过中国的戏剧使他们能够更好地了解当今中国。"② 《天下》月刊从1936年到1940年的五年间，连续发表了五篇戏剧纪事，回顾了抗战时期中国戏剧界创作和演出状况，向世界展示了中国戏剧积极投身抗战的过程，成为抗战时期中国戏剧发展的真实写照。姚莘农的文学艺术服务于现实的观点也得到海外学者的积极回应，威尔斯（Frank. B. Wells）在《天下》月刊1938年5月第6卷第5期的戏剧纪事中这样评价中国戏剧："尽管战争时期的中国戏剧以宣传为主，但戏剧创作的严肃性和激情弥补了其审美性的缺失，剧作家、演员和艺术家牺牲个人事业，服务于国家的利益，以争取国家的和平。"③ 陈大仁在1938年3月第6卷第3期的文学纪事中表示，"笔或许比剑威力更大，然而现实却是许多人投笔从戎，因为他们感到，面对民族的危机，他们应该为神圣的抗日宣传尽自己的一份绵薄之力"④。凌岱在诗歌纪事中宣称："诗人们躲在象牙塔里写那些风花雪月的诗歌的年代已经一去不返了。"⑤ 在抗战的大背景下，凌岱通过这种言说方式，呼吁创作并发表与抗战息息相关的文艺作品，文艺作品要时刻体现时代的精神。

《天下》月刊"文章"栏目也是展现刊物文学观的一个重要窗口，姚莘农、艾克顿等在"文章"栏目发表关于鲁迅文学作品以及中国现代文学研究方面的专文，评价中国现代文学及鲁迅小说的写实意义，映射了《天下》月刊对文学写实性和服务社会的推崇和支持。1936年10月鲁迅逝世，1936年11月第4期的《天下》月刊"文章"栏随即发表姚莘农撰写的《鲁迅的生平和作品》一文，成为向西方世界介绍鲁迅的重要文献，该文介绍了鲁迅的生平，同时高度评价了鲁迅小说创作在中国现代文学史上的地位和贡献。该

---

① YAO Hsin-nung. Drama Chronicle [J]. T'ien Hsia Monthly, 1937, 5 (1): 52.
② YAO Hsin-nung. Editorial Commentary [J]. T'ien Hsia Monthly, 1936, 5 (3): 213-214.
③ WELLS F B. Drama Chronicle [J]. T'ien Hsia Monthly, 1938, 6 (5): 479.
④ CHEN Ta-jen. Literature Chronicle [J]. T'ien Hsia Monthly, 1938, 6 (3): 228.
⑤ LING Tai. Poetry Chronicle [J]. T'ien Hsia Monthly, 1939, 7 (5): 492-494.

文认为鲁迅对中国文学的贡献表现为三点：首先，鲁迅小说开创了白话小说的先列，为中国新文学运动开启了一种新的文学形式；其次，鲁迅的小说创作表明了白话文学是具有活力、灵活性和生命力的一种文学形式；第三，鲁迅是一位人民作家，其小说中的主要人物都是农民、寻常百姓，由此启发了中国其他作家从普通百姓及其生活中汲取创作素材的做法。① 姚莘农更欣赏鲁迅文学作品所表现出来的斗争精神，在他看来，鲁迅使用的斗争武器是短评，认为鲁迅的短评"经历了长久的磨炼，在技巧和形式上都十分完美，如同钢制的匕首，锐利锋芒，他用这匕首，率领追随者去战斗。短评不仅是战斗的利剑，也是思想的记载"②。鲁迅将文学看作是改良社会和去除愚昧的武器和工具，通过文学创作来批判中国传统封建的思想观念，显示了用文学改良社会的强烈情怀。1940年《天下》月刊第10卷第5期和第11卷第1期发表了鲁迅的《孤独者》(*A Hermit at Large*)、《伤逝》(*Remorse*)英译文，英译者王际真认为鲁迅小说可以成为了解中国传统和现代的一扇窗口，因为"西方的现实主义和心理分析小说使他认识小说可以作为社会批评和社会改造的一种工具。关键的一点在于，通过与西方人气质的对比，他可以看到中国人性格中的弱点，并对此做了十分必要的批评"③。《天下》月刊对鲁迅文学思想和文学创作的欣赏和推崇也一定程度上契合了刊物的文学观。

哈罗德·艾克顿也在《天下》月刊中积极评价以鲁迅为代表的中国现代文学作家及其作品。艾克顿是作家、诗人、历史学家，也是一位出色的翻译家。艾克顿1932年从英国来到中国，经时任北京大学英文系主任温源宁介绍，进入北京大学主讲英美现代派文学，在20世纪初的中西文化交流史上发挥了积极的作用，他在中国生活了八年，对中国文学和文化有着深厚的造诣。艾克顿与在北京大学求学的陈世骧、李广田、陈梦家、卞之琳的交往过程中，对中国新诗产生了极大的兴趣。新文化运动后，新月派诗人致力于纠正诗歌忽视诗艺的作风，提倡新格律诗，主张"理性节制情感"，反对滥情

---

① YAO Hsin-nung. Lu Hsun: His Life and Works [J]. T'ien Hsia Monthly, 1936, 3(4): 354–355.
② YAO Hsin-nung. Lu Hsun: His Life and Works [J]. T'ien Hsia Monthly, 1936, 3(4): 357.
③ 王际真. 英译本《鲁迅小说选》导言 [M]//国外中国文学研究论丛. 陈圣生，译. 北京：中国文联出版公司，1985：139.

第五章 《天下》月刊英译中国现代文学与多面化中国形象的建构和传播

主义和诗过于自由化的倾向,从理论到实践对新诗的格律化进行了认真的探索,奠定了格律体新诗的地位。出于对中国诗歌的浓厚兴趣和热爱,艾克顿与陈世骧合作开始着手翻译一些白话诗,并编入《中国现代诗选》(*Modern Chinese Poetry*),其中有林庚、卞之琳、戴望舒、徐志摩、何其芳、陈梦家、闻一多、周树人、冯废、李广田、郭沫若、邵洵美、俞平伯、沈从文和孙大雨等现代诗人的诗歌译文。艾克顿在此书的引言中,表达了对中国新诗的一些见解和观点。艾克顿认为需要用一种全新的不同于以往的诗歌体式来创作白话文诗歌,但艾克顿也希望能够保留中国古典诗歌丰富的意象,因为中国古典诗歌已形成了非常成熟的体系,虽然现代诗比古典诗歌更通俗易懂,但古典诗歌中简约的表述、隽永的含意、丰富的意象等值得传承和借鉴。艾克顿尤为欣赏林庚的诗歌,因为林庚从中国古典诗歌中汲取了有益的元素,继承了古典诗人的诗歌创作理念,通过生活画面呈现某种意象,其诗歌既真实完美地展现了中国传统诗歌的面貌,又保持了诗风朴素的风格,避免了新诗创作中的混乱和诗意的晦涩。《中国现代诗选》中的译诗表明艾克顿重视中国现代诗歌对情感的表达和对中国传统古典诗歌美学意象的继承。艾克顿认为中国新诗发展应该在借鉴西方诗歌的同时,传承中国传统古典诗歌的优点。

《天下》月刊发表了艾克顿翻译的 8 首中国现代诗和 3 部昆曲,还在 1935 年 11 月第 1 卷第 4 期的"文章"栏目发表了艾克顿的专文《中国现代文学的创作精神》。在该文中,艾克顿较为系统地介绍了中国现代文学的发展现状、各种文学流派及其代表作家和作品,还特别概述了胡适、陈独秀、鲁迅、周作人、郭沫若、郁达夫和徐志摩等人的文学创作及其文学思想。艾克顿认为,中国的新文学运动在战争及政局混乱的情况下仍不断发展,新文学运动提倡新的文学精神和新的文学形式的体验,周氏兄弟的小说创作,沈从文和郁达夫的小说创作以及郭沫若和徐志摩的诗歌、散文都表现了中国现代文学的创造精神,这些作家引导中国文学脱离传统,并取得了显著的成就。艾克顿还特别对鲁迅小说的主题和艺术风格做了详细的分析,称鲁迅是"中国的契诃夫",其小说从细微的描述中揭示了一个民族的精神特征。鲁迅作品中精妙的效果，塑造的形象，一定能够吸引那些喜爱契诃夫等作家的人。①

《天下》月刊"纪事""文章"等栏目的大量专文一方面对中国现代文学的发展及其代表作家和作品进行介绍，另一方面也表明了刊物的文学译介观。《天下》月刊刊载的中国现代文学作品译作多是首次被翻译成英文，作品选译的标准既有对作品审美艺术的考虑，也有对作品现实价值的考量，即大体以"审美性"和"时代性"为标准。《天下》月刊刊载的小说译作可粗略分为三类，第一类是中国乡村题材的作品，展现了乡土中国镜像，如沈从文、鲁迅、老舍、萧红等人的作品；第二类是表现中国现代和进步题材的作品，主要以中国城市和农村及主人公的变化为背景，如沈从文、冰心、凌叔华、巴金、萧红等人的作品，呈现出中国现代和进步的面貌；第三类是关于抗日主题的作品，老舍、姚雪垠、吴岩、谢文炳等人的作品表现了中国民族在抗战中的崛起形象。《天下》月刊通过对中国现代文学作品的选择以及英译本的重构，为英语世界提供了近代中国镜像，《天下》月刊的中国文学作品译作既是异质文化交流的手段，也是中国形象在域外建构的一种话语形式和自我言说。

第四节　《天下》月刊英译中国现代小说与中国形象的建构和传播

文学作品是塑造国家形象的重要手段和途径，人们通过阅读一国的文学作品构建起对该国的印象，文学作品建构的国家形象一旦固化，就会演变成为国家的一种影像，具有恒久性。在中西话语对峙的语境中，中国形象的建构容易受西方话语"他塑"的影响，长久以来，中国形象在西方话语中被塑造为"落后的""被启蒙的"的形象，这种形象往往容易被"固化""定型化"，从而影响中国人对中国形象的自塑，造成中国话语的失语以及中西交流过程中的中国形象塑造和传播的不平等。一国读者往往通过翻译作品认知

---

① ACTON H. The Creative Spirit in Modern Chinese Literature [J]. T'ien Hsia Monthly, 1935, 1 (4): 378-380.

他国的文化历史，正是翻译作品为译文读者构建了他国的图景，文学作品的翻译增进了异质文化交流的便利性。值得关注的是，中国文学作品的翻译也同时塑造并传播中国形象，翻译作品通过跨文化传播进入异域后，作用于异域读者，在异域文化中成为"阐释中国""言说中国"的方式，成为异域文化中建构、塑造和传播中国形象的重要文本。翻译作品是原文和译文在多种因素下共同作用的文化产品。翻译作品的重要任务就是要在异域文化中建构和传播原文的国家及其文化形象，翻译作品在异域文化中被不断阅读、不断诠释，原文国家及其形象反复在异域文化中出现和传播，在异域文化的读者认知中逐渐形成对原语文化和国家形象的镜像。

《天下》月刊英译中国现代文学作品所建构的20世纪初的中国形象大抵可分为三类。第一类是鲁迅小说英译作品建构的"老中国"形象，为实现启蒙国民的目的，鲁迅以批判的眼光审视中国的弊端，挖掘国民的劣根性，凸显近代中国落后愚昧和凋敝的一面，以启迪警示国民，鲁迅小说英译作品与原作呼应，将"老中国"形象具体生动地呈现给译语读者；第二类是沈从文小说《边城》英译中的诗意中国形象，沈从文小说《边城》通过挖掘和书写乡土中国的正面传统因素，并以其为文学创作的素材，以实现为中国未来的发展提供有益的文化和精神资源的目的，译作文笔优美，给译语文化读者绘制了一幅幅乡土中国的美景；第三类是老舍、姚雪垠、吴岩、谢文炳等小说英译中的崛起的中国形象，这些英译小说通过鲜活的人物形象、生动的故事叙述表现了中华民族在抗战中的崛起形象。《天下》月刊通过其遍及世界各地的发行网络，将月刊中的中国现代文学英译作品及其塑造的中国形象传播至海外，一定程度上推动了海外对近代中国形象的整体认知。

一、鲁迅小说英译中的"老中国"形象

新文化运动以后，启蒙主义思潮在思想文化界占据主流话语的位置，对异国文化的肯定和对本族文化的反省和批判相伴而生。近代中国形象是在"自我"与"他者"的相互碰撞中建构的，西方列强一直作为近代中国自我形象认知的参照物。鸦片战争打破了中华民族"天朝上国"的自我中心主义顽念，面对强大的西方"他者"，"自我"和"他者"之间的天平失衡，如何建构"自我"形象成为重要的历史命题，中国近代知识分子通过各种方式表达对中华民族的想象和期望。文学作品对近代中国形象的建构表现为向世

近代上海英文期刊与中国文学的英译（1857—1942）：形象学路径 >>>

人展示中国贫穷、落后、积弱、愚昧的一面，也强调中国迫切需要启蒙和改造的一面，以鲁迅（1881—1936）等为代表的作家，以尖利的笔锋，将建构和鞭挞"老中国"形象并以此启蒙国民贯穿其小说创作。

鲁迅一向非常重视启蒙国民的思想，早在1907年撰写的《人之历史》《科学史教篇》《文化偏至论》《摩罗诗力说》等论文就反映了鲁迅的启蒙思想。鲁迅写于五四时期的早期作品也闪耀着启蒙主义的思想光芒。鲁迅在1933年发表的杂文《我怎么做起小说来》中表示："说道'为什么'做小说罢，我仍抱着十多年前的'启蒙主义'，以为必须是'为人生'，而且要改良这人生……意在揭出病苦。引起疗救的注意。"① 鲁迅以启蒙主义为指南，其小说所塑造的中国形象多以西方异质文化为评判标准，在揭示和鞭挞中国文化负面因素的同时，反思、启蒙和重建中国形象。通过小说创作的形式一方面书写、再现和鞭挞"老中国"形象，另一方面达到启蒙国民、重塑中国形象的目的。

在启蒙国民之前，鲁迅首先是对"老中国"形象进行建构和批判，他多次指出"不是很大的鞭子打在背上，中国自己是不肯动弹的"，并同时又坚信"这鞭子总要来，好坏是别一问题，然而总要打到的"②。鲁迅小说中的"老中国"形象主要表现为惶惑、颓唐、愚昧、无知、麻木等国民劣根性，其小说《怀旧》（1911）、《孤独者》（1925）、《伤逝》（1925）等作品是现实中国的艺术写照，也是"老中国"形象在其小说中的直观反映和艺术再现。这几部作品的英译文先后在《天下》月刊发表，成为鲁迅小说最早的英译本之一，也成为西方世界了解鲁迅作品及认知中国形象的重要文本。

1. 冷漠麻木的国民形象

鲁迅的小说《怀旧》英译文刊于《天下》月刊1938年2月的第6卷第2期，译者冯余声（1899—1957）是广东顺德人，早年就读于教会学校广州育才英文书院，英文功底深厚。冯余声曾参与领导1925年的香港大罢工，系中国早期工人运动领袖之一，1930年冯余声来到上海，并加入了中国左翼作家联盟，与鲁迅有书信来往，最早将《怀旧》译为英文，成为将鲁迅作品翻译

---

① 鲁迅. 南腔北调集·我怎么做起小说来［M］. 北京：人民文学出版社，1973：82.
② 鲁迅. 娜拉走后怎样［M］//鲁迅全集（第一卷）. 北京：人民文学出版社，1981：164.

第五章 《天下》月刊英译中国现代文学与多面化中国形象的建构和传播

成英文的早期中国翻译家之一。

《怀旧》写于 1911 年，是鲁迅创作的第一部小说，也是鲁迅作品中唯一一部文言小说。《怀旧》突破了传统的情节结构模式，转向对人物性格的描写模式，通过截取几个生活片段，使情节画面高度集中。小说以第一人称的形式，以一个九岁塾童的口吻，通过对若干人物的细致刻画，并将其串成系列故事来表现作品的主题。小说惟妙惟肖地叙述了南方小镇芜市一次关于"长毛之乱"谣传的经过，栩栩如生地展示了金耀宗、秃先生之流的低劣以及百姓的痴愚麻木，绘声绘影地展现了芜市各色人物的行径以及各阶层人物对"长毛"不同的反应与态度，揭示了国民精神上的病痛和劣根。冯余声的英译文平实、流畅，对人物描写片段的翻译也十分入神。如描写金耀宗的段落：

原文：

耀宗金氏，居左邻，拥巨资；而敝衣破履，日日食菜，面黄肿如秋茄，即王翁亦弗之礼。尝曰："彼自蓄多金耳！不以一文见赠，何礼为？"故翁爱予而对耀宗特傲，耀宗亦弗恤，且聪慧不如王翁，每听谈故事，多不解，唯唯而已。李媪亦谓，彼人自幼至长，但居父母膝下如囚人，不出而交际，故识语殊聊聊。如语及米，则竟曰米，不可别粳糯；语及鱼，则竟曰鱼，不可分鲂鲤。①

译文：

Yiu Chung lived next door to us, just on the left of our house, and, though a rich man, he wore a threadbare dress, and a pair of worn-out shoes. He was a strict vegetarian, with a sallow complexion. Old Wang refused to do him honour. "A niggardly fellow," he used to say, "not a copper have I ever got from him. What is the use of doing him honour?" Old Wang loved me deeply, but of Yiu Chung he had a poor opinipn. Yet Yiu Chung could never realize this. In fact, he was not so wise as old Wang seemed to be. For instance, whenever he listened to anybody telling stories, he did not appear to catch their meaning. All he could say was "Aye, aye." Mother Lee told me that he was brought up under the strict care

① 鲁迅. 怀旧 [M] //鲁迅全集（第七卷）. 北京：人民文学出版社，1981：216.

of his parents and kept away from the outside world like a prisoner, being denied any chance of social contacts. On this account, he had only a very limited vocabulary. If, for instance, you were talking to him about grain, you would be obliged to refer only to grain, no matter whether the subject was wheat or oats. If you were discussing, let us say, fish, fish would be the only word you could use, even if you wished to speak of bream or carp. ①

形象学强调文本建构和传播的形象与社会、历史、文化语境有着密切的关系，此外，同一历史时期的各种类型的文本也相互影响、相互参照，与该文本形象的塑造构成一定的互文关系。"五四"新文化运动力图通过国民批判的民族认知方式，深刻剖析和反思自我，以期达到实现民族复兴的目标。鲁迅的系列小说构成了对国民批判的集体想象，也为《怀旧》译文中"老中国"形象的塑造和传播提供了互文语境，小说《怀旧》旨在将冷漠麻木的国民形象作为透视传统中国的窗口，以此促进国民的思想转型与文化演进。冯余声的译文通过调整故事层面的部分细节来强化原文作者的价值观念，重构并再现原作中冷漠麻木的国民形象。该段落运用白描手法，寥寥数笔，将金耀宗的形象凸显在读者的视野里，金耀宗家财万贯，却敝衣破履，面容憔悴。小说中的讽刺手法更是将金耀宗的形象刻画得入木三分，他"每听谈故事，多不解，唯唯而已不识"，虽不识粳糯、鲂鲤，但却深知"不孝有三，无后为大"的礼教古训。这部分描写生动地刻画并鞭挞了金耀宗为代表的"老中国"国民世故丑恶的劣根性。译文对原作进行一定程度的调适，重现了一个符合原作构想的国民形象，如原文中的"日日食菜，面黄肿如秋茄"，译者并未直译，而是意译成"He was a strict vegetarian, with a sallow complexion."（他是个素食者，面色蜡黄。）原句中的"但居父母膝下如囚人"翻译为"he was brought up under the strict care of his parents and kept away from the outside world like a prisoner."（他在父母的严厉管教下长大，而且如同一个囚犯一样远离外界。）译者将句中的明喻"如囚人"翻译成"like a prisoner"，增添了形象感，使人物形象易于被译文读者接受。《怀旧》英译文中的各色

---

① FENG Yu-sing. Looking Back to the Past [J]. T'ien Hsia Monthly, 1938, 6 (2): 150-151.

<<< 第五章 《天下》月刊英译中国现代文学与多面化中国形象的建构和传播

人物形象相互交织，构筑了系列人物麻木冷漠的集体想象，契合了小说启迪民智的目的。《怀旧》译文对百姓逃难情景的描写也强化了原文作者的上述创作宗旨。

原文：

予窥道上，人多于蚁阵，而人人悉函惧意，惘然而行。手多有挟持，或徒其手，王翁语予，盖图逃难者耳。中多何墟人，来奔芜市；而芜市居民，则争走何墟。王翁自云前经患难，止吾家勿仓皇。①

译文：

As I peeped into the street, I saw there were hundreds of pedestrians coming and going like ants, all with worried looks or blank expressions of consternation; some carrying bundles, some empty-handed. They were refugees, old Wang informed me. Most of them came from Ho town, but strangely enough this was the place to which some of our people were wanting to go. Old Wang confessed that he was an "old bird" and that such things were not new to him. He told us to wait and see, and not be alarmed. ②

形象是一个"故事"，用记载、沉淀在注视者文化中、积存在其想象物中的各种符号化或程序化的情绪、段落和主题而写出。③ 小说《怀旧》的故事就十分戏剧化，该段描述了传闻"长毛"来袭，众人纷纷逃亡，逃难的百姓"多如蚁阵"，结果所谓的"长毛之乱"却是虚惊一场的情景，这不能不说是一个极大的讽刺。鲁迅的小说通过提炼这些生活中的平常事情，浓缩并隐喻中国历史所经历的混战和杀戮，在闹剧之中绘制了麻木无知的民众世态图。小说在勾勒国民麻木灵魂的同时，也揭示了老中国沉淀着的几千年的民族劣根性。原文中的"王翁自云前经患难"译为"Old Wang confessed that he was an 'old bird' and that such things were not new to him"，其中的"前经患难"用比喻手法"he was an 'old bird' and that such things were not new to

---

① 鲁迅. 怀旧 [M] //鲁迅全集（第七卷）. 北京：人民文学出版社，1981：219.
② FENG Yu-sing. Looking Back to the Past [J]. T'ien Hsia Monthly, 1938, 6 (2)：154.
③ 陈惇，孙景尧，谢天振. 比较文学 [M]. 北京：高等教育出版社，1997：177.

him"译出,用一只老鸟来比喻自己多次经历过类似事情,十分形象逼真。译文对原文的"多如蚁阵"采取了直译的方式,译为"there were hundreds of pedestrians coming and going like ants"(行人众多,如同蚂蚁),最大程度上保留了原小说的风格和面貌,较为直观地再现了国民麻木的形象,该译法易于被译文读者接受,也有益于鲁迅小说英译本在西方世界的传播。

形象是一种交织着情感和思想的混合物,是个人或集体通过言说和书写构建而成的,并与历史文化语境息息相关。每一个形象的创造者都是生活在社会集体的文化环境之中,其意识无法脱离集体想象的藩篱,形象和社会集体想象之间必然存在一种密切的关系。《怀旧》及其英译本"老中国"形象的建构不是孤立进行的,它与20世纪二三十年代中国自我形象的集体想象和文化表述具有互文关系,《怀旧》英译本建构的国民麻木的形象也折射出原作者对启迪国民思想的期待和想象。

2. 惶惑颓唐的孤独者形象

王际真翻译的鲁迅小说《孤独者》发表在《天下》月刊1940年5月第10卷第5期。译者王际真(1899—2001)是鲁迅作品早期最重要的英译者,撰写了第一个英文鲁迅年谱(*Lusin: a Chronological Record* 1881—1936),刊于《华美协进社通讯》(*China Institute Bulletin*)1938年第3卷第4期。王际真是20世纪50年代前翻译鲁迅作品最多的英译者,被认为是鲁迅作品"最认真、最成功的译介者"①。王际真译本准确,文字流畅,颇受好评,曾多次重印再版,成为当时西方鲁迅研究的主要资料。

鲁迅是王际真极为推崇的中国现代作家,在王际真看来,读者可以通过鲁迅作品认知中国,因为鲁迅作品是"真正理解一个国家的最好办法,无疑是通过她的文学,通过那民族遗产中最丰富、最使人开窍、最难以磨灭的文学。在鲁迅的这几篇小说中,读者将通过中国最伟大的一位文学家的敏锐和透彻的目光瞥见中国②"。

《孤独者》讲述了魏连殳、"我"以及魏连殳祖母的故事。祖母去世入

---

① KAO G. Two Writers and the Cultural Revolution: Lao She and Chen Jo-his [M]. Hong Kong: The Chinese University Press, 1980: 132.
② 王际真. 英译本《鲁迅小说选》导言[M]//国外中国文学研究论丛. 陈圣生,译. 北京: 中国文联出版公司, 1985: 138-145.

殓,作为先觉悟者的魏连殳不得不向世俗低头,平静地接受了办丧事的旧俗。随后,魏连殳失业、潦倒、病亡,"我"目睹魏连殳入殓。小说《孤独者》塑造了魏连殳这位惶惑颓唐的孤独者形象,折射了近代中国的生存困境和面临的精神危机。王际真的译文忠实,行文流畅通顺,措辞达意简练,完美地再现了鲁迅的风格,知名翻译家乔志高(George Kao,1912—2008,原名高克毅)认为:"王际真译文传译出原文简洁、犀利的风格,译作至少也是王际真的再创作,而只有和原文作者达到心灵的默契,译作才能达到这种程度。"[1] 细读王际真的《孤独者》英译文,读者可以品味到译文对原文中惶惑颓唐的孤独者形象较为精准的再现,如下段:

原文:

大殓便在这惊异和不满的空气里面完毕。大家都怏怏地,似乎想走散,但连殳却还坐在草荐上沉思。忽然,他流下泪来了,接着就失声,立刻又变成长嚎,像一匹受伤的狼,当深夜在旷野中嗥叫,惨伤里夹杂着愤怒和悲哀。这模样,是老例上所没有的,先前也未曾豫防到,大家都手足无措了,迟疑了一会,就有几个人上前去劝止他,愈去愈多,终于挤成一大堆。但他却只是兀坐着号啕,铁塔似的动也不动。[2]

译文:

The encoffining was thus concluded in this atmosphere of surprise and dissatisfaction, and the spectators were about to disperse while Lien-shu continued to sit abstractedly on the straw mat. But suddenly his tears began to flow, followed by sobs which immediately turned into long howls like a wounded wolf howling in the wilderness at night, cries that conveyedpain, fury and sorrow. This was something not called for by old tradition, and was unexpected and as a consequence the assembly was taken by surprise and did not know what to do. After a while a few went up to him to persuade him to stop crying. More went to him until he was surrounded entirely, but he kept on making his heart-breaking cries, oblivious of the people

---

[1] KAO G. Review of Ah Q and Others: Selected Stories of Lusin by Chi-Chen Wang [J].The Far Eastern Quarterly, 1942, 1 (3): 280-281.
[2] 鲁迅. 孤独者 [M] //鲁迅全集(第二卷). 北京: 人民文学出版社, 1981: 88-89.

around him.①

原文是魏连殳祖母去世入殓后，对魏连殳行为举止的一段描写，村里人认为魏连殳这位受"洋教"洗礼的"新党"会拒绝接受陈规旧礼，因此怀着看热闹的心理期待目睹魏连殳的反叛举止，但出乎人们的意料的是魏连殳服从村里人入殓的所有安排，又让村里人倍感惊异失望的是该哭的时候，他未落过一滴泪，而只是呆坐在草荐上，两眼呆滞。在人们快要走散之际，意料之外的事情又发生了，他突然像一匹受伤的狼，伤惨地嗥叫。译文多数句子采用直译的方法来再现原意，原文对魏连殳的描写运用了两个比喻"像一匹受伤的狼""铁塔似的动也不动"，译文将第一个比喻直译为"like a wounded wolf"（像一匹受伤的狼），译文形象生动，而第二个比喻"铁塔似的动也不动"并未采用直译的方法，而是意译为"oblivious of the people around him"（无视他周围的人），该译文将隐含的信息表述地更为清晰精准，对魏连殳孤独者形象的刻画更入木三分。

词汇描写是形象学的一个重要范畴，词汇是"形象的第一种构成成分，在一种特定文化中可多少直接地传播他者形象"②。该译文充分体现了词汇在塑造人物形象方面的作用，如原文中的两个关键词"大家"，原指"村里人"，但译者分别将其译为"spectators"（旁观者）和"assembly"（众人），而未翻译成"villagers"（村里人），则非常形象地再现了村里人是出于"旁观"和"看热闹"的目的而来，村里人完全处于一种麻木颓唐的观望状态。同时，译文使用了系列展现情绪压抑的词语，如"sob（啜泣）""howl（嗥叫）""pain（痛苦）""fury（狂怒）""sorrow（悲伤）""heart-breaking（令人心碎的）"，这些词汇由于语义上的互文已经构成了一个"词语群、词汇网、语义场，它们构成了作家及其读者群体基本上共有的观念和情感的宝库"③。一个孤独颓废人物形象和其心理活动相互衬托，为译文读者呈现了一个孤独者的形象。这些词语构成的语义场勾勒了一幅悲凉压抑的画面，营

---

① WANG Chi-Chen. A Hermit at Large [J]. Tien Hsia Monthly, 1940, 10 (5): 466.
② 达尼埃尔-亨利·巴柔. 从文化形象到集体想象物 [M]//孟华. 比较文学形象学. 北京：北京大学出版社, 2001: 130.
③ 达尼埃尔-亨利·巴柔. 形象 [M]//孟华. 比较文学形象学. 北京：北京大学出版社, 2001: 162.

<<< 第五章 《天下》月刊英译中国现代文学与多面化中国形象的建构和传播

造了惶惑颓唐的氛围。上述反复出现的具有深刻文化内涵的系列词汇是对一个集体、一个社会文化的阐释,由此形成了社会集体想象,进而对该小说中的形象构建和传播产生了显著的功效。

3. 孤独空虚的青年形象

王际真翻译的鲁迅小说《伤逝》发表在《天下》月刊1940年8-9月第11卷第1期。《伤逝》是鲁迅唯一的爱情题材小说,小说以"涓生手记"的形式,描述了涓生和子君的爱情生活怎样从宁静幸福到空虚枯燥,以致最后破灭的感情历程,表现了主人公人生的空虚和孤寂。译文文字朴实,完美地再现了主人公由宁静幸福到空虚乏味的人生历程。如下列段落:

原文:
然而觉得要来的事,却终于来到了。

这是冬春之交的事,风已没有这么冷,我也更久地在外面徘徊;待到回家,大概已经昏黑。就在这样一个昏黑的晚上,我照常没精打采地回来,一看见寓所的门,也照常更加丧气,使脚步放得更缓。但终于走进自己的屋子里了,没有灯火;摸火柴点起来时,是异样的寂寞和空虚!①

译文:
However, what I had expected to happen finally came about. It happened towards the end of winter and the beginning of spring. The wind was no longer so cold and I had been in the habit of staying out for longer and longer periods. It was after dark when I came home. Yes, I had returned home at this hour many a time, weary and dispirited, feeling all the more so as I saw our gate and slackening my pace even more. Eventually I entered our room. There was no light. When I found the matches and lit the lamp the room was more than usually solitary and empty. ②

形象是"文学艺术反映社会生活的一种特殊形式,是作家根据社会生活的各种现象集中、概括、创造出来的具有强烈感情色彩和审美意义的具体可

---

① 鲁迅. 伤逝 [M] //鲁迅全集(第二卷). 北京: 人民文学出版社, 1981: 125.
② WANG Chi-Chen. Remorse [J]. T'ien Hsia Monthly, 1940, 11 (1): 81-82.

感的人生画面。"① 形象是作品中的相关情感、思想、意识和客观物象的集合，人物形象是其中的一个重要部分，鲁迅小说《伤逝》不仅通过具体的景物的描写，也通过言词的具体表述来刻画涓生空虚与寂寞的人物形象。该段描述涓生和子君在短暂的同居生活之后，依旧感到空虚，涓生又认为分手可以给其带来新的生活，并将未来的希望寄托于和子君的分离，但子君的离去并未带来任何改观，寂静和空虚依然困扰着涓生。回到没有子君的屋中后，涓生依然没精打采，异样的寂寞和空虚再次袭来。译文以符合译入语表述规范的方式对原文进行了调整和改写，原文中的"风已没有这么冷，我也更久地在外面徘徊"翻译成"The wind was no longer so cold and I had been in the habit of staying out for longer and longer periods"。原句中的动态动词"徘徊"译为状态动词"be in the habit of"（习惯于），凸显了人物长久以来的一种固化的精神状态。此外，译文和原文一样，出现了"dark（昏黑）""weary（没精打采）""dispirited（丧气）""solitary（寂寞）""empty（空虚）"等消极意义的词语，以烘托强化人物的虚无心态，译文多采用直译方法将其译出，译文弥散着一股孤独、凄凉和怀旧的气氛，在译语读者的脑海中再现了原作中孤独空虚的人物形象。词汇是形象建构的一个重要构成成分，某种特定文化中存储了能够传播他者形象的词汇，它们构成了作者及其读者的观念和情感。同样，通过语言转换的翻译过程，这些词汇就进入译入语文化中，融入译入语文化的集体想象中，发挥着同样的形象塑造作用。

近代以来，中国与西方"他者"的交流和对话充斥着碰撞和对峙，面对无法回避的西方强权阴影，只有首先深入客观地认识和反观"自我"，只有通过对"自我"的深刻剖析和反思才能更好地与异质"他者"进行沟通和交流，也才能实现国家和民族的复兴，从而更好地建构和传播"自我"形象。鲁迅的小说书写了愚昧、空虚、惶惑以及颓唐的国民形象，通过对金耀宗、魏连殳、涓生等人物形象的刻画，勾勒了一个固守传统而不思变通、没落衰败的中国形象，目的就是为了改造国民的思想，并警示国民，鲁迅小说创作中所描画的中国形象正是20世纪二三十年代现实中国形象的艺术写照。冯余声、王际真等人的英译文流畅、朴实，译文不乏精彩之处，其译作通过在《天下》月刊的刊行对鲁迅小说及其中国形象的营构和传播提供了切实有力

---

① 陈惇，刘象愚. 比较文学概论［M］. 北京：北京师范大学出版社，2000：226.

<<< 第五章 《天下》月刊英译中国现代文学与多面化中国形象的建构和传播

的支撑。

二、沈从文小说英译中的诗意中国形象

鲁迅和沈从文（1902—1988）都以突出的艺术成就和丰富的文学创作开拓了20世纪二三十年代的中国文坛，成为中国现代文学史上里程碑式的作家，并且引领了中国文学的现代化潮流，也为中国现代文学的发展提供了丰富的资源。两人的艺术主张和创作风格既有差异也有共同之处，鲁迅的作品向世人展示的多是一个否定意义的中国形象，其小说通过对"愚弱的国民"和"颓唐空虚知识分子"等人物的形象塑造，重在揭示"老中国"丑陋愚昧的一面；沈从文的小说如《边城》通过对湘西自然山水、善良人性以及纯朴民风的描写和刻画，给我们展示了具有正面意义的中国形象，塑造了一个诗意中国形象。鲁迅的"挞丑"与沈从文的"掘美"都在致力于中国形象的价值重塑。[1] 沈从文小说营构的诗意中国形象与鲁迅小说塑造的"老中国"形象并不互相矛盾，而是互为补充和映衬，共同构成了20世纪二三十年代完整的中国图景。但西方对于此阶段中国文学的了解较为贫乏，而中国现代文学只有"很少的零零星星的几篇译成英语"，许多西方人认为中国现代文学没有什么"有价值的东西"[2]。鲁迅和沈从文的作品是最早被翻译成英文的中国现代文学作品之一，其英译本不仅是西方世界了解和认知近代中国及其文学营构中国形象的重要文本依据，也成为近代中国形象在西方世界传播的重要载体。

沈从文的中篇小说《边城》于1936年在天津的《国闻周报》上连载发表。该小说以20世纪30年代川湘交界的小山城茶峒及附近乡村为背景，描写了茶峒撑渡船老人和他的外孙女翠翠的生活，以及翠翠和码头掌管人的二儿子傩送的爱情故事。《边城》以乡土风情深深地打动和吸引了海内外读者，塑造了中国人的率真、淳朴、自然、纯美品性，绘制了一幅幅美丽的自然与人文图景，营造了诗意中国的形象。有学者认为："形象的范围不限于人，它还可以包括风物、景物描述，甚至观念和言词，总而言

---

[1] 吴翔宇. 鲁迅小说的中国形象研究[M]. 北京：九州出版社，2016：281.
[2] SNOW E. Living China: Modern Chinese Short Stories[M]. London: George G. Harrap & C, 1936: 13.

之，它是存在于作品中关涉民族与国家的主观情感、思想、意识和客观物象的总和。"①《边城》中自然、人性和民风之美构筑了立体多元的诗意中国图景，也是作家对诗意中国的自我观照，通过自然之美、人性之美和民风之美的书写绘制了诗意中国形象，项美丽与邵洵美的《边城》英译文为西方英语读者提供了认知中国社会图景的一种重要观测资源，也成为构筑中国形象的重要维度之一。

1.《边城》的自然之美

沈从文的小说《边城》借助对自然景观的书写，在幽碧的远山、清澈的溪水、翠绿的竹篁等自然景观的表象下，折射其对国家、社会和人性的深刻理解和思考，形成了自然景观审美与人性之美以及民风之美的互映关系，构成一幅美好的社会图景，自然景观的书写显示出其作品对现实生活予以关照的美学价值。沈从文和鲁迅笔下的自然景观有着根本的不同，沈从文小说中的自然景观显得艳丽明亮，而鲁迅小说中的自然景观笼罩着一层阴暗的色调，沈从文小说以审美为基调，而鲁迅小说以揶丑为重心。《边城》中浪漫的自然景观、牧歌情调以及湘西文化的独特异质性建构了诗意中国形象，在海内外读者心目中绘制了美丽的中国画面。《边城》是"沈从文笔下迥异于西方世界的作品，正好契合他们对东方的浪漫幻想、神秘情结"②。项美丽与邵洵美的《边城》英译文将充满原始美景的湘西世界呈献给英语世界读者，在满足西方读者的审美期待的同时，也将诗意的中国形象展示给西方世界。《边城》开篇三章就将充溢着诗情画意和温柔明净的乡土风情呈现在读者面前，远山溪水以及龙舟和山歌等民俗民风相互交融，映衬着卓然的"世外桃源"图景。

项美丽和邵洵美在翻译《边城》时，采用较为灵活自由的翻译策略，尽可能在英语译文中保留原作的文化意蕴。如在译《边城》开头一段自然美景的描述时，译文基本采用直译的方式，从句式结构到叙事顺序，多和原文保持一致，较好再现了原文对自然美的描述。原文与译文对照如下：

---

① 刘洪涛.《边城》：牧歌与中国形象[J]. 文学评论，2002（01）：72.
② 刘勇，张睿睿. 星斗其文，赤子其人——走进沈从文的《边城》[M]. 北京：北京师范大学出版社，2007：122.

<<< 第五章 《天下》月刊英译中国现代文学与多面化中国形象的建构和传播

原文：

……有一小溪，溪边有座白色小塔，塔下住了一户单独的人家。这人家只一个老人，一个女孩子，一只黄狗。

小溪流下去，绕山岨流，约三里便汇入茶峒的大河。人若过溪越小山走去，只一里路就到了茶峒城边。溪流如弓背，山路如弓弦，故远近有了小小差异。小溪宽约二十丈，河床是大片石头作成。静静的河水即或深到一篙不能落底，却依然清澈透明，河中游鱼来去皆可以计数。①

译文：

……beyond which is a little stream. Near the stream is a little white pagoda, and close to that there is a cottage where once lived an old man, a young girl, and a yellow dog.

The brook flows in a curve around a hill and empties into the river by the city; it takes three *li* to make the journey, but if you leave the stream and cross the mountain then the city is only one *li* away, as though the creek forms a bent bow and the straight path is its string. The creek is really small, only seventy feet across, with its bed a mosaic of pebbles. The river is very quiet; even where is too deep to touch the bottom with the ferryman's bamboo pole, still one can see the bed very clearly, and count the fishes that drift about.②

美国汉学家、翻译家金介甫（Jeffrey Kinkley）认为："沈从文把自然界看作一股抽象的强大力量，想通过艺术创作为自然开花结果。他根据美学经验把大自然本身完全加以人格化。"③ 在沈从文笔下，美丽的自然山水让人流连忘返，河水清莹澄澈，河底的景物清晰可见，边城鸟语花香，青山翠竹，远离尘嚣，和平安详，自然的生命季节循环不息，构成了一幅烟雨朦胧、意境悠远的山水画，宛如世外之境。沈从文用晶莹饱满、温润明亮的诗化语言描绘了河沿岸恬静幽美的山村，白塔、竹林、小溪浸润着中国乡土文

---

① 沈从文. 边城 [M]. 南昌：江西人民出版社，1981：1.
② HAHN E, SHING Mo-lei. Green Jade and Green Jade [J]. T'ien Hsia Monthly, 1936, 2 (1): 93.
③ 金介甫. 凤凰之子·沈从文传 [M]. 符家钦，译. 北京：光明日报出版社，2004：254-255.

化的意象。自然山水之美的描述,对于小说里人性美、民风美以及小说人物诗性人格的展示,起到了铺垫和烘托的效果。

项美丽和邵洵美在翻译《边城》时,尽量保留原有文化的风情。《边城》的标题未被译成带有西方色彩的地域名称"The Border Town"或者"The Outlying Village",而是以小说主人公"翠翠"的名字作为标题,译成带有中国文化意蕴的"Green Jade and Green Jade",赋予其"翠玉"或"碧玉"之意,既凸显了小说的人物形象,也较好地传达了原作的特有文化。项美丽和邵洵美在英译过程中紧扣原作,使用最为简单的语言与句式。如开头一段中的"溪边有座白色小塔,塔下住了一户单独的人家。这人家只一个老人,一个女孩子,一只黄狗。"英译文"Near the stream is a little white pagoda, and close to that there is a cottage where once lived an old man, a young girl, and a yellow dog."句式较为简洁,多用常用词汇,与原文简洁的风格呼应,译文中"白塔、小溪、老人、女孩、黄狗"等意象的并置,构筑了一幅色彩斑斓的乡土诗意中国形象,带给译文读者的是一幅美丽宁静的画面。被西方梦想的东方及其文学、艺术表述以及意识形态或想象物都是形象学考察思考的重要内容,这些都被称为异国情调。[1] 对空间景物的书写就是展现异国情调的一种策略,《边城》英译文开头一段为西方读者提供了异域情调想象的空间,为西方读者展现了一个浪漫的异域他者形象。

2. 《边城》的人性之美

沈从文笔下的《边城》自然美景和人性之美构成了一个和谐的整体,不仅展现了自然水墨风景和湘西人的善良之美,还蕴含深刻的哲理,有着强烈的生命美学意识。沈从文小说塑造的人物形象与鲁迅笔下的人物形象存在显著的差异,鲁迅小说中的人物多呈现愚昧、麻木、空虚的形象,而沈从文《边城》凸显了勤劳淳朴、勇于担当的渡船老人,天真善良的翠翠,重义轻利的船总顺顺,健壮能干的天保和傩送兄弟,古道热肠的杨马兵,还有处于社会最底层、有着真性真情的水手和妓女等等,他们都是善良、纯朴的形象符号。如原文和译文对翠翠的描述展现了《边城》中的人性之美:

---

[1] 达尼埃尔-亨利·巴柔. 形象 [M] //孟华. 比较文学形象学. 北京:北京大学出版社,2001:180.

<<< 第五章 《天下》月刊英译中国现代文学与多面化中国形象的建构和传播

原文：

翠翠在风日里长养着,把皮肤变得黑黑的,触目为青山绿水,一对眸子清明如水晶。自然既长养她且教育她,为人天真活泼,处处俨然如一只小兽物。人又那么乖,如山头黄麂一样,从不想到残忍事情,从不发愁,从不动气。平时在渡船上遇陌生人对她有所注意时,便把光光的眼睛瞅着那陌生人,作成随时都可举步逃入深山的神气,但明白了面前的人无机心后,就又从从容容的在水边玩耍了。①

译文：

Ts'ui Ts'ui grew up in the wind and the sun, so her skin was dark. She saw only green mountains and blue water, so her eyes were clear as crystal. Nature had nursed and educated her, and she was agile as any little animal. She was clever as an antelope, she had no thought of cruelty and sorrow, and she was never angry. Whatever she saw a stranger watching her from the ferry she looked back at him with her bright eyes, as if she could escape into the hills whenever she liked. When she was quite sure he would not harm her, she would forget him and play light-heartedly near the water. ②

项美丽、邵洵美合译的《边城》以符合目标语读者的阅读口味为主,英译文本也接近目标语的表达习惯。原文的第一句"翠翠在风日里长养着,把皮肤变得黑黑的,触目为青山绿水,一对眸子清明如水晶"采用了断句译法,译成了两个因果关系的复句,补充上了表因果关系的连接词"so",该译句符合译语的表达习惯,可读性也较强。原文中的第二句"自然既长养她且教育她,为人天真活泼,处处俨然如一只小兽物"译为"Nature had nursed and educated her, and she was agile as any little animal",该译句与原句结构对等,译文中动词"nurse"和"educate"生动地表现出原作者想要传达的大自然的"人格化"力量。此外,将描述翠翠的形象的几个句子分别译为"her eyes were clear as crystal"(眸子清明如水晶),"she was agile as any

---

① 沈从文. 边城 [M]. 南昌：江西人民出版社, 1981：4.
② HAHN E, SHING Mo-lei. Green Jade and Green Jade [J]. T'ien Hsia Monthly, 1936, 2 (1)：95.

little animal"（人又那么乖，俨然如一只小兽物），"she was clever as an antelope"（如山头黄麂一样聪明）与前句译文中的"nursed and educated"等动态动词相呼应，凸显大自然的力量。此外，译文"her eyes were clear as crystal"（眸子清明如水晶）则与"her skin was dark"（翠翠的黑皮肤）交相辉映，在译文读者图式中建构出"翠翠"的黑美女形象。在"翠翠"的性格描写上，原文中的"人又那么乖，如山头黄麂一样，从不想到残忍事情，从不发愁，从不动气"译为"She was clever as an antelope, she had no thought of cruelty and sorrow, and she was never angry"，在传达原文意思基础上，让译文读者了解湘西人原始的真善美。原文中的比喻"俨然一只小兽物"译为"as any little animal"，赋予翠翠原始野性美的形象，译语读者与原文读者同样体会到翠翠具有的动物般的原始灵性，翠翠形象代表了湘西人的"正直朴素人情美"①。

形象学学者布吕奈尔指出"形象是加入了文化的和情感的、客观的和主观的因素的个人的或集体的表现。"② 形象是情感和思想的混合物，形象也是一种想象，形象是与特定社会群体相联系的，小说《边城》中"翠翠"的形象融入了本土文化的集体想象，言说了本土文化中的某种渴望和愿景。英译《边城》中"翠翠"的形象是按照原语文化中的模式、程序而重写的，"翠翠"的形象通过文本的语言转换进入异域读者的视野，成为能够让异域读者无限遐想的他者形象。

3.《边城》的民风之美

《边城》描述了人与人之间相互友好的朴素民风，不论船夫村姑，还是水手，都活得率真自然，甚至连沦落风尘的妓女，也富有真情。这种善良美德不仅仅是个人修养的结果，更是当地纯朴、重义轻利、安信自约的淳朴风气使然。这里仿佛世外桃源，不以贫富、地位而以善良来待人，表现了生命的自然本真状态，展示"边城"民众"优美、健康、自然，而又不悖乎人性的人生形式"③。如下段：

---

① 沈从文．沈从文批评文集 [M]．珠海：珠海出版社，1998：248.
② 布吕奈尔．形象与人民心理学 [M] //孟华．比较文学形象学．北京：北京大学出版社，2001：113-114.
③ 沈从文．沈从文批评文集 [M]．珠海：珠海出版社，1998：244.

<<< 第五章 《天下》月刊英译中国现代文学与多面化中国形象的建构和传播

原文:

他们生活虽那么同一般社会疏远,但是眼泪与欢乐,在一种爱憎得失间,揉进了这些人生命里时,也便同另外一片土地另外一些年轻生命相似,全个身心为那点爱憎所浸透,见寒作热,忘了一切。若有多少不同,不过这些人更真切一点,也就更近于糊涂一点罢了。

短期的包定,长期的嫁娶,一时间的关门,这些关于一个女人身上的交易,由于民情的淳朴,身当其事的不觉得如何下流可耻,旁观者也就从不用读书人的观念,加以指摘与轻视。这些人既重义轻利,又能守信自约,即便是娼妓,也常常较之讲道德知羞耻的城市中绅士还更可信任。①

译文:

Although life for them was very different from ours, their tears and happiness, their loves and hates were just the same as those of people's in other lands. Their bodies were fairly drowned in love and hate, and they felt cold and hot, and forgot everything. If there was any difference it was that they were more faithful and a bit more silly.

A short contract, a lifelong marriage, a door closed for a moment—all this trade in girls' bodies did not shame them nor make them feel mean; it was the primitive custom of the country. Nor did others look down on them nor criticize them after the fashion of our wise men. These creatures, who were loyal and generous and honest and self-controlled, though they were prostitutes were more trustworthy than those city-dwellers who knew all about Shame. ②

原文是对当地民风的一段描述,人性的善和美在这块尚不开化的"边城"表现得淋漓尽致和朴素率真,不论是恋爱的青年男女,还是相约守信的情侣,其情感在自然淳朴的民风中如同美妙的歌声一样沁人心脾,这种"诗性"的美感也正是淳朴自然民风的映射。原文中的第一句很长,为符合译入语的表达习惯,译文用三句译出,原文中的反义词如"眼泪与欢乐""爱憎"

---

① 沈从文. 边城 [M]. 南昌:江西人民出版社,1981:12.
② HAHN E, SHING Mo-lei. Green Jade and Green Jade [J]. T'ien Hsia Monthly, 1936, 2 (1):101-102.

203

直译为"tears and happiness"和"loves and hates";动词"浸透"译为"drown",既生动又形象;原文最后一句中的"这些人"译为"these creatures",暗含了边城居民的纯朴原生态状况,在译文读者的认知图式中产生一种原始的质朴美,让异质文化空间的读者对中国历史与文化产生一种陌生感。此外,该句中"羞耻的城市中绅士"译为"those city-dwellers who knew all about Shame",其中"羞耻"的英译"Shame"的首字母特意大写,在凸显了边城与内地城市的民风之差别的同时,也暗含了作家对诗意中国温润、纯洁、坚韧形象的美好寄托。

形象学强调通过词汇构成的形象或某个想象的词汇表所反映的集体想象物就是一种形象汇编或辞典。① 原文中的"这些人"译为"these creatures",该英文词汇的效果就是营造了一种异国情调,制作了一个东方的集体想象物,构建了一个东方"他者"形象。《边城》英译文通过词汇策略、情感书写以及人物形象塑造丰富了译文读者的集体想象,呈现了一幅充满诗意的东方"他者"的图景。

沈从文的小说《边城》聚焦于湘西农村普通百姓的日常生活,通过对个体的鲜活再现让读者感知 20 世纪二三十年代的乡土诗意中国形象,这种微观的叙事角度既灵动又精彩,营造了一种亦梦亦幻的诗意效果。传统意义上的中国乡土社会往往被西方世界定格于落后停滞的他者化的想象,乡土中国常成为西方世界想象中国最理想的参照系,也成为西方世界任意形塑的文化象征体。沈从文的小说《边城》及其英译本为西方世界凝视乡土中国带来了另一种维度和视角,让西方世界看到乡土中国被遮蔽的亮色的一面。项美丽与邵洵美运用灵活的翻译方法,给予人物鲜活灵动的再现,注入了人物个性化的特征,《边城》英译文最大限度地保留了原作的乡土文化风貌和诗意风格。事实上,"项译本最引人注目之处,还是对原作呈现的诗意中国形象的跨文化重造。项译本追求的目标,是在异文化空间中重造原作中的诗化中国形象"②。项美丽与邵洵美合译的《边城》英译文充满了对中国浪漫诗意的想象,西方英语世界的读者在欣赏《边城》这部中国文学作品的同时,也用

---

① 达尼埃尔-亨利·巴柔. 从文化形象到集体想象物 [M] //孟华. 比较文学形象学. 北京:北京大学出版社,2001:132.
② 谢江南,刘洪涛. 沈从文《边城》四个英译本中的文化与政治 [J]. 中国现代文学研究丛刊,2015(09):111.

"异国情调"的心态了解认知中国文化,《边城》英译文更可能引发西方读者对中国诗意形象的认知。

三、姚雪垠小说英译中的中国崛起形象

中国在20世纪20年代至30年代的现代化进程中遭受日本侵略,跌落为"落后挨打"的国家,而日本以及西方国家变成了发达的现代强国。此阶段的中国形象是依靠传统与现代、中国与西方的认知框架来完成的,中国呈现的是传统愚昧落后的形象,而日本及西方的形象则是现代和强盛。两种文化相遇的结果一方面表现为中国激烈地反对传统、批判自身的文化和历史,因为中国传统文化阻碍了中国现代化转型,另一方面,西方的先进观念和价值观等受到崇拜和推崇。在这一历史进程中,唤起中国现代的主体意识、挽救民族危亡、呼唤民众的抗战意识,成为一种潮流。"七七事变"爆发后,《天下》月刊的编辑心怀忧国忧民的使命感,从1937年第8期开始,在每期发表的社论中都揭露日本侵华的暴虐行径,弘扬中华民族的抗战精神。在控诉日军侵略暴行的同时,呼吁中国文艺界要面对现实,为抗战服务,温源宁在1939年第2期的评论中指出:"中国的文学和艺术只有成为现代的和中国的,才能生机盎然,发展壮大。中国文艺仅仅是现代的还不够,还必须完完全全是中国的。我们相信,当前这场战争使其实现这一点。"[1]《天下》月刊号召诗人、作家走出书斋,拿起笔蘸着同胞的鲜血,书写对侵略者的仇恨,表达对抗战英雄的崇敬。温源宁强调《天下》月刊的文化使命:"月刊编辑着眼未来,期望作者们用手中的笔弘扬人文价值,而不是沮丧。如今的世界比以往任何时候都更需要他们,他们肩负着艰巨的使命,《天下》月刊以微薄之力致力于该使命。"[2]

姚莘农、陈大仁、凌岱等通过"纪事"栏目倡导文学要肩负历史责任,呼吁文学为现实服务,《天下》月刊积极肩负起服务抗战的历史任务,文学的现实功利性取代艺术性,更受到强调和关注。而《天下》月刊刊载的姚雪垠《差半车麦秸》、鲁彦《重逢》、田涛《山窝里》等英译短篇小说契合了此种文学观,表现了文学译作对社会现实的诉求,这些译作也彰显了抗战中

---

[1] WEN Yuan-ning. Editorial Commentary [J]. Tien Hsia Monthly, 1939, 8 (2): 115.
[2] WEN Yuan-ning. Editorial Commentary [J]. Tien Hsia Monthly, 1939, 9 (1): 6.

崛起的中国形象。

1938年起《天下》月刊开始刊登抗战题材的小说译本，姚雪垠的《差半车麦秸》、老舍的《人同此心》、鲁彦的《重逢》、田涛的《山窝里》等反映抗日主题的小说译本陆续在《天下》月刊发表。抗战小说作为历史多元叙事的言说，建立在一种对中国和对世界的重新认识上，较为真实地表现了中国人民不屈不挠的抗争精神，是与社会现实诉求亲密的合作，表现了对国家和民族的未来崛起的丰富想象，抗战题材的文学作品及其译本也向海内外昭示着崛起的中国形象。

《天下》月刊通过刊载中国现代抗战文学作品，一方面完成中国形象的自我言说，另一方面，也期待向海外读者展示一个进步团结崛起的民族形象。姚雪垠的《差半车麦秸》及其英译文就是其中的一个代表，小说讲述了一个名叫王哑吧、外号叫"差半车麦秸"的农民，参加游击队后成长为一名出色的游击队员的故事。参加游击队前，他憨厚、质朴、善良，但愚昧落后、懵懂无知，有着狭隘、自私观念和习气。参加游击队后，在集体斗争生活中受到了教育和锻炼，使他从昏睡中觉醒并奋起抗争，成为一名勇敢干练的战士，由对抗日的不理解到积极参加抗日，以致最后英勇牺牲。王哑吧这个农民游击战士的英雄形象，包含着深刻而丰富的历史内涵，这个形象表现了中国农民对和平生活的向往和热恋，展示了蕴藏在"老中国儿女"身上的无穷无尽的反抗侵略者的强大潜力。

短篇小说《差半车麦秸》塑造了淳朴憨厚、具有强烈爱国情怀的农民游击队员的英勇形象，同时成功地运用了大量中原乡土语言，在姚雪垠看来，乡土语言"使读者感到新鲜，主人公典型性格的塑造，得力于乡土语言"①。小说的英译者叶君健（别名马耳）和陈依范最大程度上将原作中的人物形象以及语言风格传译给译语读者。如下面一段：

原文：

"鬼孙才是汉奸呐！我要是做了汉奸，看，老爷，上有青天，日头落——我也落！"差半车麦秸耸了耸肩膀，兴奋的继续说下去："别人告我说，要拿一个太阳旗北军就不管啦。小狗子娘自己做了个小旗交给我，她

---

① 姚雪垠. 姚雪垠回忆录［M］. 北京：中国工人出版社，2010：78.

<<< 第五章 《天下》月刊英译中国现代文学与多面化中国形象的建构和传播

说,'小狗子爹,快走吧,快去快回来!'我说,'混帐旗子多象膏药呐,南军看见了不碍事么?'她说,'怕啥呢,我们跟南军都是中国人呐,你这二百五!'老爷,你想,我是中国人还会当汉奸吗?小狗子娘真坏事,她叫我拿他妈的倒楣的太阳旗!"他一边哽咽着,一边愤怒的咬着牙齿,一边又用恐惧的眼光看着队长。①

译文:

"The devil be a traitor! If I were such a man, your Lordship, the Heaven over me will see that I fall like the sun!" Chabancheh Makai now sat up and went on with his story excitedly and confidentially as if he were among his friends: "Some people say that the Northern soldiers won't attack you if you have a sun-banner in your hand. So my woman gave me the flag that she made herself saying 'Don't waste time, go and come back soon.' Then I asked her: 'Isn't it dangerous to have such a damned thing in my hands if I meet the Southern soldiers?' But she replied: 'Don't be nervous, Southern troops are Chinese like yourself. Don't be a blockhead!' Why, your Lordship, why should I become a traitor when I am a Chinese? Drat the woman for making me take the sun-banner!" And he cried out aloud again: "Ai-yah!" Then he clenched his teeth and look fixedly at the Commander. ②

形象学认为"在某个特定时期,某种特定文化中都或多或少存储了一批能够直接或间接传播他者形象的词汇"③。"这个用词语表述的形象或这张形象化的词汇表,其反映出的想象物就是一种形象目录、形象词典。"④ 该段是差半车麦秸被游击队抓住审讯时的对话,该对话将一场冲突及人物推到读者面前。对话充满了表现人物鲜明形象的个性化词语,如"鬼孙才是汉奸""日头落——我也落""她叫我拿他妈的倒楣的太阳旗"等塑造人物形象的词

---

① 姚雪垠. 差半车麦秸 [M]. 上海:怀正文化社,1947:7-8.
② MAR C, CHEN J. Chabancheh Makai [J]. Tien Hsia Monthly, 1938, 7 (5):500.
③ 达尼埃尔-亨利·巴柔. 形象 [M] //孟华. 比较文学形象学. 北京:北京大学出版社,2001:162.
④ 达尼埃尔-亨利·巴柔. 形象 [M] //孟华. 比较文学形象学. 北京:北京大学出版社,2001:165.

汇，也揭示了差半车麦秸这个小说中主要人物的民族意识和抗日热情。小说通过运用栩栩如生的方言词汇描绘塑造了差半车麦秸的进步和成长，也映射了崛起的中国形象。译文尽可能地保留并再现原文语言风格，如原文中的"她叫我拿他妈的倒楣的太阳旗"译为"Drat the woman for making me take the sun-banner"，其中的"drat"意为"诅咒，见鬼"，该译法最大程度上接近了原文的粗俗风格，较为清晰地传译出了原文的含义。原文"你这二百五"中的"二百五"是汉语中广为流传的俗语，常指傻头傻脑、倔强莽撞之人，译文"Don't be a blockhead"虽然丢失了原文特有的文化意象，但该译法还是能够再现人物的特有形象。该段译文的这些个性化词汇与特定文化紧密联系，它们勾勒的语义场有助于构建一个异域的东方，也成为异域他者集体想象物的重要成分。又如下例对话：

原文：
晚上我同差半车麦秸睡在一块儿，我问他：
"你为什么要加入我们的游击队？"
"我为啥不加入呢？"他说，"你们都是好人呵。"
停一停，他大大的抽了一口烟，又加上这么一句：
"鬼子不打走，庄稼做不成！"
我忽然笑着问："你的小太阳旗子哩？"
"给小狗子做尿布了，"他仿佛毫不在意的回答说。①

译文：
That night Makai slept on the same *K'ang* as myself.
"Why did you join our guerrilla band?" I asked.
"Why not?" he replied. "All of you are honest men!"
He paused for a moment while he sucked at his pipe and then added: "If we don't drive those foreign devils out we'll never be able to till our land again!"
I burst out laughing, then suddenly asked him: "Where is your sun-banner?"

---

① 姚雪垠. 差半车麦秸 [M]. 上海：怀正文化社，1947：9.

<<< 第五章 《天下》月刊英译中国现代文学与多面化中国形象的建构和传播

"My woman used it as diaper for my small boy," he said carelessly.①

形象具有语言所有的特性，在一定程度上，形象是语言，形象反射了它所指称的、表示的现实。② 原文的语言具有十分独特的风格，口语化、粗俗化的言语充分表现了人物的个性和形象。"差半车麦秸"是不够数儿、不够聪明之意，其朴实的话语生动地刻画再现了差半车麦秸的人物形象，不仅具有朴素的民族意识和爱国热情，也是中国普通百姓的一个缩影。译文通过改变故事叙事层面的相关元素来强化人物的形象特征，如原文"给小狗子做尿布了"英译为"My woman used it as diaper for my small boy"，译文增加了逻辑主语"my woman（我的女人）"，该叙事话语毫无疑问反映了叙事者的粗放率真的人物个性。原文中的"鬼子不打走，庄稼做不成"译为"If we don't drive those foreign devils out we'll never be able to till our land again"。译句中增加了逻辑主语"we"，表明觉醒的农民正成为抗日的重要力量之一。原文中的"晚上我同差半车麦秸睡在一块儿"译为"That night Makai slept on the same *K'ang* as myself"，译文中增加了"*K'ang*"，并用脚注的形式解释这是中国北方用泥土砌成的床。译文通过文化补偿，在译文中构建了原语的文化形象，为译文读者创造一种与原文读者类似的体验和印象，建构一个类似的文化形象。通过对短篇小说《差半车麦秸》译本文本和文本语境的相互参照和分析，可以发现该译本基于其所产生的社会历史文化语境，从他者视角审视自我形象，并积极构建和传播一个能为西方读者所接受的中国崛起形象。

在20世纪二三十年代民族危机加剧的历史语境下，中国现代知识分子一方面不断汲取西方他者的先进政治文化思想来促进中国现代化的进程，另一方面也不断地反思和传播中国自我固有的优秀文化，以期消弭西方人眼中愚昧落后的中国形象。《天下》月刊积极响应中华民族形象重构的诉求和召唤，通过英译中国现代小说等文学作品，肩负起重塑国家形象的历史使命，

---

① MAR C, CHEN J. Chabancheh Makai [J]. Tien Hsia Monthly, 1938, 7 (5): 501.
② 达尼埃尔-亨利·巴柔. 从文化形象到集体想象物 [M] //孟华. 比较文学形象学. 北京：北京大学出版社，2001: 123.

体现了通过对外翻译文学作品的途径进行民族形象自塑的自觉意识，为建构和传播中国形象提供了强有力的支撑。《天下》月刊等近代上海英文期刊积极探索中国文学对外译介的模式和策略，在中西文学交流过程中表现出更多的主动性和自觉性，将中国现代优秀作家的经典文学作品带入西方人的视野，为外界了解和认知中国现代文学提供了平台，推动了中国现代文学英译走向自主与自觉的现代转型。

结 论

  晚清民初是中国社会转型的重要历史时期，也是中西文化交流最为繁复的阶段。晚清政府被迫打开国门以后，沿海各通商口岸城市涌入大量外侨，伴随着印刷、交通、通信等技术的发展，大量西文出版机构、译书馆、西文刊物以及西式学校等纷纷诞生，西学东渐在此阶段的中西文化交流过程中占据主导地位，西方文化的输入对中国近代社会的发展产生了广泛而深刻的影响。但值得关注的是，与西学东渐相呼应，晚清民初之际的中学西传也在一定程度上兴起和发展，主动积极地向西方传播中国文化也形成一定规模。众多西方传教士、汉学家以及中国学者积极致力于让世界了解中国的学术探索也蔚然成风。中国著作的英译本在此阶段的中学西传进程中占据无法替代和无法忽略的特殊地位，中国著作的英译本在传播中国悠久历史文化的同时，也建构和展示了多样化的中国形象。近代上海英文期刊英译中国文学作品就是其中的一个缩影和代表，而研究者通常忽略"对于那些在中国口岸城市出版的具有开拓性的英文期刊的贡献研究"[1]。创办于近代上海的《皇家亚洲文会北华支会会刊》《教务杂志》《中国科学美术杂志》《新中国评论》《东亚杂志》以及《天下》月刊等英文期刊专注中国研究，是中国文化西传的重要媒介和平台，凭借其遍及世界各地的发行网络将英译中国文学作品迅速传播至世界各地，刊载的中国典籍、古典小说、古典诗歌和戏剧以及现代文学作品英译文建构的丰富中国形象谱系也由此步入西方世界。

  萨义德的《东方主义》揭示了所谓的"东方"是西方历史文化建构的"东方"，"东方"可以说是一个欧洲人的发明，西方与"东方"是一种权力

---

[1] GIRARDOT N. The Victorian Translation of China: James Legge's Oriental Pilgrimage [M]. Berkeley: California University Press, 2002: 144.

支配关系,"东方"是沉默的,它没有自我阐释权,没有主体意识,不能言说自己,必须借助西方来表达自己。几百年来,西方发明了"东方",建构了原始、愚昧、专制的东方形象,目的就是为其殖民扩张和文化霸权奠定思想和舆论基础。那么东方世界如何消解"东方主义"带来的阴影？如何真实地有效地建构和表达东方自身的形象？历久弥新的东方经典文学的对外翻译就是言说和建构自身形象的重要路径之一。翻译是一种跨文化的阅读活动,是一种视觉意义上的"看",那么"'我'注视他者,而他者形象也传递了'我'这个注视者、言说者、书写者的某种形象"①。翻译也是一种行为,必然有其目的和旨归,翻译就是在目标语文化中塑造原语文化形象的一种行为和过程,译作是原作文化形象在目标语文化中的再现和复制。翻译活动的一个重要目的是在目标语文化中塑造和传播原作品的国家及文化形象。文学翻译是跨文化形象构建和传播的重要手段之一,一方面,英译中国文学作品在译入语文化中构建和传播中国文学和文化形象,另一方面,译入语文化对中国文学和文化的形象认知亦反作用于中国文学英译。近代上海英文期刊英译中国文学作品展现了丰满充盈的中国形象,是中国形象的自我言说,而不是西方他者的言说,其对中国形象的建构和传播发挥着积极的推动作用。

  通过深入系统地勾勒和探讨近代上海英文期刊英译中国文学作品对中国形象的建构和传播,本研究深入阐释并详细论述近代上海英文期刊英译中国文学作品建构的系列中国形象谱系。首先,在对期刊英译中国典籍述略和英译中国典籍的优势与特点分析的基础上,通过梳理16世纪至18世纪耶稣会士中国典籍英译中的文明古国形象、19世纪新教传教士和汉学家英译中国典籍对儒道思想建构以及20世纪上半叶新教传教士、汉学家和中国学者英译中国典籍与多面化中国形象的建构,聚焦《教务杂志》对《孔子家语》和《孝经》的英译,阐述中国典籍通过深度翻译、注疏及基督教文化阐释等学术性翻译手段对孔子和中国孝文化的建构和传播及其历史文化意义。近代上海英文期刊对中国典籍的英译再现了中华民族的品格,期刊典籍英译成为中国优秀传统文化推向世界以及建构和传播中国形象知识谱系的重要途径,也为西方启蒙运动的发展提供了大量有益养分。近代上海英文期刊典籍英译不

---

① 达尼埃尔-亨利·巴柔. 形象[M]//孟华. 比较文学形象学. 北京：北京大学出版社, 2001: 157.

仅推动了西方世界对中国形象认识的广度和深度，也践行了中西方思想观念交流和中国形象西传的历史责任。

其次，近代上海英文期刊英译中国古典小说为西方世界了解和认知中国社会习俗、中国人的思维习性、中国人的审美旨趣等提供了生动鲜活的画面，构筑了一幅道德中国形象的图景。期刊英译中国古典小说具有独特鲜明的特点和优势，除了篇幅长短灵活、形式多样、传播速度快、发行面广外，还表现为译作节译本的流行、译文体裁的改变以及译作评论与争鸣的互动等。近代上海英文期刊英译中国古典小说不仅融入对中国文化的利用与想象，还凭借翻译中的改写、前言和注释的添加等策略参与中国形象的重塑，《中国科学美术杂志》英译《今古奇观》呈现了中国人的真善美德，《东亚杂志》英译《双凤奇缘》表现了中国人褒善贬恶的道德观。期刊英译中国古典小说通过在西方世界的传播，将中国的社会文化生活的百纳图带入西人的认知图式中，成为西方世界了解和认知中国社会的重要文本依据，从而绘制出西人眼中纷繁多姿、具体逼真的中国社会图景。

再者，近代上海英文期刊英译中国古典诗歌及古典戏剧不仅再现了中国人的德行操守，而且也描绘了中国人的情感世界以及中国历史图景。期刊英译中国古典诗歌及古典戏剧让西方世界获得了一种认识和评价中国文化和历史的窗口。《皇家亚洲文会北华支会会刊》所刊《孔雀东南飞》的英译文细致入微地描绘了中国人的情感，《教务杂志》英译《阿房宫赋》展现了中国历史形象，《天下》月刊英译《奇双会》凸显了中国人从善远恶的德行操守，《天下》月刊英译《林冲夜奔》表现了中国人的忠诚刚毅。近代上海英文期刊英译中国古典诗歌及古典戏剧推进和深化了西方世界对中华民族文化和历史认识和理解的途径，将充满审美情趣的中国风情引入西方文化中，淋漓尽致地展现崇尚美德的中国风情和中国文化。

最后，《天下》月刊对中国现代文学的英译推动了中国现代文学走向世界的进程，在一定程度上改变了西方学者在中学西传过程中占据主导地位的局面，中国译者只能充当西方译者翻译助手的状况开始改变，中国译者开始独立行使自己的译语权。沈从文小说《边城》营构的诗意中国形象与鲁迅小说《怀旧》《孤独者》《伤逝》塑造的"老中国"形象互为补充和映衬，共同构筑了20世纪二三十年代完整的中国图景。冯余声英译鲁迅小说《怀旧》、王际真英译鲁迅小说《孤独者》《伤逝》以及项美丽和邵洵美英译的沈从文小说《边城》凭借其精准和优美的译笔将"老中国"形象和诗意中国形象生动呈现在译语读者面前。《天下》月刊叶君健和陈依范英译的姚雪垠短篇小说《差半车麦秸》一方面实践中国形象的自我言说，另一方面也向海外读者展示了一个进步团结崛起的中华民族形象。《天下》月刊英译小说中的"老中国"形象、诗意中国形象以及进步团结崛起的民族形象相互跨越、融合、通约和互补，拓展和丰富了近代中国形象的内涵。

　　近代上海英文期刊英译中国文学作品以"自塑"的方式表述和建构了中国形象的系列谱系，文明古国形象、儒家思想、多面化中国形象、孔子形象、道德中国形象、"老中国"形象、诗意中国形象以及崛起中国形象形成了互补互通的"互文"关系。英译中国文学作品所展现的各个历史时段的中国形象之间相互映衬、相互补充、相互阐释、相互印证，筑成一股中国形象的合力，向基于西方中心主义观点的西方式中国想象顽念冲击。近代上海英文期刊英译中国文学作品为西方了解中国文化提供了一个广阔的平台，为中国形象的建构和域外传播做出了独特的贡献，也为中国文学英译作品建构和传播中国形象提供了学理支持。

　　笔者不敢奢望本研究是否具有较高的学术价值，但可以聊以自慰的是，笔者在以下几方面做了严肃认真的思考。第一，本研究结合社会历史文化背景和形象学及翻译学理论，以近代上海英文期刊英译中国文学作品为研究对象，对近代上海英文期刊英译中国文学作品与中国形象的建构和传播进行较系统全面的研究，揭示了期刊英译中国文学作品建构中国形象的丰富内涵和价值意义。因国内对近代上海英文期刊英译中国文学作品系统研究还不多见，希望能在一定程度上弥补该领域研究的不足，充实和完善该方面的研究。第二，本研究选取代表性近代上海英文期刊作为研究对象，以翻译作品为个案研究，不仅对翻译是构筑西人眼中的中国形象的重要文本依据的一次考证，对其模式和经验的总结和梳理，而且也是基于比较文学形象学，在现代翻译理论的框架下阐释翻译作品建构和传播中国形象提供理论与实践的对读观照。第三，本研究深入探讨文学翻译作品对形象建构的影响。国内形象学研究较少关注翻译对形象的影响和建构，本研究也是拓展形象学研究领域的有益尝试。

　　如果本研究能引发学术界对近代上海英文期刊与域外中国形象建构和传播的关系产生更多的关注和更深入的研究，笔者就感到十分欣慰。希望本研究能推动、拓展和深化翻译形象研究，特别是英译中国文学作品建构和传播中国形象方面的研究。本研究涉及的近代上海英文期刊卷帙浩繁，资料整理及阅读量十分庞大，其中英译中国文学作品的数量就十分繁多，在翻译个案的选取和研究方面数量有限，难免挂一漏万。此外，由于各种客观条件所限，很难查阅到近代上海英文期刊英译中国文学作品在西方的接受和评论方面的更多相关资料，该书总体而言是以源语社会为取向的翻译研究，并侧重源语文本中的形象在译语文本中的生成研究，而对近代上海英文期刊英译中国文学作品的传播、接受和影响研究稍有不足。这也是一个非常值得探讨的课题，期望在以后的研究中能将此项工作进行下去。在研究过程中，笔者竭力对研究问题做出较全面深入的阐释，但成果书稿中仍难免粗疏和不足，期望专家批评指正。

附录一　近代上海英文期刊所刊中国典籍英译作品一览表

期刊	英译作品篇名	发表时间及卷期	原文作者	译者
《皇家亚洲文会北华支会会刊》	《般若波罗蜜多心经》（The Prajna-Paramita Hridaya Sutra）（大乘佛教第一经典）	Vol. 65, 1934		李绍昌（Lee Shao-Chang）
	《盐铁论》（第20-28卷）（Discourses on Salt and Iron）（Yen T'ieh Lun: Chaps. XX-XXVIII）	Vol. 65, 1934	桓宽	盖乐（Esson M. Gale）
	《世尊布施论》（The Translation of the Fragments of the Nestoria Writings in China）	Vol. 65, 1934		佐伯好郎（P. Y. Saeki）
《中国科学美术杂志》	《易经》The Yi Ching or "The Book of Changes"	Vol. 3, No. 5, 1925	姬昌	江亢虎（Kiang Kang-hu）
	《书经》Shu Ching, or, The Book of History	Vol. 3, No. 11, 1925		江亢虎（Kiang Kang-hu）
	《礼记》The Li-chi or the Book of Rites	Vol. 4, No. 5, 1926		江亢虎（Kiang Kang-hu）

续表

期刊	英译作品篇名	发表时间及卷期	原文作者	译者
《中国科学美术杂志》	《春秋》或《吕氏春秋》 The Ch'un-ch'iu, or The Annual History of the Lu State	Vol. 5, No. 2, 1926		江亢虎 (Kiang Kang-hu)
	孔子及其弟子们：吾与点也！ (《论语》XI-25) Confucius and his Disciples: I Agree with Tien! (Sayings of Confucius, XI-25)	Vol. 8, No. 1, 1928		乐民乐 (Walter James Clennell)
	《道德经》 第80章（Tao Te Ching）	Vol. 20, No. 5, 1934	老子	赫夫特 (John Hefter)
	《常清静经》 The Book of Eternal Purity and Rest	Vol. 31, No. 3, 1939		托恩 (Willy Y. Tonn)
《新中国评论》	《搜神记》 A Tang Manuscript of The Sou Shen Chi	Vol. 3, No. 5, 1921		翟林奈 (Lionel Giles)
	《搜神记》 A Tang Manuscript of The Sou Shen Chi	Vol. 3, No. 6, 1921		翟林奈 (Lionel Giles)
	《孟子》 Verse Translations of Mencius	Vol. 4, No. 2, 1922		罗斯 (Ivan D. Ross)
	《孟子》 Verse Translations of Mencius	Vol. 4, No. 5, 1922		罗斯 (Ivan D. Ross)

续表

期刊	英译作品篇名	发表时间及卷期	原文作者	译者
《教务杂志》	《孝经》 A Critique of the Chinese Notions and Practice of Filial Piety The Canon of Filial Piety	Vol. 9, No. 5, 1878		花之安 (Ernest Faber)
	《孝经》 A Critique of the Chinese Notions and Practice of Filial Piety The Canon of Filial Piety	Vol. 9, No. 6, 1878		花之安 (Ernest Faber)
	《曾子》 A Critique of the Chinese Notions and Practice of Filial Piety Tsang Tsz	Vol. 10, No. 1, 1879		花之安 (Ernest Faber)
	《曾子》 A Critique of the Chinese Notions and Practice of Filial Piety Tsang Tsz	Vol. 10, No. 2, 1879		花之安 (Ernest Faber)
	《曾子》 A Critique of the Chinese Notions and Practice of Filial Piety Tsang Tsz	Vol. 10, No. 3, 1879		花之安 (Ernest Faber)
	《曾子》 A Critique of the Chinese Notions and Practice of Filial Piety Tsang Tsz	Vol. 10, No. 4, 1879		花之安 (Ernest Faber)
	《大学》《中庸》《论语》关于《孝经》的节选 A Critique of the Chinese Notions and Practice of Filial Piety A Digest from Ta-hioh, Chung-yung and Lun Yu of Filial Piety	Vol. 10, No. 5, 1879		花之安 (Ernest Faber)

续表

期刊	英译作品篇名	发表时间及卷期	原文作者	译者
《教务杂志》	《礼记》 A Critique of the Chinese Notions and Practice of Filial Piety Li Ki: Indoor Statutes	Vol. 10, No. 6, 1879		花之安 (Ernest Faber)
	《礼记》 A Critique of the Chinese Notions and Practice of Filial Piety Li Ki: The Idea of Sacrificing	Vol. 11, No. 1, 1880		花之安 (Ernest Faber)
	《孔子家语》 The Family Sayings of Confucius	Vol. 9, No. 6, 1878		赫真信 (A. B. Hutchinson)
	《孔子家语》 The Family Sayings of Confucius 《相鲁》(Minister of Loo) 《始诛》(His First Execution)	Vol. 10, No. 1, 1879		赫真信 (A. B. Hutchinson)
	《孔子家语》 The Family Sayings of Confucius 《王言解》 (The Words of Kings Explained) 《大婚解》 (The Views on Marriage Unfolded)	Vol. 10, No. 2, 1879		赫真信 (A. B. Hutchinson)
	《孔子家语》 The Family Sayings of Confucius 《儒行解》(The Demeanor of the Learned Exemplified)	Vol. 10, No. 3, 1879		赫真信 (A. B. Hutchinson)
	《孔子家语》 The Family Sayings of Confucius 《问礼》 (An Enquiry into Propriety) 《五仪解》(Explanations of the Five Descriptions)	Vol. 10, No. 4, 1879		赫真信 (A. B. Hutchinson)

续表

期刊	英译作品篇名	发表时间及卷期	原文作者	译者
《教务杂志》	《孔子家语》 The Family Sayings of Confucius 《致思》（Encouragements to Reflection）	Vol. 10, No. 5, 1879		赫真信（A. B. Hutchinson）
	《孔子家语》 The Family Sayings of Confucius 《致思》（Encouragements to Reflection）	Vol. 10, No. 6, 1879		赫真信（A. B. Hutchinson）
	《孔子家语》 The Family Sayings of Confucius 《三恕》（The Three Cases of Reciprocity） 《好生》（Loving to Preserve Life）	Vol. 11, No. 1, 1880		赫真信（A. B. Hutchinson）
	《弟子规》 Ti Tzu Kuei, or Rules of Behavior for Children	Vol. 26, No. 8, 1895		何兰德（Isaac Taylor Headland）
	《女儿经》 The Nu Erh Ching, or Classic for Girls	Vol. 26, No. 12, 1895		何兰德（Isaac Taylor Headland）
	《二十四孝》 The Twenty-four Paragons of Filial Piety	Vol. 31, No. 12, 1900		季理斐（Donald MacGillivray）

续表

期刊	英译作品篇名	发表时间及卷期	原文作者	译者
《天下》月刊	《侠士传》（《史记·侠士传》）Some Hsieh Shih Episodes	Vol. 8, No. 5, 1939		全增嘏（T. K. Chuan）
	《列子·杨朱篇》Yang Chu	Vol. 9, No. 2, 1939	列御寇	赖发洛（Leonard A. Lyall）
	《道德经》Lao Tzu's The Tao and Its Virtue	Vol. 9, No. 4, 1939.	老子	吴经熊（C. H. Wu）
	《道德经》（续）Lao Tzu's The Tao and Its Virtue	Vol. 9, No. 5, 1939	老子	吴经熊（C. H. Wu）
	《道德经》（续）Lao Tzu's The Tao and Its Virtue	Vol. 10, No. 1, 1940	老子	吴经熊（C. H. Wu）
	《五蠹》Five Vermin	Vol. 10, No. 2, 1940	韩非	廖文魁（W. K. Liao）
	《烈女传·贞顺传》Fragments from Gallery of Chinese Women or Lieh Nu Chuan	Vol. 10, No. 3, 1940	刘向	贝尔福（S. F. Balfour）

附录二 近代上海英文期刊所刊中国古典小说与现代小说英译作品一览表

期刊	英译作品篇名	发表时间	原文作者	译者
《皇家亚洲文会北华支会会刊》	《镜花缘》（第四回）Ching-hua-yuan (Chapter IV)	Vol. 20, 1885	李汝珍	邓罗（C. B. T.）
	《红楼梦》Hung Lou Meng, or the Dream of the Red Chamber	Vol. 20, 1885	曹雪芹	翟理斯（H. A. Giles）
	《穆天子传》（一）The Travels of Emperor Mu	Vol. 64, 1933		郑德坤（Cheng Te k'un）
	《穆天子传》（二）The Travels of Emperor Mu	Vol. 65, 1934		郑德坤（Cheng Te k'un）
《中国科学美术杂志》	《以诈还诈：平山冷燕选译》Meet Guile with Guile. Episodes from the novel Ping Shan Leng Yen	Vol. 2, No. 1, 1924		哈德逊（Elfrida Hudson）
	《今古奇观·沈小霞相会出师表》Chin-Ku Ch'i-Kuan: The Persecution of Shen Lien, Story No. XIII	Vol. 2, No. 4, 1924		好威乐（Edward Butts Howell）

续表

期刊	英译作品篇名	发表时间及卷期	原文作者	译者
《中国科学美术杂志》	《今古奇观·沈小霞相会出师表》 Chin-Ku Ch'i-Kuan: The Persecution of Shen Lien, Story No. XIII	Vol. 2, No. 5, 1924		好威乐 (Edward Butts Howell)
	《今古奇观·沈小霞相会出师表》 Chin-Ku Ch'i-Kuan: The Persecution of Shen Lien, Story No. XIII	Vol. 2, No. 6, 1924		好威乐 (Edward Butts Howell)
	《今古奇观·沈小霞相会出师表》 Chin-Ku Ch'i-Kuan: The Persecution of Shen Lien, Story No. XIII	Vol. 3, No. 1, 1925		好威乐 (Edward Butts Howell)
	《不幸的一对》 The Bitter-Fated Young Couple	Vol. 3, No. 2, 1925		吴金鼎 (Ginding Wu)
	《三国演义·赤壁鏖兵》 The Story of the Three Kingdoms: The Battle of Red Cliff	Vol. 3, No. 5, 1925		潘子延 (Z. Q. Parker)
	《今古奇观·庄子休鼓盆成大道》 Chin-Ku Ch'i-Kuan: Vol. 20: The Constancy of Madam Chuang, and Other Stories from the Chinese	Vol. 3, No. 5, 1925		好威乐 (Edward Butts Howell)
	《三国演义·赤壁鏖兵》 The Story of the Three Kingdoms: The Battle of Red Cliff	Vol. 3, No. 6, 1925		潘子延 (Z. Q. Parker)

续表

期刊	英译作品篇名	发表时间及卷期	原文作者	译者
《中国科学美术杂志》	《三国演义·赤壁鏖兵》 The Story of the Three Kingdoms: The Battle of Red Cliff	Vol. 3, No. 7, 1925		潘子延 (Z. Q. Parker)
	《三国演义·赤壁鏖兵》 The Story of the Three Kingdoms: The Battle of Red Cliff	Vol. 3, No. 8, 1925		潘子延 (Z. Q. Parker)
	《今古奇观·裴晋公义还原配》 Chin-Ku Ch'i-Kuan: Vol. 04: The Restituion of the Bride and Other Stories from the Chinese	Vol. 5, No. 6, 1926		好威乐 (Edward Butts Howell)
	《今古奇观·羊角哀舍命全交》 Chin-Ku-Ch'i-Kuan Vol. 12: The Sacrifice of Yang Chiao-ai, Story XII.	Vol. 6, No. 2, 1927		好威乐 (Edward Butts Howell)
	《今古奇观·羊角哀舍命全交》 Chin-Ku-Ch'i-Kuan Vol. 12: The Sacrifice of Yang Chiao-ai, Story XII.	Vol. 6, No. 3, 1927		好威乐 (Edward Butts Howell)
	《遥池仙会》 The Banquet on the Emerald Pond	Vol. 7, No. 1, 1927		李培恩 (Baen Lee)
	古老的故事一则 (《红楼梦》译述) An Old, Old Story	Vol. 8, No. 1, 1928		哈德逊 (Elfrida Hudson)

<<< 附录二 近代上海英文期刊所刊中国古典小说与现代小说英译作品一览表

续表

期刊	英译作品篇名	发表时间及卷期	原文作者	译者
《中国科学美术杂志》	《今古奇观·崔俊臣巧会芙蓉屏》 Chin-Ku-Ch'i-Kuan Vol. 37: The Hibiscus Painting.	Vol. 10, No. 6, 1929		哈德逊 (Elfrida Hudson)
	《昭君出塞》 Chao Chun Ch'u Sai	Vol. 11, No. 5, 1929		哈莫尼 (Pearl Harmoni)
	《中国风尘三侠传说》 The Three Amazing Figures of Medieval China	Vol. 17, No. 2, 1932		潘子延 (Z. Q. Parker)
	《张献忠化身》 The Incarnation of Chang Hsien-chang	Vol. 17, No. 1, 1932		潘子延 (Z. Q. Parker)
	《英勇的宫女》 The Heroic Court Maiden	Vol. 17, No. 3, 1932		潘子延 (Z. Q. Parker)
	《侠义樵夫》 The Chivalrous Woodcutter	Vol. 17, No. 4, 1932		潘子延 (Z. Q. Parker)
	《聂隐娘》 Nieh Yin-niang	Vol. 17, No. 5, 1932		潘子延 (Z. Q. Parker)
	《陈圆圆》 Ch'en Yuan-yuan	Vol. 17, No. 6, 1932		潘子延 (Z. Q. Parker)
	《董小宛》 Tung Hsian-wan	Vol. 18, No. 1, 1933		潘子延 (Z. Q. Parker)
	《离魂记》 In a Trance	Vol. 18, No. 3, 1933		潘子延 (Z. Q. Parker)
	《聊斋志异·竹青》 A Crow Wife	Vol. 18, No. 4, 1933		潘子延 (Z. Q. Parker)

续表

期刊	英译作品篇名	发表时间及卷期	原文作者	译者
《中国科学美术杂志》	《大力将军》 The General of Great Strength	Vol. 18, No. 6, 1933		潘子延（Z. Q. Parker）
	《宽宏大量的弓箭手》 The Magnanimous Archer	Vol. 19, No. 1, 1933		潘子延（Z. Q. Parker）
	《足智多谋的女子》 The Resourceful Woman	Vol. 19, No. 2, 1933		潘子延（Z. Q. Parker）
	《被诱骗的美人》 The Beauty Enticed	Vol. 19, No. 4, 1933		潘子延（Z. Q. Parker）
	《崔生和仙女》 Scholar Ts'ui and the Fairy Maiden	Vol. 19, No. 6, 1933		潘子延（Z. Q. Parker）
	《书剑侠事》 Some Players of Magic Sword	Vol. 20, No. 1, 1934		潘子延（Z. Q. Parker）
	《灵巧推拿师》 The Skillful Masseur	Vol. 20, No. 2, 1934		潘子延（Z. Q. Parker）
	《狡诈窃贼》 The Cunning Thief	Vol. 20, No. 3, 1934		潘子延（Z. Q. Parker）
	《阿留传》 The Lucky Idiot	Vol. 20, No. 3, 1934		潘子延（Z. Q. Parker）
	《武疯子的故事》 The Story of the Mad Mu	Vol. 32, No. 2, 1940		托恩（Willy Tonn）

续表

期刊	英译作品篇名	发表时间及卷期	原文作者	译者
《新中国评论》	《道家故事》（序及第一部分，选自 Lieh Hsien Chuan《列仙传》）Taoist Tales, Preface & Part I	Vol. 1, No. 1, 1919		颜慈（W. Perceval Yetts）
	《道家故事》（第二部分，选自《搜神记》《搜神后记》《列仙传》）Taoist Tales, Part II	Vol. 1, No. 2, 1919		颜慈（W. Perceval Yetts）
	《中国传说》Chinese Legends	Vol. 1, No. 4, 1919		恭思道（T. Gaunt）
	《一位皇帝的传奇》The Romance of An Emperor	Vol. 1, No. 6, 1919		庄士敦（R. F. Johnston）
	《道家故事》（第三部分，选自《列仙传》《史记》）Taoist Tales, Part III	Vol. 2, No. 3, 1920		颜慈（W. Perceval Yetts）
	《汉阳的老故事》（《列国志》第17、19回）Old World Stories of Hanyang	Vol. 2, No. 6, 1920		高葆真（W. Arthur Cornaby）
	《唐写本搜神记》A T'ang Manuscript of the Sou Shen Chi	Vol. 3, No. 6, 1921		翟林奈（Lionel Giles）
	《今古奇观·金玉奴棒打薄情郎》The Heartless Husband A Chinese Story from the Collection Chin-Ku-ch'i-kuan	Vol. 1, No. 2, 1902		亨宁豪斯（Father Henninghaus）

续表

期刊	英译作品篇名	发表时间及卷期	原文作者	译者
《东亚杂志》	《三国演义》节选 Selections from The Three Kingdoms	Vol. 1, No. 2, 1902		卜舫济（Hawks Pott）
	《称象或甘罗拜相》 The Weighing of the Elephant or How Kan Lo Became Prime Minister	Vol. 2, No. 2, 1903		阿德谢尔（Ardsheal）
	《傻瓜、公主和龙女》 The Simpleton, the Princess, and the Daughter of the King, a Fairy Tale	Vol. 3, No. 4, 1904		阿德谢尔（Ardsheal）
	《中国的仙境》（《西游记》节译与选译）The Fairyland of China	Vol. 4, No. 3, 1905		詹姆斯·威尔（James Ware）
	《花之国传奇》 A Romance in the Flowery Kingdom	Vol. 4, No. 5, 1905		W. W. Yen
	《聊斋志异·赵城虎》 The Trial of the Tiger	Vol. 5, No. 3, 1906		阿德谢尔（Ardsheal）
	《审批石狮》 The Trial of the Stone Lion	Vol. 5, No. 3, 1906		阿德谢尔（Ardsheal）
	《双凤奇缘·昭君》（第1—3回）Chao Chuin	Vol. 5, No. 1, 1906		哈登（R. A. Haden）
	《双凤奇缘·昭君》（第4—6回）Chao Chuin	Vol. 5, No. 2, 1906		哈登（R. A. Haden）

<<< 附录二 近代上海英文期刊所刊中国古典小说与现代小说英译作品一览表

续表

期刊	英译作品篇名	发表时间及卷期	原文作者	译者
《东亚杂志》	《双凤奇缘·昭君》（第7-12回）Chao Chuin	Vol. 5, No. 3, 1906		哈登（R. A. Haden）
	《双凤奇缘·昭君》（第15-17回）Chao Chuin	Vol. 5, No. 4, 1906		哈登（R. A. Haden）
《天下》月刊	《浮生六记》（第一章）Six Chapters of A Floating Life (Lin's Preface and Chapter I)	Vol. 1, No. 1, 1935	沈复	林语堂
	《浮生六记》（第二章）Six Chapters of A Floating Life (Chapter II)	Vol. 1, No. 2, 1935	沈复	林语堂
	《浮生六记》（第三章）Six Chapters of A Floating Life (Chapter III)	Vol. 1, No. 3, 1935	沈复	林语堂
	《浮生六记》（第四章）Six Chapters of A Floating Life (Chapter IV)	Vol. 1, No. 4, 1935	沈复	林语堂
	《翠翠》Green Jade and Green Jade	Vol. 2, No. 1, 1936	沈从文	项美丽（Emily Hahn）辛墨雷（邵洵美）
	《翠翠》（续）Green Jade and Green Jade	Vol. 2, No. 2, 1936	沈从文	项美丽（Emily Hahn）辛墨雷（邵洵美）
	《翠翠》（续）Green Jade and Green Jade	Vol. 2, No. 3, 1936	沈从文	项美丽（Emily Hahn）辛墨雷（邵洵美）

续表

期刊	英译作品篇名	发表时间及卷期	原文作者	译者
《天下》月刊	《翠翠》（续）Green Jade and Green Jade	Vol. 2, No. 4, 1936	沈从文	项美丽（Emily Hahn）辛墨雷（邵洵美）
	《无聊》（What is the Point of It）	Vol. 3, No. 1, 1936	凌淑华	凌淑华 朱利安·贝尔（Julian Bell）
	《花匠》（The Florist）	Vol. 3, No. 1, 1936	俞平伯	伍铭泰
	《爱国者》（The Patriot）	Vol. 3, No. 2, 1936	谢文炳	任玲逊（Richard L. Jen）
	《第一次宴会》（The First Home Party）	Vol. 4, No. 3, 1937	冰心	任玲逊（Richard L. Jen）
	《疯了的诗人》（A Poet Goes Mad）	Vol. 4, No. 4, 1937	凌淑华	凌淑华 朱利安·贝尔（Julian Bell）
	《手》（Hands）	Vol. 4, No. 5, 1937	萧红	任玲逊（Richard L. Jen）
	《西征述异记》（A Strange Story of Sian）	Vol. 5, No. 1, 1937	蒋孝廉	毛如升
	《写信》（Writing A Letter）	Vol. 5, No. 5, 1937	凌淑华	凌淑华
	《怀旧》（Looking Back to the Past）	Vol. 6, No. 2, 1938	鲁迅	冯余声
	《遗腹子》（A Man Must Have a Son）	Vol. 6, No. 4, 1938	叶绍钧（叶圣陶）	任玲逊（Richard L. Jen）

续表

期刊	英译作品篇名	发表时间及卷期	原文作者	译者
《天下》月刊	《报复》(Revenge)	Vol. 6, No. 5, 1938	杨振声	马彬和 项美丽 (Emily Hahn)
	《萧萧》(Hsiao-Hsiao)	Vol. 7, No. 3, 1938	沈从文	李宜燮
	《人同此心》(They Gather Heart Again)	Vol. 7, No. 4, 1938	老舍	任玲逊 (Richard L. Jen)
	《差半车麦秸》(Chabaancheh Makai)	Vol. 7, No. 5, 1938	姚雪垠	马耳 陈依范
	《离去》(Departure)	Vol. 8, No. 3, 1939	吴岩	马耳
	《重逢》(Good Iron is Not for Nails)	Vol. 10, No. 2, 1940	鲁彦	任玲逊 (Richard L. Jen)
	《偏枯》(Lifu Shih)	Vol. 10, No. 3, 1940	王思玷	毛如升
	《错斩崔宁》The Tragedy of Ts'ui Ning	Vol. 10, No. 4, 1940		李继唐
	《孤独者》A Hermit at Large	Vol. 10, No. 5, 1940	鲁迅	王际真
	《伤逝》Remorse	Vol. 11, No. 1, 1940	鲁迅	王际真
	《四位奇人》(《儒林外史》第55回和第56回末词)(Four Eccentirics)(The Epilogue to Ju Lin Wai Shih)	Vol. 11, No. 2, 1940	吴敬梓	徐诚斌
	《乡城》Old Mrs. Mang's Chicken	Vol. 11, No. 3, 1940	沈从文	杨刚

续表

期刊	英译作品篇名	发表时间及卷期	原文作者	译者
《天下》月刊	《山窝里》Hou Fumakou	Vol. 11, No. 3, 1940	田涛	毛如升
	《且说屋里》Portrait of A Traitor	Vol. 12, No. 1, 1941	老舍	叶公超

附录三　近代上海英文期刊所刊中国古典诗歌与现代诗歌英译作品一览表

期刊	英译作品篇名	发表时间	原文作者	译者
《皇家亚洲文会北华支会会刊》	《玉历》 The Yu-li, or Precious Records	Vol. 28, 1893—1894		花国香 (Geo. W. Clarke)
	《贫女》 The Song of A Skirt	Vol. 52, 1921	秦韬玉	弗莱彻 (William B. Fletcher)
	《人日游花埭》 A Trip to Hua Kang	Vol. 52, 1921		弗莱彻 (William B. Fletcher)
	《孔雀东南飞》 Lan-tsih	Vol. 53, 1922	佚名	哈德逊 (Elfrida Hudson)
	《灵隐寺》 Ling Yin Monastery Poem of Sung Chih-wen	Vol. 53, 1922	宋之问	龚思道 (T. Gaunt)
	《云汉》 The Drought	Vol. 54, 1923		哈德逊 (Elfrida Hudson)
	《今昔》 Then-and Now	Vol. 54, 1923		哈德逊 (Elfrida Hudson)

续表

期刊	英译作品篇名	发表时间及卷期	原文作者	译者
《皇家亚洲文会北华支会会刊》	《宿天竺寺》 A Night in Mountains	Vol. 54, 1923		哈德逊（Elfrida Hudson）
	《陌上桑》（汉乐府） Little Lu-fu	Vol. 58, 1927	佚名	哈德逊（Elfrida Hudson）
	《戏题王宰画山水图歌》 Looking at a Painting by Wang-tzu	Vol. 58, 1927	杜甫	哈德逊（Elfrida Hudson）
	《风筝误》（节译） Looking at a Painting by Wang-tzu	Vol. 59, 1928		哈德逊（Elfrida Hudson）
	汉诗选译《秋风辞》《风雪》《南溪》 ChinesePoems	Vol. 61, 1930	刘彻等	卜德（Charles Budd）
《中国科学美术杂志》	《日夕望江赠鱼司马》 Autumn Longings	Vol. 1, No. 6 1923	何逊	哈德逊（Elfrida Hudson）
	《玉华宫》 By the Ruins of an Old Castle	Vol. 2, No. 5 1924	杜甫	哈德逊（Elfrida Hudson）
	《凤求凰》 The Song of Phoenix	Vol. 3, No. 1 1925	司马相如	哈德逊（Elfrida Hudson）
	《对楚王问》 Answering Prince Hsiang	Vol. 3, No. 2 1925	宋玉	关文清（Kwan Moon）
	《蜀道难》 Shu Tao Nan, or, Difficulties on the Road to Shu (Szechwan)	Vol. 3, No. 3 1925	李白	阿灵顿（Lewis Charles Arlington）
	《长恨歌》 Love of Yang Kuei Fei, the Ballad of the Eternal Sorrow	Vol. 4, No. 3 1926	白居易	霍士德（John Foster）

<<< 附录三　近代上海英文期刊所刊中国古典诗歌与现代诗歌英译作品一览表

续表

期刊	英译作品篇名	发表时间及卷期	原文作者	译者
《中国科学美术杂志》	《诗经·国风·匏有苦叶》 The Message	Vol. 9, No. 1 1928		哈德逊 (Elfrida Hudson)
	《山园小梅》 To My Plum Tree	Vol. 16, No. 6 1932	林和靖	费奇 (Robert Fitch)
	《屈原颂》 Shu Shi: Innocation to Ch'u Yuan	Vol. 17, No. 1 1932	苏轼	李高洁 (C. D. Le Gros Clark)
	《过江夜行武昌山上闻黄州鼓角》 River Journey By Night,	Vol. 18, No. 4 1933		李高洁 (C. D. Le Gros Clark)
	《中国抒情诗》 Some Chinese Lyric Poems	Vol. 17, No. 5 1932		缪廷辅 (D. F. Miao)
	《琵琶行》 Pi-pa-hang	Vol. 20, No. 2 1934	白居易	俞大元
	《中国田园诗》 Chinese Idyll	Vol. 20, No. 5 1934	陶渊明 李白	赫夫特 (John Hefter) 霍尔 (A. R. Hall)
《新中国评论》	《中国传说：桃花源记；月下老人；江河的主人》 A Chinese Legend: The Spring in the Peach Grove; The Ancient Beneath the Moon; The River's Master	Vol. 1, No. 6, 1919		恭思道 (T. Gaunt)
	《遣病》 Comfortable Words in Sickness	Vol. 2, No. 2, 1920	元稹	巴克斯 (E. Trelawny Backhouse)
	（重译《大招》） A Re-translation	Vol. 2, No. 4, 1920	屈原	翟理斯 (H. A. Giles)
	《中国传说：葛岭仙迹》 A Chinese Legend: The Kay Hong Pass	Vol. 2, No. 6, 1920		恭思道 (T. Gaunt)

235

续表

期刊	英译作品篇名	发表时间及卷期	原文作者	译者
《新中国评论》	《冠带》 The Caps and Bells	Vol. 4, No. 5, 1922		翟理斯 (H. A. Giles)
	《将进酒》 Drinking Song	Vol. 4, No. 6, 1922	李白	赖发洛 (L. A. Lyall)
《东亚杂志》	《千家诗选译》 Gems of Chinese Poetry I	Vol. 4, No. 2 1905		中国隐士 (The Chinese hermit)
	《千家诗选译》 Gems of Chinese Poetry II	Vol. 5, No. 2 1906		中国隐士 (The Chinese hermit)
	《千家诗选译》 Gems of Chinese Poetry III	Vol. 5, No. 3 1906		中国隐士 (The Chinese hermit)
《教务杂志》	《阿房宫赋》 Pleasance of O-Fang	Vol. 17, No. 11 1886	杜牧	翟理斯 (H. A. Giles)
《天下》月刊	《现代诗二首》（《蛇》《死水》） Two Modern Chinese Poems	Vol. 1, No. 1, 1935	邵洵美 闻一多	哈罗德·艾克顿 (Harold Acton) 陈世骧
	《还乡》 The Return of The Native: A Poem	Vol. 1, No. 2, 1935	卞之琳	卞之琳
	《诗二首》 Two Poems	Vol. 1, No. 3, 1935	戴望舒	哈罗德·艾克顿 (Harold Acton) 陈世骧
	《诗二首》（《旅途》《流星》） Two Poems	Vol. 1, No. 4, 1935	李广田	哈罗德·艾克顿 (Harold Acton) 陈世骧

续表

期刊	英译作品篇名	发表时间及卷期	原文作者	译者
《天下》月刊	《诗二首》（《途遇》《晚祷·二》）Two Poems	Vol. 2, No. 1, 1936	梁宗岱	梁宗岱
	《声音》Voice	Vol. 5, No. 1, 1937	邵洵美	邵洵美 哈罗德·艾克顿（Harold Acton）
	《中国诗十四首》Fourteen Chinese Poems	Vol. 6, No. 1, 1938		李德兰（Teresa Li 吴经熊笔名）
	《中国诗二十二首》Twenty-two Chinese Poems	Vol. 6, No. 3, 1938		李德兰（Teresa Li 吴经熊笔名）
	《诗六首》Six Poems	Vol. 7, No. 2, 1938	吴经熊	温源宁
	《中国诗词五十六首》Fifty-Six Poems Chinese Poems	Vol. 8, No. 1, 1939		李德兰（Teresa Li 吴经熊笔名）
	《东坡诗九首》New Poems of Su Tung P'o	Vol. 8, No. 2, 1939		胡先骕 哈罗德·艾克顿（Harold Acton）
	《中国诗词五十首》Fifty Chinese Poems	Vol. 9, No. 3, 1939		李德兰（Teresa Li 吴经熊笔名）
	《中国诗词二十四首》Twenty-Four Chinese Poems	Vol. 9, No. 4, 1939		罗旭龢（N. L. Smith）科特奥尔（R. H. Koteuall）
	《宋诗二首》Two Sung Poems	Vol. 11, No. 5, 1941	李煜 欧阳修	罗书肆

附录四　近代上海英文期刊所刊中国古典戏剧与现代戏剧英译作品一览表

期刊	英译作品篇名	发表时间	原文作者	译者
《皇家亚洲文会北华支会会刊》	《诸葛亮与箭》（京剧英译）Chu-goh Leang and the Arrows	Vol. 54, 1923	罗贯中	陈国将（C. A. Jamieson）
《中国科学美术杂志》	《黄鹤楼》（二幕历史剧一）Huang-Ho Lou, the Yellow Crane Tower: A Chinese Historical Drama, in Two acts. Part I.	Vol. 12, No. 1 1930		阿灵顿（Lewis Charles Arlington）
	《黄鹤楼》（二幕历史剧二）Huang-Ho Lou, the Yellow Crane Tower: A Chinese Historical Drama, in Two acts. Part II.	Vol. 12, No. 2 1930		阿灵顿（Lewis Charles Arlington）

<<< 附录四　近代上海英文期刊所刊中国古典戏剧与现代戏剧英译作品一览表

续表

期刊	英译作品篇名	发表时间及卷期	原文作者	译者
《天下》月刊	《奇双会》（又译《贩卖记》）(Madame Cassia)	Vol. 1, No. 5, 1935		姚莘农
	《庆顶珠》（又译《打渔杀家》）(The Right to Kill)	Vol. 2, No. 5, 1936		姚莘农
	《雷雨》(Thunder and Rain)	Vol. 3, No. 3, 1936	曹禺	姚莘农
	《雷雨》（续）(Thunder and Rain)	Vol. 3, No 4, 1936	曹禺	姚莘农
	《雷雨》（续）(Thunder and Rain)	Vol. 3, No. 5, 1936	曹禺	姚莘农
	《雷雨》（续）(Thunder and Rain)	Vol. 4, No. 1, 1937	曹禺	姚莘农
	《雷雨》（续）(Thunder and Rain)	Vol. 4, No. 2, 1937	曹禺	姚莘农
	《出发之前》(When the Girls Come Back)	Vol. 7, No. 1, 1938	姚莘农	姚莘农
	《春香闹学》（《牡丹亭》节选）Ch'un-Hsiang Nao Hsueh. A K'un-chu Light Comedy, from the Ming Dynasty Play Mu-tan T'ing	Vol. 8, No. 4, 1939	汤显祖	哈罗德·艾克顿（Harold Acton）
	《狮吼记》Scenes from Shih Hou Chi. A K'un-chu Light Comedy	Vol. 9, No. 1, 1939	汪廷讷	哈罗德·艾克顿（Harold Acton）
	《林冲夜奔》（《宝剑记》第37出）Lin Ch'ung Yeh Pen	Vol. 9, No. 2, 1939	李开先	哈罗德·艾克顿（Harold Acton）

参考文献

[1] 爱德华·萨义德. 东方学 [M]. 王宇根, 译. 北京: 生活·读书·新知三联书店, 1999.

[2] 抱瓮老人. 今古奇观 [M]. 上海: 上海古籍出版社, 2005.

[3] 布吕奈尔. 形象与人民心理学 [M] //孟华. 比较文学形象学. 北京: 北京大学出版社, 2001.

[4] 蔡俊. 比较文学形象学研究与文学变异 [J]. 当代文坛, 2011 (02).

[5] 陈昌文. 都市化进程中的上海出版业 (1843—1949) [M]. 上海: 上海人民出版社, 2012.

[6] 陈惇, 孙景尧, 谢天振. 比较文学 [M]. 北京: 高等教育出版社, 1997.

[7] 陈惇, 刘象愚. 比较文学概论 [M]. 北京: 北京师范大学出版社, 2000.

[8] 陈冠兰. 近代中国的租界与新闻传播 [M]. 北京: 中国书籍出版社, 2012.

[9] 陈吉荣. 翻译建构当代中国形象: 澳大利亚现当代中国文学翻译研究 [M]. 北京: 中国社会科学出版社, 2012.

[10] 陈平原. 中国小说叙事模式的转变 [M]. 上海: 上海人民出版社, 1988.

[11] 陈永国. 互文性 [M] //赵一凡. 西方文论关键词. 北京: 外语教学与研究出版社, 2006.

[12] 陈正书. 上海通史 (第四卷·晚清经济) [M]. 上海: 上海人民出版社, 1999.

[13] 程章灿. 东方古典与西方经典——魏理英译汉诗在欧美的传播及其经典化 [J]. 中国比较文学, 2007 (01).

[14] 崔华杰. 传教士与中国历史研究：以《教务杂志》为中心的量化考察 [J]. 社会科学论坛, 2011 (03).

[15] 崔华杰. 晚清英国传教士赫真信与《孔子家语》译介 [J]. 齐鲁学刊, 2013 (02).

[16] 大卫·丹穆若什. 什么是世界文学 [M]. 查明建, 宋明炜等, 译. 北京：北京大学出版社, 2014.

[17] 达尼埃尔-亨利·巴柔. 从文化形象到集体想象物 [M] // 孟华. 比较文学形象学. 北京：北京大学出版社, 2001.

[18] 达尼埃尔-亨利·巴柔. 形象 [M] // 孟华. 比较文学形象学. 北京：北京大学出版社, 2001.

[19] 邓联健. 委曲求传：早期来华新教传教士汉英翻译史论 1807—1850 [M]. 北京：清华大学出版社, 2015.

[20] 狄泽林克, 方维规. 比较文学形象学 [J]. 中国比较文学, 2007 (03).

[21] 狄泽林克. 比较文学导论 [M]. 方维规, 译. 北京：北京师范大学出版社, 2009.

[22] 段怀清, 周俐玲. 《中国评论》与晚清中英文化交流 [M]. 广州：广东人民出版社, 2006.

[23] 段连城. 对外传播学初探（修订版）[M]. 北京：五洲出版社, 2004.

[24] 段彦艳, 张虹. 深度翻译：《孝经》误读的历史性纠正与重构 [J]. 河北学刊, 2016, 36 (05).

[25] 方豪. 中西交通史（下）[M]. 上海：上海人民出版社, 2015.

[26] 方汉奇. 中国新闻传播史 [M]. 北京：中国人民大学出版社, 2002.

[27] 方环海, 沈玲. 汉语域外传播与西方英文期刊的研究价值 [J]. 海外华文教育, 2017 (01).

[28] 范存忠. 中国文化在启蒙时期的英国 [M]. 上海：上海外语教育出版社, 1991.

[29] 范慕韩. 中国印刷近代史（初稿）[M]. 北京：印刷工业出版社, 1995.

[30] 范军. 试论期刊刊名的虚与实 [J]. 出版科学, 2001 (04).

[31] 费乐仁. 现代中国文化中基督教与道教的相遇、论辩、相互探索 [M] //罗秉祥, 赵敦华, 编. 王剑凡, 译. 基督教与近代中西文化. 北京：北京大学出版社, 2000.

[32] 弗朗索瓦·于连. 迂回与进入 [M]. 杜小真, 译. 北京：生活·读书·新知三联书店, 1998.

[33] 葛桂录. 中英文学关系编年史 [M]. 上海：上海三联书店, 2004.

[34] 辜鸿铭. 辜鸿铭文集（下）[M]. 黄兴涛, 译. 海口：海南出版社, 1996.

[35] 顾斌. 关于"异"的研究 [M]. 顾卫东, 编译. 北京：北京大学出版社, 1997.

[36] 郭志刚, 李岫. 中国三十年代文学发展史 [M]. 长沙：湖南教育出版社, 1998.

[37] 胡道静. 上海历史研究 [M]. 上海：上海人民出版社, 2011.

[38] 胡开宝, 李鑫. 基于语料库的翻译与中国形象研究：内涵与意义 [J]. 外语研究, 2017, 34 (04).

[39] 胡钦太. 中国学术国际话语权的立体化建构 [J]. 学术月刊, 2013, 45 (03).

[40] 胡适. 建设的文学革命论 [J]. 新青年, 1918, 4 (4).

[41] 黄芳. 多元文化认同的建构——《中国评论周报》与《天下月刊》研究 [M]. 南京：南京大学出版社, 2018.

[42] 姜智芹. 文学想象与文化利用——英国文学中的中国形象 [M]. 北京：中国社会科学出版社, 2005.

[43] 姜智芹. 当代文学对外传播中的中国形象建构——以莫言作品为个案 [J]. 人文杂志, 2015 (01).

[44] 姜智芹. 中国当代文学海外传播与中国形象塑造 [J]. 小说评论, 2014 (03).

[45] 姜智芹. 当代文学对外传播对于中国形象的延续和重塑 [J]. 山东师范大学学报（人文社会科学版）, 2017, 62 (01).

[46] 基亚. 人们所看到的外国［M］//孟华. 比较文学形象学. 北京：北京大学出版社, 2001.

[47] 贾晓英, 李正栓. 国内译者古诗英译中的归化倾向与韵体选择——以《孔雀东南飞》英译为例［J］. 外国语文, 2016, 32（02）.

[48] 江棘. 穿过"巨龙之眼"——跨文化对话中的戏曲艺术（1919—1937）［M］. 北京：中国人民大学出版社, 2015.

[49] 江棘. 戏曲译介与"代言人"的合法性——20世纪30年代围绕熊式一《王宝川》的论争［J］. 汉语言文学研究, 2013, 4（02）.

[50] 金介甫. 凤凰之子·沈从文传［M］. 符家钦, 译. 北京：光明日报出版社, 2004.

[51] 康太一. 东方智者的话语——19世纪初期第一部英译《论语》之历史研究［J］. 北京行政学院学报, 2012（06）.

[52] 孔慧怡. 翻译·文学·文化［M］. 北京：北京大学出版社, 1999.

[53] 李冰梅. 译者文化身份对《论语》300年英译史的书写［J］. 国际汉学, 2015（03）.

[54] 李开先. 李开先全集（中）［M］. 北京：文化艺术出版社, 2004.

[55] 李天纲.《中国科学美术杂志》研究（上）［J］. 上海文化, 2015（07）.

[56] 李天纲.《中国科学美术杂志》研究（下）［J］. 上海文化, 2015（09）.

[57] 李新德. 明清时期西方传教士中国儒道释典籍之翻译与诠释［M］. 北京：商务印书馆, 2015.

[58] 李玉良, 祝婷婷. 理雅各《孝经》翻译研究——以训诂学为视角［J］. 青岛科技大学学报（社会科学版）, 2015, 31（02）.

[59] 雷蒙·威廉斯. 关键词——文化与社会的词汇［M］. 刘建基, 译. 北京：生活·读书·新知三联书店, 2005.

[60] 梁实秋. 梁实秋批评文集［M］. 珠海：珠海出版社, 1998.

[61] 梁志芳. 文学翻译与民族建构：形象学理论视角下的《大地》中译研究［M］. 武汉：武汉大学出版社, 2017.

[62] 廖七一. 庞德与胡适：诗歌翻译的文化思考［J］. 外国语（上海外国语大学学报）, 2003（06）.

[63] 林语堂. 林语堂名著全集 [M]. 长春：东北师范大学出版社, 1994.

[64] 刘洪涛.《边城》：牧歌与中国形象 [J]. 文学评论, 2002 (01).

[65] 刘续兵.《孔子家语》：从"典型伪书"到"孔子研究第一书" [N]. 社会科学报, 2014-2-13 (5).

[66] 刘勇, 张睿睿. 星斗其文, 赤子其人——走进沈从文的《边城》[M]. 北京：北京师范大学出版社, 2007.

[67] 鲁迅. 南腔北调集·我怎么做起小说来 [M]. 北京：人民文学出版社, 1973.

[68] 鲁迅. 娜拉走后怎样 [M] //鲁迅全集（第一卷）. 北京：人民文学出版社, 1981.

[69] 鲁迅. 孤独者 [M] //鲁迅全集（第二卷）. 北京：人民文学出版社, 1981.

[70] 鲁迅. 伤逝 [M] //鲁迅全集（第二卷）. 北京：人民文学出版社, 1981.

[71] 鲁迅. 怀旧 [M] //鲁迅全集（第七卷）. 北京：人民文学出版社, 1981.

[72] 罗苏文. 近代上海：都市社会与生活 [M]. 北京：中华书局, 2006.

[73] 罗选民. 大翻译与文化记忆：国家形象的建构与传播 [J]. 中国外语, 2019, 16 (05).

[74] 马士奎. 中国当代文学翻译研究（1966—1976）[M]. 北京：中央民族大学出版社, 2007.

[75] 马士奎, 倪秀华. 塑造自我文化形象：中国对外文学翻译研究 [M]. 北京：中国人民大学出版社, 2017.

[76] 马士. 中华帝国对外关系史（第一卷：1843—1860 年冲突期）[M]. 张汇文等, 译. 上海：上海书店出版社, 2000.

[77] 马祯妮. 当代形象学视角下《侠女奴》汉译本研究 [J]. 外国语（上海外国语大学学报）, 2020, 43 (02).

[78] 茅盾. 茅盾选集（第十八卷）[M]. 北京：人民文学出版社, 1997.

[79] 孟华. 形象学研究要注重总体性与综合性 [J]. 中国比较文学, 2000 (04).

[80] 孟华. 比较文学形象学论文翻译、研究札记（代序）[M] // 孟华. 比较文学形象学. 北京：北京大学出版社, 2001.

[81] 孟华. 试论他者"套话"的时间性 [M] // 孟华. 比较文学形象学. 北京：北京大学出版社, 2001.

[82] 彭发胜. 向西方诠释中国：《天下月刊》研究 [M]. 北京：清华大学出版社, 2016.

[83] 彭发胜. 《天下月刊》与中国现代文学的英译 [J]. 中国翻译, 2011, 32 (02).

[84] 钱宗武. 深度利用域外汉文献的话语权意义 [N]. 中国社会科学报, 2014-12-31 (5).

[85] 让-马克·莫哈. 试论文学形象学的研究史及方法论 [M] // 孟华. 比较文学形象学. 北京：北京大学出版社, 2001.

[86] 儒学经典译丛·孝经（汉英对照本）[M]. 傅根清, 今译. 刘瑞祥, 林之鹤, 英译. 济南：山东友谊出版社, 1993.

[87] 儒莲. 平山冷燕（Les deux jeunes filles lettées）[M]. Paris：Librairic Académique, 1860.

[88] 阮元. 十三经注疏 [M]. 北京：中华书局, 1980.

[89] 单波, 王媛. 跨文化互动与西方传教士的中国形象认知 [J]. 新闻与传播研究, 2016, 23 (01).

[90] 邵洵美. 洵美文存 [M]. 陈子善, 编. 沈阳：辽宁教育出版社, 2006.

[91] 邵洵美. 一个人的谈话 [M]. 邵绡红, 编. 上海：上海书店出版社, 2007.

[92] 邵绡红. 我的爸爸邵洵美 [M]. 上海：上海书店出版社, 2005.

[93] 沈从文. 边城 [M]. 南昌：江西人民出版社, 1981.

[94] 沈从文. 沈从文批评文集 [M]. 珠海：珠海出版社, 1998.

[95] 沈从文. 沈从文全集（第九卷）[M]. 太原：北岳文艺出版社, 2002.

[96] 沈雁冰. 一年来的感想与明年的计划 [J]. 小说月报, 1921, 12

(12).

[97] 沈双. 从比较文化的角度看跨国写作与当代英语世界文学[M] //陈子善, 罗岗. 丽娃河畔论文学, 上海: 华东师范大学出版社, 2006.

[98] 史景迁. 文化类同与文化利用 [M]. 廖世奇, 彭小樵, 译. 北京: 北京大学出版社, 1997.

[99] 史景迁. 大汗之国: 西方眼中的中国 [M]. 阮叔梅, 译. 桂林: 广西师范大学出版社, 2013.

[100] 史梅定. 上海租界志 [M]. 上海: 上海社会科学院出版社, 2001.

[101] 宋丽娟, 孙逊. 近代英文期刊与中国古典小说的早期翻译 [J]. 文学遗产, 2011 (04).

[102] 宋丽娟, 孙逊. "中学西传"与中国古典小说的早期翻译 (1735—1911) ——以英语世界为中心 [J]. 中国社会科学, 2009 (06).

[103] 宋丽娟. "中学西传"与中国古典小说的早期翻译 (1735—1911) ——以英语世界为中心 [M]. 上海: 上海古籍出版社, 2017.

[104] 宋原放. 美国长老会书馆 (美华书馆) 纪事 [M] //汪家熔, 编. 中国出版史料·近代部分 (第一卷). 武汉: 湖北教育出版社, 2004.

[105] 孙立新. 评德国新教传教士花之安的中国研究 [J]. 史学月刊, 2003 (02).

[106] 孙杨杨. 西方汉学定位问题: 以《孝经》翻译为例 [J]. 解放军外国语学院学报, 2017, 40 (06).

[107] 孙轶旻. 近代上海英文出版与中国古典文学的跨文化传播 (1867—1941) [M]. 上海: 上海古籍出版社, 2014.

[108] 谭载喜. 文学翻译中的民族形象重构: "中国叙事"与"文化回译" [J]. 中国翻译, 2018, 39 (01).

[109] 谭载喜. 翻译与国家形象重构——以中国叙事的回译为例 [J]. 外国语文, 2018, 34 (01).

[110] 陶飞亚. 传教运动的圈内"声音": Chinese Recorder (1867—1941) 初论 [M] //张先清. 史料与视界: 中文文献与中国基督教史研究. 上海: 上海人民出版社, 2007.

[111] 王国强. 《中国评论》 (1872—1901) 与西方汉学 [M]. 上海:

上海书店出版社，2010.

[112] 王海林.《天下》月刊与早期中国新文学的对外译介［J］.兰州大学学报（社会科学版），2019，47（03）.

[113] 王际真.英译本《鲁迅小说选》导言［M］//国外中国文学研究论丛.陈圣生，译.北京：中国文联出版公司，1985.

[114] 王立新.在龙的映衬下：对中国的想象与美国国家身份的建构［J］.中国社会科学，2008（03）.

[115] 王立新.美国传教士与晚清中国近代化［M］.天津：天津人民出版社，2008.

[116] 王立峰.审美趣味与历史抉择间的游移——论《天下》的文学观［J］.南京大学学报（哲学·人文科学·社会科学），2014，51（03）.

[117] 王立峰.对话、超越与解构——论《天下》构建中国形象的方式及效果［J］.暨南学报（哲学社会科学版），2017，39（04）.

[118] 王丽娜.中国古典小说戏剧名著在国外［M］.上海：学林出版社，1988.

[119] 王宁.翻译与国家形象的建构及海外传播［J］.外语教学，2018，39（05）.

[120] 王运鸿.形象学与翻译研究［J］.外国语（上海外国语大学学报），2018，41（04）.

[121] 王运鸿.形象学视角下的沙博理英译《水浒传》研究［J］.外国语（上海外国语大学学报），2019，42（03）.

[122] 王毅.皇家亚洲文会北华支会研究［M］//上海图书馆.皇家亚洲文会北华支会会刊（1858—1948）导论·索引·附录.上海：上海科学技术文献出版社，2013.

[123] 王毅.皇家亚洲文会北中国支会研究［M］.上海：上海书店出版社，2005.

[124] 吴鸥.杜牧诗文选译［M］.南京：凤凰传媒集团凤凰出版社，2011.

[125] 吴翔宇.鲁迅小说的中国形象研究［M］.北京：九州出版社，2016.

[126] 吴赟.国家形象自我建构与国家翻译规划：概念与路径［J］.外

247

语研究，2019，36（03）.

［127］吴义雄. 在华英文报刊与近代早期的中西关系［M］. 北京：社会科学文献出版社，2013.

［128］武春野. 发现与规训：新教传教士与中国语文改革——以《教务杂志》为中心的考察［J］. 社会科学，2016（12）.

［129］肖朗. 花之安《德国学校论略》初探［J］. 华东师范大学学报（教育科学版），2000（02）.

［130］谢江南，刘洪涛. 沈从文《边城》四个英译本中的文化与政治［J］. 中国现代文学研究丛刊，2015（09）.

［131］熊文华. 英国汉学史［M］. 北京：学苑出版社，2007.

［132］熊月之，张敏. 上海通史（第六卷·晚清文化）［M］. 上海：上海人民出版社，1999.

［133］熊月之. 上海通史·总序［M］. 上海：上海人民出版社，1999.

［134］熊月之. 序［M］//上海图书馆. 皇家亚洲文会北华支会会刊（1858—1948）导论·索引·附录. 上海：上海科学技术文献出版社，2013.

［135］许宏. 外宣翻译与国际形象构建［M］. 北京：时事出版社，2017.

［136］雪樵主人. 双凤奇缘［M］. 南昌：江西美术出版社，2018.

［137］严慧. 超越与建构——《天下》与中西文学交流（1935—1941）［M］. 北京：光明日报出版社，2011.

［138］杨朝明.《孔子家语》通解［M］. 台北：万卷楼出版公司，2005.

［139］姚雪垠. 姚雪垠回忆录［M］. 北京：中国工人出版社，2010.

［140］姚雪垠. 差半车麦秸［M］. 上海：怀正文化社，1947.

［141］易德萍. 期刊的查收及其它［M］//李上文，左正红. 期刊学探识. 北京：中国建材工业出版社，1993.

［142］俞振飞. 振飞曲谱［M］. 上海：上海文艺出版社，1982.

［143］曾春莲. 罗思文、安乐哲对《孝经》的诠释和翻译［J］. 学术研究，2013（03）.

［144］张涛. 孔子家语译注［M］. 北京：人民出版社，2017.

［145］张晓芸. 翻译研究的形象学视角——以凯鲁亚克《在路上》汉译为个案［M］. 上海：上海译文出版社，2011.

［146］张映先.《红楼梦》翻译中的文学形象变异与创造式想象［J］.

外语与外语教学，2002（09）.

[147] 赵敏恒. 外人在华新闻事业［M］. 王海等，译. 广州：暨南大学出版社，2011.

[148] 赵晓兰，吴潮. 传教士中文报刊史［M］. 上海：复旦大学出版社，2011.

[149] 赵颖等. 文化翻译中的形象建构［M］. 北京：中国文史出版社，2015.

[150] 钟晓文. "儒教"的跨文化认知与传播：语义变异与幻象建构——《教务杂志》（The Chinese Recorder）关键词之广义修辞学阐释［J］. 福建师范大学学报（哲学社会科学版），2014（03）.

[151] 周宁. 天朝遥远——西方的中国形象研究［M］. 北京：北京大学出版社，2006.

[152] 周武，吴桂龙. 上海通史（第五卷·晚清文化）［M］. 上海：上海人民出版社，1999.

[153] 朱立元. 现代西方美学史［M］. 上海：上海文艺出版社，1993.

[154] 朱剑心. 乐府诗选［M］. 北京：人民文学出版社，2018.

[155] 朱姝. 《赵氏孤儿》外译与"戏剧翻译"界定［J］. 外语学刊，2013（05）.

[156] 朱伊革. 《天下》月刊英译中国文学作品及其中国形象的建构［J］. 东方翻译，2021（01）.

[157] 朱振武，袁俊卿. 西人英译中国典籍的价值取向与中国形象的异域变迁［J］. 中国翻译，2021，42（02）.

[158] 邹依仁. 旧上海人口变迁的研究［M］. 上海：上海人民出版社，1980.

[159] ACTON H. The Creative Spirit in Modern Chinese Literature［J］. T'ien Hsia Monthly, 1935, 1 (4).

[160] ACTON H. Foreword by The Translator of Ch'un Hsiang Nao Hsueh［J］. T'ien Hsia Monthly, 1939, 8 (4).

[161] ACTON H. Foreword of Scenes of Shih Hou Chi［J］. T'ien Hsia Monthly, 1939, 9 (1).

[162] ACTON H. Foreword of Scenes of Lin Ch'ung Yeh Pen［J］. T'ien

Hsia Monthly, 1939, 9 (2).

[163] ACTON H. Lin Ch'ung Yeh Pen [J]. T'ien Hsia Monthly, 1939, 9 (2).

[164] ALLAN C W. Mencius [J]. The Chinese Recorder, 1932, 63 (9).

[165] ANDERMAN G. Drama Translation [M] //BAKER M, SALDANHAG. Routledge Encyclopedia of Translation Studies. Shanghai: Shanghai Foreign Language Education Press, 2010.

[166] ARLINGTON L C, ACTON H. Famous Chinese Plays [M]. Peking: Henry Vetch, 1937.

[167] ASHMORE W. A Moral Problem Solved by Confucianism [J]. The Chinese Recorder, 1870, 2 (2).

[168] ASHMORE W. The Ideal Man of Confucius [J]. The Chinese Recorder, 1870, 3 (4).

[169] ASHMORE W. The Ideal Man of Confucius [J]. The Chinese Recorder, 1870, 3 (5).

[170] BARNETT S, FAIRBANK J. Christianity in China: Early Protestant Missionary Writings [M]. Cambridge: Harvard University Press, 1985.

[171] BASSNETT S, LEFEVERE A. Constructing Cultures: Essays on Literary Translation [M]. Clevedon & London: Multilingual Matters Ltd, 1998.

[172] BELL C, NEWBY H. Community Studies: An Introduction to the Sociology of the Local Community [M]. Westport, CT: Praeger, 1973.

[173] BELLER M, LEERSSEN J. Imagology: The Cultural Construction and Literary Representation of National Characters—A Critical Survey [M]. Amsterdam & New York: Rodopi, 2007.

[174] BELLER M. Perception, Image, Imagology [M] // BELLER M, LEERSSEN J. Imagology: The Cultural Construction and Literary Representation of National Characters-A Critical Survey. Amsterdam & New York: Rodopi, 2007.

[175] BRIDGMAN E C. Education among the Chinese [J]. The Chinese Repository, 1835, 4 (1).

[176] BRIDGMAN. E C. Inaugural Address [J]. Journal of the Shanghai Literary and Scientific Society, 1858, 1 (1).

[177] BRIDGMAN E C. Filial Duty [J]. The Chinese Repository, 1835, 4 (8).

[178] CHEN I. The Book of Filial Piety [M]. London: John Murray, 1908.

[179] CHEN Ta-jen. Literature Chronicle [J]. T'ien Hsia Monthly, 1938, 6 (3).

[180] CH'IEN Chung-shu. Tragedy in Old Chinese Drama [J]. T'ien Hsia Monthly, 1935, 1 (1).

[181] CORDIER H. Samuel Couling [J]. T'oung Pao, Second Series, 1922, 21 (4).

[182] CORNABY W A. Theology and Eschatology of the Chinese Novel [J]. The Chinese Recorder, 1920, 51 (3).

[183] COULING S. Editor's Foreword [J]. The New China Review, 1919, 1 (1).

[184] CRESSEY G B. The Geology of Shanghai [J]. The China Journal, 1928, 8 (6).

[185] CRESSEY G B. The Geology of Shanghai [J]. The China Journal, 1928, 9 (2).

[186] DARROCH J. The Fortunate Union [J]. The Chinese Recorder, 1905, 36 (7).

[187] DAWSON R. The Legacy of China [M]. London: Oxford University Press, 1964.

[188] DAWSON R. The Chinese Chameleon: An Analysis of European Conceptions of Chinese Civilization [M]. London: Oxford University Press, 1967.

[189] DOORSLAER L V, FLYNN P, LEERSSEN J. Interconnecting Translation Studies and Imagology [M]. Amsterdam: John Benjamins, 2016.

[190] DZIEN Tsoong-su. A Book Note [J]. Tsing Hua Weekly, 1932, 36 (11).

[191] EDITORIAL. Notices of Recent Publications [J]. The Chinese Recorder, 1882, 13 (6).

[192] EDITORIAL. Editorial Notes and Missionary News [J]. The Chinese

Recorder, 1886, 17 (6).

[193] EDITORIAL. Editor's Foreword [J]. The Chinese Recorder, 1870, 2 (7): the first page of covers.

[194] EDITORIAL. Foreword [J]. The Chinese Recorder, 1870, 3 (1).

[195] EDITORIAL. Our Book Table: Journal of the North-China Branch of the Royal Asiatic Society [J]. The Chinese Recorder, 1913, 44 (12).

[196] EDITORIAL. Our Book Table: Journal of the North-China Branch of the Royal Asiatic Society [J]. The Chinese Recorder, 1936, 67 (2).

[197] EDITORIAL. Preface [J]. Journal of Shanghai Literature and Scientific Society, 1858, 1 (1).

[198] EDITOR. Inception and Aims of The China Journal of Science and Arts [J]. The China Journal, 1923, 1 (1).

[199] EDITORIAL. Review [J]. The China Journal of Science and Arts, 1927, 6 (1).

[200] EDITORIAL. Looking Forward [J]. The China Journal, 1925, 3 (1).

[201] EDITORIAL. Our Book Table: The Works of Hsüntze [J]. The Chinese Recorder, 1928, 59 (5).

[202] EDITORIAL. Printing and Publishing in Shanghai [J]. The China Journal, 1935, 22 (5).

[203] EDITORIAL. Literary Notes [J]. Journal of the North-China Branch of the Royal Asiatic Society, 1886, 21.

[204] EDITORIAL. Proceedings [J]. Journal of the North-China Branch of the Royal Asiatic Society, 1896, 31.

[205] EDITORIAL. Proceedings [J]. Journal of the North-China Branch of the Royal Asiatic Society, 1914, 45.

[206] EDITORIAL. Proceedings [J]. Journal of the North-China Branch of the Royal Asiatic Society, 1932, 63.

[207] EDITORIAL. To Our Readers [J]. The East of Asia Magazine, 1902, 1 (1).

[208] EDITORIAL. Gems of Chinese Literature, by Herbert A. Giles, Kelly

& Walsh, Ltd. , 1922 [J]. The China Journal, 1923, 1 (2).

[209] EDITORIAL. Extracts from Reviews [J]. T'ien Hsia Monthly, 1937, 5 (1).

[210] EDKINS J. Notices of the Character and Writings of Meh Tsi [J].Journal of the North China Branch of the Royal Asiatic Society, 1859, 1 (2).

[211] FABER E. A Critique of the Chinese Notions and Practice of Filial Piety [J].The Chinese Recorder, 1878, 9 (5).

[212] FABER E. A Critique of the Chinese Notions and Practice of Filial Piety [J].The Chinese Recorder, 1878, 9 (6).

[213] FABER E. A Critique of the Chinese Notions and Practice of Filial Piety [J].The Chinese Recorder, 1879, 10 (1).

[214] FENG Yu-sing. Looking Back to the Past [J]. T'ien Hsia Monthly, 1938, 6 (2).

[215] FRANK H T. Cultural Encounters in Translated Children's Literature: Images of Australian in French Translation [M]. Manchester: St. Jerome Publishing, 2007.

[216] GALPIN F. Notes on the Ethical and Christian Values of Chinese Religious Tracts and Books [J]. The Chinese Recorder, 1881, 12 (3).

[217] GARRITT J C. Popular Account of the Canonization of the Gods, Illustrated [J]. The Chinese Recorder, 1899, 30 (4).

[218] GAUNT T. Chinese Legends [J]. The New China Review, 1919, 1 (6).

[219] GAUNT T. A Chinese Legend, The Kay Hong Pass [J]. The New China Review, 1920, 2 (6).

[220] GILES L. The Sayings of Confucius: A New Translation of the Greater Part of the Confucian Analects [M]. New York: E. P. Dutton and Company, 1910.

[221] GILES H A. Pleasance of O - Fang [J]. The Chinese Recorder, 1886, 17 (11).

[222] GILES H A. Correspondence: The Family Sayings of Confucius [J]. The Chinese Recorder, 1879, 10 (2).

［223］GILES H A. Correspondence: The Family Sayings of Confucius ［J］. The Chinese Recorder, 1879, 10 (3).

［224］GILES H A. Review of A Hundred and Seventy Chinese Poems, Translated by Author Waley ［J］. The Cambridge Review, 1918, Nov. 22.

［225］GILES H A. A Poet of the 2nd Cent. B. C. ［J］. The New China Review, 1920, 2 (1).

［226］GILES H A. A Re-Translation ［J］. The New China Review, 1920, 2 (4).

［227］GILES H A. Mr. Waley and "The Lute Girl's Song" ［J］. The New China Review, 1921, 3 (4).

［228］GILES H A. Notes and Queries: The Astronomy of P'u Sung-ling ［J］. The New China Review, 1922, 4 (5).

［229］GILES H A. The Caps and Bells ［J］. The New China Review, 1922, 4 (5).

［230］GILES H A. Gems of Chinese Literature: Verse ［M］. Shanghai: Kelly & Walsh, Ltd., 1923.

［231］GIRARDOT N. The Victorian Translation of China: James Legge's Oriental Pilgrimage ［M］. Berkeley: California University Press, 2002.

［232］GRAHAM A C. Poems of the Late T'ang ［M］. Harmondsworth, Middlesex, England/ Baltimore: Penguin Books, 1965.

［233］HADEN R A. Chao Chuin ［J］. The East of Asia Magazine, 1906, 5 (4).

［234］HAHN E, SHING Mo-lei. Green Jade and Green Jade ［J］. T'ien Hsia Monthly, 1936, 2 (1).

［235］HAYES L N. The Most Helpful Books on China ［J］. The Chinese Recorder, 1925, 56 (5).

［236］HIRTH F. Mr. Kingsmill and the Hiung-nu ［J］. Journal of the American Oriental Society, 1909, 30 (1).

［237］HOWELL E B. The Sacrifice of Yang Chiao-ai ［J］. The Journal of China, 1927, 6 (2).

［238］HUDSON E. Lan-tsih ［J］. Journal of the North-China Branch of the

Royal Asiatic Society, 1922, 53 (2).

[239] HUDSON E. The Old Guitar [J]. The China Journal of Science and Arts, 1926, 5 (3).

[240] HUDSON E. The Old Guitar [J]. The China Journal of Science and Arts, 1926, 5 (5).

[241] HUDSON E. The Old Guitar [J]. The China Journal of Science and Arts, 1926, 5 (6).

[242] HUGHES E R. Confucianist Sacrifice and Religious Education. [J]. The Chinese Recorder, 1931, 62 (7).

[243] HUNG E. Translation and Cultural Change: Studies in History, Norms and Image Projection [M]. Amsterdam: John Benjamins, 2005.

[244] HUTCHINSON A B. The Preamble of The Family Sayings of Confucius [J].The Chinese Recorder, 1878, 9 (6).

[245] HUTCHINSON A B. The Family Sayings of Confucius [J]. The Chinese Recorder, 1879, 10 (1).

[246] HUTCHINSON A B. The Family Sayings of Confucius [J]. The Chinese Recorder, 1879, 10 (2).

[247] HUTCHINSON A B. The Family Sayings of Confucius [J]. The Chinese Recorder, 1879, 10 (3).

[248] HUTCHINSON A B. The Family Sayings of Confucius [J]. The Chinese Recorder, 1880, 11 (1).

[249] HUTCHINSON A B. End of the First Book of The Family Sayings of Confucius [J]. The Chinese Recorder, 1880, 11 (1).

[250] HOARE J C. God and Man in the Chinese Classics [J]. The Chinese Recorder, 1895, 26 (6).

[251] INQUIRER. The Meaning of the Word "Shin" [J]. The Chinese Recorder, 1877, 8 (8).

[252] JACOBSEN S G. Chinese Influences or Images? Fluctuating Histories of How Enlightenment Europe Read China [J]. Journal of World History, 2013, 24 (03).

[253] JAMIESON C A. Chu-goh Leang and the Arrows [J]. Journal of the

North-China Branch of the Royal Asiatic Society, 1923, 54.

[254] KAO G. Review of Ah Q and Others: Selected Stories of Lusin by Chi-Chen Wang [J]. The Far Eastern Quarterly, 1942, 1 (3).

[255] KAO G. Two Writers and the Cultural Revolution: Lao She and Chen Jo-hsi [M]. Hong Kong: Renditions Press, 1980.

[256] KINGSMILL T W. Dr. Hirth and the Hung Nu [J]. Journal of the North-China Branch of the Royal Asiatic Society, 1901—1902, 34.

[257] KLIENE C. The Land of Peach Bloom [J]. Journal of the North-China Branch of the Royal Asiatic Society, 1919, 50.

[258] KURAN-BURCOGLU N. At the Crossroads of Translation Studies and Imagology [M] // CHESTERMAN A, et al. Translation in Context. Amsterdam: John Benjamins, 2000.

[259] KU Hung Ming. Discourses and Sayings of Confucius: A New Special Translation, Illustrated with Quotations from Goethe and Other Writers [M]. Shanghai: Kelly & Walsh, Ltd., 1898.

[260] LATOURETTE K S. Chinese Historical Studies during the Past Seven Years [J]. American Historical Review, 1921, 26 (4).

[261] LEERSSEN J. Imagology: History and Method [M] // BELLER M, LEERSSEN J. Imagology: The Cultural Construction and Literary Representation of National Characters-A Critical Survey. Amsterdam & New York: Rodopi, 2007.

[262] LEERSSEN J. The Rhetoric of National Character: A Programmatic Survey [J]. Poetics Today, 2000, 21 (2).

[263] LEFEVERE A. Translation, Rewriting and the Manipulation of Literary Fame [M]. London & New York: Routledge, 2004.

[264] LEFEVERE A. Translation as the Creation of Images or "Excuse Me, Is This the Same Poem?" [M] // BASSNETT S. Translating Literature. Cambridge: Brewer, 1997.

[265] LEFEVERE A. Translating Literature: Practice and Theory in a Comparative Literature Context [M]. London: Routledge, 1992.

[266] LEGGE J. The Chinese Classics. Vol. I-V [M]. Hong Kong: Hong Kong University Press, 1960.

［267］ LEGGE J. The Sacred Books of the East: The Texts of Confucianism ［M］.Oxford: Clarendon Press, 1899.

［268］ LETHBRIDGE H J. Introduction ［M］// COULING S. The Encyclopaedia Sinica. Shanghai: Kelly & Walsh, Ltd., 1917.

［269］ LIU Yueyue. Overseas Translation of Modern Chinese Fiction via T'ien Hsia Monthly ［J］. Neohelicon, 2019, 46 (2).

［270］ LI Jing. Protestant Missionaries' Translation and Interpretation of Chinese Confucianism: A Hermeneutic Study Based on The Chinese Recorder (1867—1941) ［D］. Chengdu: Southwest Jiaotong University, Unpublished Master Degree Thesis. 2017.

［271］ LIN Yutang. Book Reviews of Lady Precious Stream ［J］. T'ien Hsia Monthly, 1935, 1 (1).

［272］ LING Tai. Poetry Chronicle ［J］. T'ien Hsia Monthly, 1939, 7 (5).

［273］ LUNDBAEK K. The Image of Neo-Confucianism in Confucius Sinarum Philosphus ［J］. Journal of the History of Ideas, 1983, 44 (1).

［274］ MACGILLIVRAY D. Confucianism in Weighed English Balances ［J］. The Chinese Recorder, 1903, 34 (7).

［275］ MACGILLIVRAY D. A Century of Missions in China (1807—1907): Being the Centenary Conference Historical Volume ［M］. Shanghai: American Presbyterian Mission Press, 1907.

［276］ MACINTYRE J. Menciuson Human Nature ［J］. The Chinese Recorder, 1898, 29 (3).

［277］ MACINTYRE J. Menciuson Human Nature ［J］. The Chinese Recorder, 1898, 29 (4).

［278］ MACKERRAS C. Western Image of China ［M］. Oxford: Oxford University Press, 1999.

［279］ MAR C, CHEN J. Chabancheh Makai ［J］. T'ien Hsia Monthly, 1938, 7 (5).

［280］ MARSHMAN J. The Works of Confucius ［M］. Serampore: The Mission Press, 1809.

［281］ M. C. P. Confucianism in its Practical up on the Spread of Christianity in China [J]. The Chinese Recorder, 1881, 12 (3).

[282] MEDHURST W H. The Shoo King [M]. Shanghai: The Mission Press, 1846.

[283] MORRISON R. Horae Sinicae: Translations from the Popular Literature of the Chinese [M]. London: Printed for Black and Parry, et al., 1812.

[284] NIRANJIANA T. Sitting Translation: History, Poststructuralism, and the Colonial Context [M]. Berkeley & Los Angeles & Oxford: University of California Press, 1992.

[285] OWEN G. New Testameny Parallels in the Four Books [J]. The Chinese Recorder, 1886, 17 (8).

[286] OWEN G. New Testameny Parallels in the Four Books [J]. The Chinese Recorder, 1886, 17 (9).

[287] ROSEMONT H J, AMES R T. The Chinese Classic of Family Reverence: A Philosophical Translation of the Xiaojing [M]. Honolulu: University of Hawaii Press, 2009.

[288] RUDVIN M. Translation and "Myth": Norwegian Children's Literature in English [J]. Perspectives, 1994, 2 (2).

[289] SHEFFIELD D Z. A Discussion of the Confucian Doctrine Concerning Man's Nature at Birth [J]. The Chinese Recorder, 1878, 9 (1).

[290] SHEFFIELD D Z. The Ethics of Christianity and of Confucianism Compared [J]. The Chinese Recorder, 1886, 17 (10).

[291] SHEN Shuang. Cosmopolitan Publics: Anglophone Print Culture in Semi-Colonial Shanghai [M]. New Brunswick, NJ: Rutgers University Press, 2009.

[292] SNOW E. Living China: Modern Chinese Short Stories [M]. London: George G. Harrap & C, 1936.

[293] SIMON S. Gender in Translation: Cultural Identity and the Politics of Transmission [M]. Routledge: London and New York, 1996.

[294] SOENEN J. Imagology and Translation [M] // KURAN-BURCOGLU N. Multiculturalism: Identity and Otherness. Istanbul: Bogazici Uni-

versity Press, 1997.

[295] SOOTHILL W E. The Analects of Confucius [M]. Tokyo: The Methodist Publishing House, 1910.

[296] SOWERBY A. Inception and Aims of The China Journal of Science and Arts [J]. The China Journal, 1923, 1 (1).

[297] SPENCE J D. The Chan's Great Continent: China in Western Minds [M]. New York: Norton Press, 1998.

[298] THOMPSON H A. Notes and Queries: No. VII of Giles' "Strange Stories from a Chinese Studio" [J]. The New China Review, 1922, 4 (2).

[299] TOMKINSON L. The Social Teachings of Meh Tse [J]. The Chinese Recorder, 1928, 59 (5).

[300] WALEY A. A Hundred and Seventy Chinese Poems [M]. London: George Allen & Unwin Ltd, 1918.

[301] WALEY A. To the Editor of The Cambridge Review [J]. The Cambridge Review, 1918, Dec. 6.

[302] WALEY A. Notes on the Lute Girl's Song [J]. The New China Review, 1920, 2 (6).

[303] WALEY A. "The Lute Girl's Song": Mr. Waley's Reply to Prof. Giles [J]. The New China Review, 1921, 3 (5).

[304] WANG Chi-Chen. A Hermit at Large [J]. T'ien Hsia Monthly, 1940, 10 (5).

[305] WANG Chi-Chen. Remorse [J]. T'ien Hsia Monthly, 1940, 11 (1).

[306] WELLS F B. Drama Chronicle [J]. T'ien Hsia Monthly, 1938, 6 (5).

[307] WEN Yuan-ning. Editorial Commentary [J]. T'ien Hsia Monthly, 1939, 8 (2).

[308] WEN Yuan-ning. Editorial Commentary [J]. T'ien Hsia Monthly, 1939, 9 (1).

[309] WERNER E C. Correspondence: The Translation of Chinese [J]. The China Journal, 1927, 6 (4).

[310] WU Ginding. The Bitter-Fated Young Couple [J]. The China Journal of Science and Arts, 1925, 3 (2).

[311] WU J C H. Some Random Notes on The Shih Ching (The Book of Poetry) [J]. T'ien Hsia Monthly, 1936, 2 (1).

[312] YAO Hsin-nung. The Theme and Structure of The Yuan Drama [J]. T'ien Hsia Monthly, 1935, 1 (4).

[313] YAO Hsin-nung. An Introduction of Madame Cassia [J]. T'ien Hsia Monthly, 1935, 1 (5).

[314] YAO Hsin-nung. Madame Cassia [J]. T'ien Hsia Monthly, 1935, 1 (5).

[315] YAO Hsin-nung. An Introduction of the Right to Kill [J]. T'ien Hsia Monthly, 1936, 2 (5).

[316] YAO Hsin-nung. Editorial Commentary [J]. T'ien Hsia Monthly, 1936, 3 (3).

[317] YAO Hsin-nung. Book Review: The Romance of the Western Chamber, translated by S. I. Hsiung [J]. T'ien Hsia Monthly, 1936, 2 (3).

[318] YAO Hsin-nung. Lu Hsun: His Life and Works [J]. T'ien Hsia Monthly, 1936, 3 (4).

[319] YAO Hsin-nung. Book Review: Famous Chinese Plays, translated and edited by L. C. Arlington and Harold Acton [J]. T'ien Hsia Monthly, 1937, 4 (5).

[320] YAO Hsin-nung. Drama Chronicle [J]. T'ien Hsia Monthly, 1937, 5 (1).

[321] YETTS W P. Short Notices of Recent Books on Chinese Subjects [J]. Journal of the Royal Asiatic Society of Great Britain and Ireland, 1922, 54 (1).

[322] YETTS W P. Recent Books on Chinese Subjects: Chinese Life in the Tibetan Foothills. By the Rev. James Hutson. 91/4x6, 210 pp. Shanghai: Far Eastern Geographical Establishment, 1921 [J]. Journal of the Royal Asiatic Society, 1923, 55 (2).

[323] ZAO Sinmay. Poetry Chronicle [J]. T'ien Hsia Monthly, 1937, 5 (4).

后　记

　　研究英译文学作品建构和传播中国形象一直是我多年以来的心愿。2015年立项的"上海市哲学社会科学规划一般课题"和2017年立项的"教育部人文社会科学研究规划基金项目"为该研究课题的顺利进行提供有力的支持。经过多年的努力，课题顺利结项，本书正是在上述课题成果的基础上修订整理而成。

　　中国形象研究近年来已成为学术界的热门话题，该方面的研究多集中在国际政治、国际关系、新闻传播、外国文学、中国文学等领域，但涉及文学翻译与国家形象建构和传播关系方面的研究成果还较为鲜见。有鉴于此，本书以英译中国文学若干作品为主线，以形象学为切入点，探讨分析英译中国文学作品对中国形象谱系的建构和传播，既推进拓展英译中国文学的影响研究，也为英译文学作品建构和传播中国形象的研究提供资源和例证。

　　本书选取在英语世界影响较大的五种近代上海英文期刊（1857年至1942年）刊载的英译中国文学作品作为研究对象，剖析其英译中国文学作品对中国形象建构的策略以及传播的路径，进而论述翻译作品与中国形象建构和传播的关系。近代上海的英文出版，特别是专注于中国及亚洲问题研究的众多上海英文期刊刊载了大量的中国社会文化等方面的文献资料，其卷帙浩繁，成为极有价值的中学西传研究资源。然而，近代上海英文期刊在推进中西文化交流以及中国文化域外传播方面的研究还差强人意，该方面的研究值得学术界的关注，而近代上海英文期刊英译中国文学作品与中国形象的建构和传播就是该研究的一个重要部分。

　　在本书的撰写过程中，曾遇到不少始料未及的困难，搜集近代上海英文期刊的原始资料颇费周折，有幸得到上海图书馆徐家汇西文藏书楼工作人员的热情帮助，我得以参阅《皇家亚洲文会北华支会会刊》（1858—1948）、

《中国科学美术杂志》（1923—1941）、《教务杂志》（1867—1941）等英文期刊及相关英文史料，为研究的顺利完成提供了资料保证。同时也感谢上海师范大学图书馆外文资料室的工作人员为相关资料的查询给予的诸多便利和悉心帮助。

特别感谢复旦大学曲卫国教授、上海外国语大学李维屏教授、上海交通大学彭青龙教授以及上海师范大学朱宪生教授和陆建非教授，作为课题开题论证会的专家，他们对课题研究给予积极的肯定和鼓励，并对课题的进一步完善提出了许多宝贵的建议。还要感谢上海师范大学外国语学院领导和同仁们的鼓励、支持和鞭策，这种鼓励和鞭策让我感到人文精神的力量，支持着我不断探索、不断耕耘。

最后还要特别感谢我的家人，远在边疆的父亲、母亲、岳父、岳母年事已高，但总是嘱托我安心工作，给了我紧贴心灵的理解和支持，使我能够专注教学和科研。感谢兄弟姐妹们为我分担了照顾父母的义务，感激之情难以言表，让我感怀铭记、感念终生。我还要将诚挚的谢意献给我的爱人卢敏，二十多年的夫妻相濡以沫、风雨同舟、患难与共以及学术上的相互激励是我不断奋进的动力。女儿活泼可爱，格外懂事，对我十分关心和体谅，给我带来莫大的欢慰。

本书的部分章节曾以单篇论文的形式在《东方翻译》《外国语文研究》《上海师范大学学报（哲社版）》《中国编辑》等刊物发表，并被人大复印资料《文化研究》全文转载或在国际汉学研究与数据库等网站刊登转载。在此特表谢忱。本书谬误之处在所难免，敬请学界同仁批评指正。

作者谨识
2021 年孟春
于上海西南寓所